# 国家公务员制度教程

梁丽芝　喻修远◎主编

湘潭大学出版社

**图书在版编目（CIP）数据**

国家公务员制度教程 / 梁丽芝，喻修远主编. -- 湘潭 : 湘潭大学出版社，2022.5
ISBN 978-7-5687-0684-1

Ⅰ. ①国… Ⅱ. ①梁… ②喻… Ⅲ. ①公务员制度—中国 Ⅳ. ①D630.3

中国版本图书馆CIP数据核字（2021）第257913号

**国家公务员制度教程**

GUOJIA GONGWUYUAN ZHIDU JIAOCHENG

**梁丽芝 喻修远 主编**

**责任编辑**：李志红
**封面设计**：李 平
**出版发行**：湘潭大学出版社
**社　　址**：湖南省湘潭大学工程训练大楼
**电　　话**：0731-58298960 0731-58298966（传真）
**邮　　编**：411105
**网　　址**：http://press.xtu.edu.cn/
**印　　刷**：广东虎彩云印刷有限公司
**经　　销**：湖南省新华书店
**开　　本**：787 mm×1092mm 1/16
**印　　张**：14
**字　　数**：298千字
**版　　次**：2022年5月第1版
**印　　次**：2022年5月第1次印刷
**书　　号**：ISBN 978-7-5687-0684-1
**定　　价**：39.00元

# 目　录

# 第 1 章　概论

【本章知识架构】

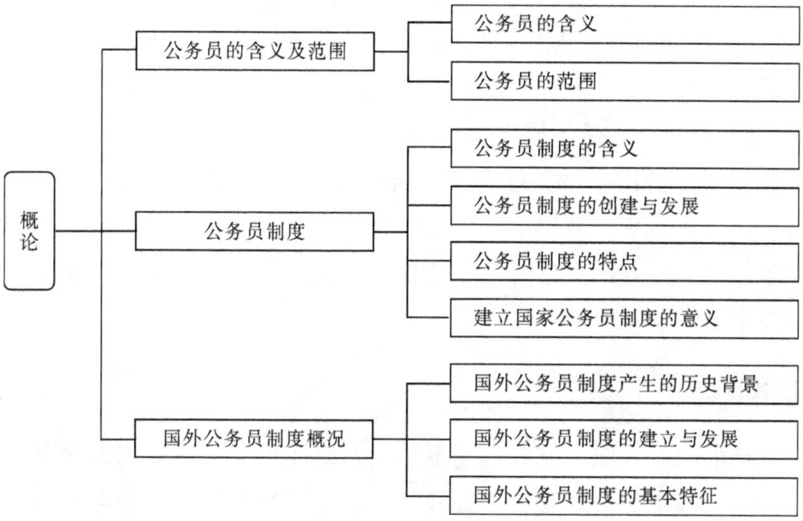


【案例导入】

小张大学毕业前参加了北京市政府组织的选聘应届高校毕业生到村级组织任职的考试。小张顺利通过了有关部门组织的笔试、面试等测试环节，被正式录用为北京某区某村的村委会主任助理。家乡的人都替小张高兴，有的人还认为小张当上了北京市公务员。然而又有人认为小张并不是当上了公务员。

**思考：你认为小张是否是公务员？为什么？**

公务员制度是保障党政机关有效运转的基本制度之一。“为政之要，唯在用人。”公务员制度的建立与完善，有利于新时代全面贯彻党对公务员队伍的指导与监督的政治要求，有利于全面深化体制改革，推进依法治国，为建设一支忠诚干净担当的高素质专业化的公务员队伍提供保障。

## 1.1 公务员的含义及范围

### 1.1.1 公务员的含义

据资料显示，“公务员”一词，最初源自英文“Civil Servant”或者“Civil Service”，英文原本意思是“文职仆人”或者“文职服务员”，有人意译为“文官”或“公务员”，有人直译为“女王的仆人”。美国则称为“Governmental Employee”，即政府雇员。二战前日本称“文官”，战后改称“公务员”。法国称“公务员”。联邦德国称“联邦官员”或“联邦公务员”。

《中华人民共和国公务员法》（以下简称《公务员法》）在2005年4月27日第十届全国人民代表大会常务委员会第十五次会议通过，2006年1月1日起施行。其第二条规定：“本法所称公务员，是指依法履行公职、纳入国家行政编制、由国家财政负担工资福利的工作人员。”2018年12月29日，第十三届全国人民代表大会常务委员会第七次会议修订的《公务员法》明确了公务员的地位，公务员是干部队伍的重要组成部分，是社会主义事业的中坚力量，是人民的公仆。据此，判定一个人是否属于公务员，必须符合下面三个条件：

#### 1. 依法履行公职

这是公务员的职能标准。公务员既不是为自己工作，也不是为某个私人企业或者组织工作，而是为国家和公众服务，即履行公职。履行公职是指公务员不是以自身意志办事，而是按照法律规定或者法律的授权办事。这里的“法”包括宪法、法律、行政法规、地方性法规等，是广义层面的法。《中华人民共和国宪法》（以下简称《宪法》）明确规定：“中国共产党是执政党，各民主党派是参政党。”所以，党政机关及其工作人员以不同方式参与国家政治、经济和社会事务的决策及活动，属于一种履行公职的行为。

#### 2. 纳入国家行政编制

编制是国家管理机关、事业单位和企业合理设置机构、合理使用人员和节约经费开支的一种方式。根据其所属组织的经费来源和数额不同，编制可以分为事业编制、行政编制和企业编制。属于事业编制的组织，其事业经费由国家根据事业发展的需要、从事该项事业的人员定额和国家财政综合平衡的可能性来统筹安排，一次性拨付。属于行政编制的组织，其行政经费随人员数额的增减由财政部门按人员数额划拨。属于企业编制的组织，其经费直接纳入企业的成本，由企业自行支付。行政编制是指机构编制管理部门根据行政部门的职能、性质、岗位核定的工作人员的编制。编制额度具有法律效力，公务员的录用和转任均受其约束。

**3. 由国家财政负担工资福利**

这是公务员的经费来源。公务员工资、福利等由国家财政负担。公务员属于国家财政供养人员，但并非所有由国家财政供养的人员都是公务员。比如公立学校的老师、国家科研院所的科研人员等，虽然国家财政负担其工资福利，但他们并不属于公务员。

### 1.1.2　公务员的范围

根据《公务员法》等有关法律法规，下列机关中除工勤人员以外的工作人员列入公务员范围：

（1）中国共产党各级机关。包括中央和地方各级党委、纪委的领导人员；中央和地方各级党委工作部门、办事机构和派出机构的工作人员；街道（党工委）、乡镇党委机关的工作人员。

（2）各级人民代表大会及常务委员会机关。包括县级以上各级人民代表大会常务委员会领导人员；乡、镇人民代表大会主席、副主席；县级以上各级人民代表大会常务委员会工作机构和办事机构的工作人员；县级以上各级人民代表大会专门委员会办事机构的工作人员。

（3）各级行政机关。包括各级人民政府的领导人员；县级以上各级人民政府工作部门及派出机构的工作人员；乡、镇人民政府机关的工作人员。

（4）中国人民政治协商会议各级委员会机关。包括中国人民政治协商会议各级委员会的领导人员，工作机构的工作人员。

（5）各级监察机关。包括国家和地方各级监察委员会的领导人员、国家和地方各级监察委员会机关及其向党和国家机关等派驻或者派出机构的工作人员。

（6）各级审判机关。包括最高人民法院和地方各级人民法院法官、审判辅助人员及司法行政人员。

（7）各级检察机关。包括最高人民检察院和地方各级人民检察院检察官、检察辅助人员及司法行政人员。

（8）各民主党派和工商联的各级机关。即八个民主党派的中央和地方各级委员会的领导人员，工作机构的工作人员；中华全国工商业联合会和地方各级工商联的领导人员，工作机构的人员。

## 1.2 公务员制度

### 1.2.1 公务员制度的含义

公务员制度是指对公务员进行管理的法律、法规和规章的总称。我国公务员制度包括公务员的权利与义务、职位分类、考核、录用、奖励、纪律、职务职级升降、培训、回避、交流、工资、保险、福利、退休、辞职、辞退、申诉、控告等方面的基本规范和具体制度。

### 1.2.2 公务员制度的创建与发展

我国公务员制度继承和发扬了党和国家干部人事制度的优良传统，总结和吸收了党的十一届三中全会以来干部人事制度改革的成果，吸收和借鉴了其他一些国家人事管理的有益经验和做法，坚持从我国的国情出发，是具有中国特色的、社会主义的公务员制度。我国建立公务员制度，最早可以追溯到1978年党的十一届三中全会。我国探索公务员制度的过程可分为以下几个阶段：

第一阶段：思路形成阶段（1978年年底至1988年3月）。

1980年8月18日，邓小平同志《论党和国家领导制度的改革》的重要讲话标志着干部人事制度改革的开端。1984年下半年到1986年下半年，中共中央组织部和原劳动人事部组织专家和实际工作者起草《国家行政机关工作人员条例》。1986年，政治体制改革研讨小组在中央的要求下成立，下设干部人事制度改革专题组，《国家行政机关工作人员条例》被更名为《国家公务员暂行条例》，并得到中央的原则同意。党的十三大于1987年9月召开，会议正式提出建立国家公务员制度，次年3月召开的七届全国人大一次会议进一步提出要“抓紧建立和逐步实施国家公务员制度”，这标志着实行国家公务员制度得到了党和国家最高权力机关的批准。

第二阶段：试点和法规修改形成阶段（1988年5月至1993年8月）。

从1988年5月到1991年，国家公务员条例的完善大致经历了三个阶段：理论探讨、法规起草、实践探索。尤其是在国务院六个部门即审计署、海关总署、国家统计局、国家环保局、国家税务局、国家建材局进行试点，取得了丰富经验。国务院于1993年8月14日颁布，并于同年10月1日起正式生效的《国家公务员暂行条例》标志着我国国家公务员制度正式建立。

第三阶段：全面实施阶段（1993年10月至1998年12月）。

在全面实施阶段，推行公务员制度取得的成效：一是管理法规体系初步形成；二是凡进必考机制基本建立；三是激励机制开始运行；四是奖励制度有效发挥作用；五是竞争上岗制度逐步推广；六是培训开始进入轨道，成为建设高素质、专业化公务员队伍的有效途径；七是轮岗、回避制度初见成效；八是“出口”初步畅通；九是廉政约束机制发挥作用；十是公务员合法权利得以保障。

第四阶段：深化完善阶段（1999 年以来）。

2006 年 1 月 1 日正式实施的《公务员法》是中华人民共和国成立以来干部人事管理方面的第一部总章程性质的法律。它的制定和颁布是我国民主法制建设和干部人事管理科学化、法制化的里程碑。

2018 年 12 月 29 日，十三届全国人大常委会第七次会议表决通过了《中华人民共和国公务员法（修订草案）》，习近平主席签发第二十号主席令予以公布。《公务员法》的首次修订，标志着我国公务员管理法制化、规范化、科学化进入新阶段，对于建设一支信念坚定、为民服务、勤政务实、敢于担当、清正廉洁的高素质专业化公务员队伍意义重大。

### 1.2.3　公务员制度的特点

我国公务员制度具有十分鲜明的特点。首先，我国公务员制度与西方文官制度相比，具有鲜明的中国特色；其次，与我国以往的干部人事制度相比，又体现出强烈的时代特色；最后，还与我国历史上的官吏制度相区别。

#### 1. 与西方公务员制度相比具有鲜明的中国特色

第一，坚持党的基本路线，并非西方所谓“政治中立”。首先，国家公务员必须坚持党的基本路线，执行党的路线、方针和政策，这是我国国家公务员制度的要求。其次，国家公务员中的共产党员，必须参加党的组织生活，执行党的决议，遵守党的纪律，发挥党员的模范带头作用。

第二，坚持“党管干部”原则。我国公务员制度是中国共产党干部制度的重要组成部分，各级党委直接管理各级政府组成人员和其他重要干部，他们的任免由党委组织部门考察，党委决定或推荐，依法由各级人大选举产生或政府任命。

第三，坚持“德才兼备，以德为先”的用人标准。《公务员法》规定，公务员的任用坚持德才兼备、以德为先，坚持五湖四海、任人唯贤，坚持事业为上、公道正派，突出政治标准，注重工作实绩。对新进国家机关担任一级主任科员以下及其他相当职级层次的公务员的录用，实行“公开考试、严格考核、平等竞争、择优录取”的办法，并把考核政治思想和道德品质的结果作为是否录用的重要条件；在职务晋升方面，坚持德才兼备原则，注重贯彻执行党的基本路线的表现和工作实绩；在考核方面，强调对国家公务员的德、能、勤、绩、廉进行全面考核，重点考核政治素质和工作实绩。

第四，坚持为人民服务的根本宗旨。我国公务员制度规定，全心全意为人民服务是公务员的本质要务，廉洁奉公，不贪污受贿，不谋私利，自觉接受群众监督是公务员应尽的义务。国家公务员始终要代表最广大人民群众的利益。

第五，坚持领导职务任用交流制度。根据需要，我国党政机关领导干部、其他国家机关领导干部以及企事业单位的领导干部，可以通过一定的程序相互交流，交流的方式包括调任和转任。

#### 2. 具有强烈的时代特色

第一，建立了科学的分类管理制度。国家公务员制度明确界定了国家公务员的范围，对公务员实行分类管理。国家公务员制度适用于各级党政机关，与企业、事业单位的人事管理制度相区别，改变了按照统一模式进行管理的状况。国家公务员制度的建立，标志着我国人事分类管理制度的初步形成。

第二，引进了公平的竞争激励机制。在“进口”上，改革了过去“统分统配”等进机关的做法，实行“公开考试、严格考核、平等竞争、择优录取”的办法；在职务晋升上，贯彻“实绩制”原则，听取群众意见，提倡担当作为，注重工作实绩，按照德才兼备的标准选拔优秀人才，有利于克服少数人决定人选的弊端。在“出口”上，对不称职人员区别情况，给予降职或辞退，做到优胜劣汰，保证国家公务员队伍的素质。

第三，强化了正常的新陈代谢机制。国家公务员制度在健全退休制度的同时，增加了“出口”，例如对部分职务实行聘任制，做到能上能下；对年度考核连续两年不称职的，要给予辞退；另外，国家公务员还可以根据规定辞去公职。这些措施和办法，有利于保证国家公务员能上能下，能进能出，增强公务员队伍的生机和活力。

第四，构建了廉政、勤政的约束机制。国家公务员制度把廉政的要求贯穿于国家公务员的权利、义务、纪律、晋升、考核、奖励、回避等制度之中，使国家公务员能够依法行使权力，保证廉洁奉公；通过义务、纪律、职位分类的明确规定以及把考核结果与晋级、增资等直接挂钩，做到功过分明，改变“干好干坏一个样”的现象，激励国家公务员勤政务实，努力工作，提高工作效率。

第五，配套的法规体系逐步完善。除了国家公务员制度的总法规，即《公务员法》之外，还制定了配套政策及实施细则等，形成了一套比较完整的法规体系，使国家公务员的管理有法可依，逐步走上法制化的轨道。

#### 3. 与我国历史上的官吏制度相区别

我国官吏制度源远流长。从黄帝以云为官、炎帝以火为官、太昊以龙为官等图腾名官开始到西周的世卿世禄制度，从九品中正制到隋唐至明清的科举制度，从设官取仕到整肃官风官德，我国历史上建立了比较完备的官吏体系和制度。现代的公务员制度与历史上的官吏制度，其性质和特点完全不一样。主要区别如下：

第一，价值取向不同。封建社会实行专制政体，皇帝拥有至高无上的权力，“朕即国家”，国家或政府乃是皇帝的所有物。建立官吏制度的目的，是为了维护王朝的统治地位。现代社会的国家政府，是建立在“主权在民”的基础之上的，政府的权力来自人民，其责任是保护人民，改善人民生活，增进人民福祉，维护人民的平等自由。国家公职人员是受人民之托，为人民服务，当人民公仆。建立公务员制度的目的，是为了创造公平竞争的环境，选拔优秀人才，提高行政效率，更好地为人民服务。

第二，与国家的关系不同。封建社会的官吏与国家无法定权利义务关系。君主视官吏为家奴，无条件地占有，官吏只有服务服从的义务，无表示意志的权利。官吏的任用及生杀予夺，均由君主决定。现代社会的公务员与国家有明确的权利义务关系。担任国家公务员，是公民的一项权利，而不是义务；国家招考公务员时，符合条件的公民可以报考，也可以放弃。被录用为公务员后，公务员与国家的关系是双方意见一致基础之上的法律关系。

第三，管理方式不同。在封建社会，“王言曰制”，君主的意志就是法律。官吏管理均由“单独一个人按照自己的意见与反复无常的心情决定一切”，国家机构、官位的设置、官吏的任用，主要以个人的意志为转移，官位可以作为“礼品”赠予或接受。官吏的奖惩、升降在很大程度上取决于君主的喜怒哀乐。在现代社会，公务员的管理实行法制化。公务员的选拔任用、职务职级升降、培训、退休等各项管理都有健全的法律法规，并严格依法进行。公务员在执行公务过程中要依法办事，并严格接受社会的广泛监督。

### 1.2.4 建立国家公务员制度的意义

#### 1. 有利于实现分类管理

国家公务员制度避免了传统人事管理制度的管理模式单一、缺少法制、缺少竞争机制等缺陷，有利于调整人员结构，提高政治、业务素质，保证公务员队伍的优化，从而更好地履行党政机关组织经济建设和管理国家行政事务的职能，以适应社会发展需要。

#### 2. 有利于加强廉政建设

廉政建设的关键是提高公务员队伍素质和加强制度约束，国家公务员制度为廉政建设提供保障机制。通过考试、考核、培训、交流提高素质；通过义务、纪律、回避、申诉、控告制度促进廉洁奉公；通过法制化的管理，防止人治现象。

**3. 有利于增强公务员队伍的生机和活力**

国家建立国家公务员正常的退休制度，实行部分职务聘任制，规定不同职务的最高任职年龄，采取辞职辞退等，增强了公务员队伍的生机和活力。

**4. 有利于促进公务员管理的科学化、法制化**

我国公务员制度包括《公务员法》和配套政策，构成了完整的国家公务员法规体系，为我国的公务员管理逐步走上科学化、法制化的轨道奠定了坚实的基础。

## 1.3 国外公务员制度概况

国外公务员制度是适应资本主义发展需要而建立起来的一种官吏制度，最早形成于十九世纪中叶的英国，目前世界上大部分国家都不同程度地建立和实施了公务员制度。作为国家政治制度的重要组成部分，各国公务员制度随着时代的发展在不断地调整和改革。

### 1.3.1 国外公务员制度产生的历史背景

14 世纪末，西方社会、政治和经济结构开始发生剧烈变化，城市手工业、商业、金融业开始发展，城市的地位开始上升，政府的管辖范围不断扩大，政府的职能也开始扩充，相应地对政府组织结构提出新要求。资本主义经济的发展，要求改革传统的官僚制。同时资产阶级政治理论中的社会契约思想、主权在民思想、权力制衡思想等为西方公务员制度的创立提供了重要的理论依据和思想来源。

### 1.3.2 国外公务员制度的建立与发展

**1. 英国**

现代意义上的公务员制度发端于英国。英国财政部在 1805 年就设立了常务次官，一些重要部门紧随其后也相继设立常务次官，到 1833 年，英国政府所有部门都设立了常务次官。“事务官”和“政务官”两大类的“两官分途”体制由此发轫。事务官包括常务次官、副常务次官、助理次官等，负责执行政策，不与内阁共进退；政务官包括各部大臣、副大臣和政务次官，负责制定政策，与政党共进退。这一做法，有利于保证政府工作的连续性和政局的稳定性。与此同时，这一时期，中国式的文官考试受到英国关注，中国录用官吏的程序和做法开始不断地出现在英国的政治报刊上，实行中国式文官考试的主张引发关注。

英国政府各部从 1833 年开始实行官职的考试补缺制度。1853 年，麦克莱等 3 人被英国议会派遣组成委员会调查东印度公司的用人制度。在调查报告中，该委员会明确提出了要实行考试任用制度，摒弃用人制度上的“恩赐”主义。1854 年，在对英国文官进行了全面调查的基础上，英国财政部高级官员查里斯·屈威廉和斯坦福·洛斯克特提出了著名的《关于建立英国常任文官制度的报告》。报告建议设立常任文官制度，包括考试、录用文官、提拔优秀文官、重视文官的专业水平等。这个报告在 1855 年被英国政府以枢密院令的形式进行公布，并决定成立 3 人委员会负责文官的考试、录用事宜。1870 年，英国政府又颁布了第 2 号枢密院令，进一步地确定和完善了文官的考试、录用、等级结构等重要原则。至此，世界近代史上的第一个文官制度在英国正式确立。

英国的文官制度曾经历了三次改革：第一次是《罗斯科特—屈威廉报告》的改革，主要确立了英国文官制度三大原则：常任原则、考试原则和政治中立原则。第二次是富尔顿委员会的改革，是在《罗斯科特—屈威廉报告》的改革基础上对当时的文官制度存在的问题进行解决。第三次改革是撒切尔夫人的改革，其改革背景独特，正值英国经济萧条，文官队伍壮大、效率低下时期，撒切尔夫人颁布了雷纳—伊布斯改革计划，主要体现在缩小文官规模；改革文官管理机制，撤销全国独立的文官院；政府机构精简“瘦身”；加强对高级文官的控制，突破文官在政治上保持中立的原则极限；强行限制文官工资增加的幅度等方面。通过撒切尔夫人的一系列改革，英国传统的官僚制制度自主性问题得到了一定的约束和限定，但这种改革破坏了文官永久性的原则，在一定程度上打击了文官的积极性。

20 世纪 50 年代以来，西方文官制度获得了较大程度的发展。1968 年，在英国以苏塞克斯大学名誉副校长福尔顿勋爵为首的 12 人委员会提出了改革文官制度的报告。这份包含 158 项建议的报告主要内容有：打破行政官员系统的封闭性，精简文官层次，建立开放的、统一的分类制度；用文官事务部代替财政部，行使文官管理权限，改革对文官的管理办法；重视专业技术人员和专家的作用；为了专门从事对文官的培训和继续教育工作，成立文官学院。这份报告因为建议具体，操作性强，所以其中大部分建议被采纳和实行，从而大大推动了英国文官制度的发展。

### 2. 美国

美国公务员制度的建立和英国大体情况相同。美国在建国后政治上实行多党制，但是“政党分肥”所带来的政局不稳和官员素质低下问题比起英国有过之而无不及。1841 年，当选美国总统的哈里森在一个月后便因忙于职位分配劳累而死；1861 年，分官也使时任美国总统的林肯筋疲力尽，他形容说“如果前院起火，我都无法去救”。1881 年，导致菲尔德总统被刺事件发生的罪魁祸首就是分官不均，这使资产阶级异常震惊。1883 年 1 月，美国国会正式通过了由议员彭德尔顿提出的《文官制度法案》(史称《彭德尔顿法》)，希望消除因为“政党分肥”带来的种种弊端。该法确立的原则主要有：文官实行公开考试，择优录用；用功绩制取代分肥制；文官不得参与政治活动，在政党政治中必须保持中立；文官为职业官员，除非渎职，不得被解雇；依法成立 3 人文官委员会，负责联邦文官的统一管理活动。该法案的通过标志着美国文官制度的建立。

在第二次世界大战后，美国国会通过了一系列有关公务员制度的法律，职位分类是其中重要的制度之一。职位分类注重职位的工作要求和职位的性质，强调职位与能力、职位与责任的有机统一。职位分类的实行，有利于科学地选拔人才，有助于提高公务员的素质和政府的工作效率。1978 年 10 月，卡特政府提出并由国会通过了《公务员改革法》，对联邦政府文官制度进行了重大改革。这次改革的主要内容包括：确立九项成绩制原则、改革考核制度、改革人事管理机构、推行成绩工资等，其核心是推进按工作表现付酬的成绩制，以达到提高政府管理效率的目的。

#### 3. 德国、法国和日本

德国、法国和日本与英国、美国不同，它们在历史上都曾存在过强大的中央集权官僚体制。德国在“铁血宰相”俾斯麦执政时期建立了中央集权政府体制。法国在拿破仑统治时期就建立了庞大的官吏队伍。在明治维新之后，日本以天皇为权力中心建立了中央集权的官僚体制。1949 年，联邦德国颁布了《德意志联邦共和国基本法》，对帝国的官吏制度进行了一系列改革，确立了“机会均等”“考试用人”“文官常任”等原则，在 1950 年制定了《德意志联邦共和国公务员法》后，联邦德国逐渐形成比较完整的现代公务员制度；1946 年，法国颁布了统一的公务员法，开始将公务员的管理纳入法制化的轨道；1947 年，日本通过了《国家公务员法》，其主要内容有公务员实行公开考试、择优录用、功绩制等。

### 1.3.3 国外公务员制度的基本特征

#### 1. 公开考试，择优录用

政府必须通过公开的竞争考试择优录用公务员，政府任何一级公务员职位，都要向成绩优秀者开放。西方各国积极健全法制，把考试的内容、方式、条件、机构等方面固定下来。有效贯彻公开考试、择优录用制度，对于建立一支稳定、精干和高水平的公务员队伍，保持行政系统的高效率和连续性具有重要的作用。

#### 2. 严格考核，晋升唯绩

作为公务员制度中的一项重要内容，考核是提高工作效率的中心环节。西方各国对公务员的考核工作都非常重视，普遍坚持三个原则，即奖惩结合、职责一致、公平对待，考核内容详细、全面。

### 3. 政治中立，职务常任

在西方国家，政府官员一般分为两大类，一类称为政务官，他们通常随党派竞选的胜败而进退，在一定的任期限制内担任各部、委的行政首长，构成内阁成员；另一类为事务官，即我们通常所称的公务员，他们被录用后，按工作成绩逐年提升，实行职位的常任制，有终身的职业保障，在没有过失的情况下可以终身任职。

西方各国普遍要求公务员必须在政治上保持中立，公务员的工作与党派完全分开，不得参加党派竞选，不得介入党派活动，不得以党派偏见影响决策。

### 4. 官纪严明，待遇较好

西方各国对公务员普遍具有严格的纪律要求。关于公务员，各国都有比较完备的法律法规，对公务员的身份、地位、权利和义务做出了十分详备的规定。所谓法律保障包含两层含义：一是明确规定了公务员的权利；二是当他们的权利受到侵犯，或因违反纪律受到不适当处分时，有权向司法机关或有关专门机构提出申诉，并受到法律的保障。

西方各国公务员待遇较好，享有较高的工资，国家负担其职务津贴、住房津贴、子女抚养补贴等，退休后享有来源固定的、较为丰厚的退休金。

## 【理论前沿】

[1] 白智立，杨沛龙. 试论中国公务员制度建构特征与改革分析视角 [J]. 国家行政学院学报，2018 (06)：78－82＋189.

[2] 胡晓东. 我国公务员制度的“双螺旋”演进逻辑研究——基于《国家公务员暂行条例》《公务员法》和新《公务员法》的思考 [J]. 学术界，2020 (9)：174－185.

## 【本章小结】

本章主要介绍了公务员的概念、公务员制度的创建与发展、公务员制度的特点、建立公务员制度的意义以及国外公务员制度的概况等内容，指出公务员范畴的三个条件是依法履行公职、纳入国家行政编制和由国家财政负担工资福利；公务员制度是对公务员进行管理的法律和规章的总称。

## 【关键术语】

公务员制度　行政编制　法规体系　管理制度　政治化　职业化　事务官　政务官

**【复习思考题】**

1. 简述公务员和公务员制度的含义。
2. 我国建立国家公务员制度的重大意义是什么?
3. 国外公务员制度有哪些特点?
4. 我国国家公务员制度有哪些鲜明的中国特色和强烈的时代特色?
5. 与国外公务员制度相比较,中国公务员制度有何优越性?
6. 目前我国公务员制度存在哪些问题?你认为应如何改进?

# 第2章　公务员权利与义务

【本章知识架构】

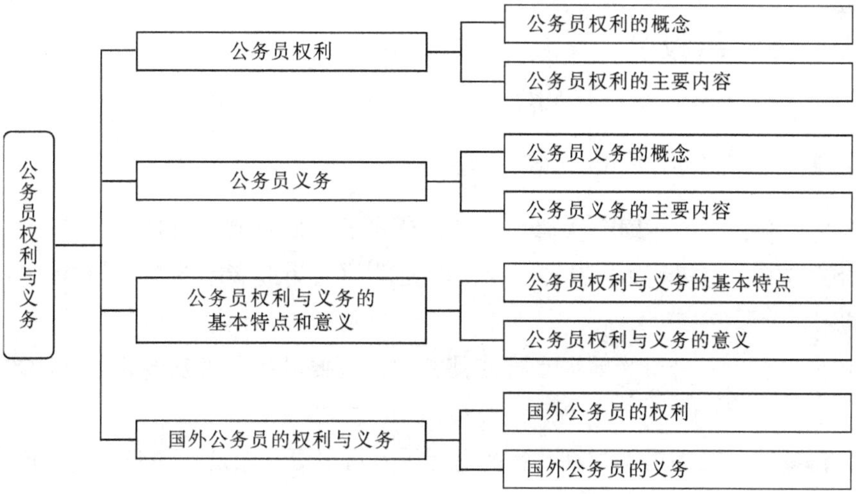


【案例导入】

某区人社局监察员到其辖区内的某电子有限公司对该公司使用外地劳动力的情况进行劳动现场监督检查。该电子有限公司的负责人不仅不配合监察员的工作，而且还阻止外来务工人员接受监察员的询问，并谩骂监察员，甚至把监察员锁在地下室达一个小时之久。情况发生之后，该区人社局以该电子有限公司严重阻挠工作人员行使监督检查权为由，对该公司作出罚款8000元的行政处罚决定。该电子有限公司表示不服，向人民法院提起行政诉讼，请求判决撤销该处罚决定。

思考：

1. 该监察员是否具有依法执行公务的权利？

2. 如何看待该案例中国家公务人员在依法履行职责时被无理阻挠的现象？作为一名公务员，你认为应具有哪些职责？享有哪些权利？

公务员的权利与义务在公务员制度中占有相当重要的地位，是国家对公务员实行法制管理的重要内容，并为其提供了基本依据。通过法律形式对公务员的权利与义务做出明确规定，并且以国家法律保证其有效的实施，有着非常重要的意义：第一，使公务员的行为符合法律规范的要求，正确行使权力；第二，保证公务员履行职责的权利和工作条件，使他们能够正常有效地执行公务；第三，依法对公务员进行科学管理，接受群众的广泛监督。

## 2.1 公务员权利

### 2.1.1 公务员权利的概念

公务员权利，是指在国家法律规定下，公务员在履行其公务职责、行使其合法职权、执行公务时，有权利做出某种行为，即要求他人为或者不为某种行为。其内容有如下几点：

（1）公务员以其身份为前提来行使其权利，只要具备公务员身份，便都享受这些权利。

（2）国家赋予公务员的权利，目的是为了其可以更有效地行使职权、执行公务。

（3）具体内容为公务员本人在其履行公职的过程中可以做出一定的行为，即要求他人为或者不为某种行为。

（4）国家法律明文规定公务员权利的具体内容，在其行使权利的过程中为其提供保障。

### 2.1.2 公务员权利的主要内容

《公务员法》明确我国公务员享有以下权利：

（1）获得履行职责应当具有的工作条件。公务员是国家权力的执行者，他们理所应当要尽职尽责。在他们履行职责的时候，国家也为其提供了必要的工作条件，即职权保障。职权是指公务员在履行职责、执行公务时，国家所授予的必要权力。职权是公务员在履行其职责时才享有的，它保证了公务员在正常执行公务时的基本权利。这种职权是与其所在职位相对应的，并不属于公务员个人。

（2）非因法定事由、非经法定程序，不被免职、降职、辞退或者处分。国家公务员必须具备以下两个条件，即非因法定事由和非经法定程序，才能行使这项权利。法定事由，指的是国家公务员确实存在违法违纪行为，从而被依法免职、降职、辞退或行政处分。法定程序，指的是在国家法律规定中，当公务员被免职、降职、辞退、行政处分时，所必须走的程序。确保公务员享有身份保障权，能保证国家公务员职业的相对稳定。当公务员在执行公务时，有可能会因触及某些个人或者集团的利益致使其自身受到不同程度的威胁，明确这一权利能够为公务员公正处理公务提供保障。

（3）获得工资报酬，享受福利、保险待遇。国家法律规定，公务员应享有工资及各种津贴，这是公务员在经济方面的权利。获得劳动报酬，享受保险、福利待遇，是为了满足国家公务员在工作和生活中的经济需求，这是公务员的一项基本权利，能有效解决公务员的后顾之忧，使其安心工作。

公务员的地位是比较特殊的，由于其工作是执行国家公务，所以他们是国家和社会不可缺少的劳动力。同时，党政机关工作效率很大程度上取决于公务员的素质。公务员的素质对整个国家的管理水平和效率有着重大影响，因而优秀人才的引进对公务员队伍的发展有着至关重要的作用。也正因为如此，吸引优秀人才进入公务员队伍，应该先保证公务员能够获取公平合理的资金报酬以及福利与保险待遇。合理公正的工资制度是重中之重，能激发公务员的工作积极性，使其更好地完成工作。

（4）参加培训。《公务员培训规定》明确，公务员有接受培训的权利和义务。参加培训不仅是现代管理的内在要求，也是公务员完善自身的需求，是公务员的一项重要权利。

（5）对机关工作和领导人员提出批评和建议。国家公务员有对党政机关工作和领导人员提出批评和建议，即对党政机关及其领导人员的工作缺陷与失误提出批评和建设性意见的权利。国家公务员积极行使这一权利不仅能体现自身的责任心，调动自身的积极性与发挥自身的创造性，也有利于党政机关工作的更有效实施。这一国家公务员权利的范围较广，公务员提出批评建议的对象不仅仅局限在本部门或有隶属关系的党政机关及其人员，也可以向其他部门的党政机关和其领导人员提出批评和建议；公务员提出批评建议的形式既可以采用书面形式，也可以使用口头或其他合理的方式，在合适的时间地点提出即可。

（6）提出申诉和控告。国家公务员的申诉权利，指的是当公务员对涉及本人的人事处理（包括被免职、降职、辞退或者行政处分等）不服时，拥有向原处理机关申请复议或者向同级人民政府人事部门提出申诉的权利，其中对行政处分决定不服的，有权利向监察机关提出申诉。国家公务员的控告权利，指的是当公务员认为某党政机关及其人员侵犯了自身权利时，有权利向上级党政机关或者监察机关对该党政机关及其人员提出控告。申诉与控告对于国家公务员保障自身权利有着重要意义。不仅有利于纠正党政机关及其人员的违法失职行为，也对国家行政管理活动的民主化和法制化起着推动作用。

(7) 申请辞职。国家公务员的辞职，指的是公务员辞去公务员职务和身份，离开国家党政机关。依法辞职体现了我国公务员是能够自主选择职业的，同时，国家对此是给予尊重与保障的。但是国家公务员如果选择辞职，也必须严格按照国家的有关法律、法规的程序进行，不得违反。

(8) 法律规定的其他权利。法律规定的其他权利包含了两个部分：其一为宪法和法律规定的普通公民所享有的权利，其二为宪法和法律所规定的“国家机关工作人员”应享有的权利。国家公务员不仅有公务员的身份，也拥有一般公民的身份，所以以上两类权利，国家公务员都应当享有。

## 2.2 公务员义务

### 2.2.1 公务员义务的概念

公务员义务，是指在国家法律规定下，对公务员必须做出一定行为或不得做出一定行为的约束和强制。主要包括以下几个方面：

(1) 公务员的义务以公务员的身份为前提。这是公务员职责和义务主体方面的特征，也是将公务员职责和义务与其他法律关系主体的职责和义务区分开来的根本标志。

(2) 公务员必须做出一定行为或不得做出一定行为，即公务员具有作为和不作为的义务。

(3) 公务员的义务是对公务员的约束。公务员的职务权力如果得不到严格限制，就有可能被滥用。因此，必须严格规定公务员的义务。

(4) 公务员的义务具有强制性。公务员违反法律规定，或者不履行其职责和义务，就会受到法律的制裁。

### 2.2.2 公务员义务的主要内容

我国对公务员义务作出规定是为了规范公务员行为，有效管理国家公共事务以及维护公共秩序。其内容是：

(1) 忠于宪法，模范遵守、自觉维护宪法和法律，自觉接受中国共产党领导。宪法是国家的根本大法和治国安邦的总章程，其主要约束对象是党政机关及其工作人员。公务员必须以宪法作为自己的根本活动准则，在执行公务的过程中必须依照宪法的要求，不能从事违宪活动。中国共产党的领导是中国特色社会主义最本质的特征，公务员作为公共管理者，必须毫不动摇坚持党的领导。

（2）忠于国家，维护国家的安全、荣誉和利益。我国《宪法》第五十四条明确规定："中华人民共和国公民有维护祖国的安全、荣誉和利益的义务，不得有危害祖国的安全、荣誉和利益的行为。"由于特殊身份，公务员与一般公民不同，理应做到如下三点：一是公务员在执行公务时，对于国家利益以及国家和政府的声誉应该自觉维护；二是公务员在国际事务和对外交往中，应该坚决维护国家的安全、荣誉和利益，对于出卖机密、接受贿赂、损公肥私等行为要坚定拒绝；三是公务员应胸怀全局，履行自身职责，将发展社会主义现代化建设事业以及维护国家的长治久安当作分内之事。

（3）忠于人民，全心全意为人民服务，接受人民监督。我国《宪法》第二十七条规定："一切国家机关和国家工作人员必须依靠人民的支持。经常保持同人民的密切联系，倾听人民的意见和建议，接受人民的监督，努力为人民服务。"

（4）忠于职守，勤勉尽责，服从和执行上级依法作出的决定和命令，按照规定的权限和程序认真履行职责，努力提高工作质量和效率。服从命令是对公务员的基本要求。公务员履行职责主要包括以下三点：其一，在法律规定范围内亲自履行职责，若非有正当理由，不允许委托他人来履行自己的职责；其二，应按时办公，若非有正当理由，不得迟到早退，请假也应先经由上级领导审查批准；其三，不允许擅离职守，如遇突发紧急事件，应先向上级领导请示，经其同意后才能离开，出差、休假结束后也应第一时间回到自己的岗位。

（5）保守国家秘密和工作秘密。国家秘密是指涉及党和国家的安全与利益，尚未公开或者不准公开的政治、经济、军事、外交、科学技术等重大事项。公务员保守国家秘密和工作秘密的职责是终身的，不仅仅是在其任职期间。如若公务员违反了国家保密法规，或者泄露了国家秘密和工作秘密，应交由有关部门视情节轻重给予处分。对于触犯刑律的公务员，应依法追究刑事责任。党的十九大将"坚持总体国家安全观"作为新时代坚持和发展中国特色社会主义的基本方略之一，公务员的管理更要紧紧围绕国家保密工作的重要精神和目标来贯彻落实。

（6）带头践行社会主义核心价值观，坚守法治，遵守纪律，恪守职业道德，模范遵守社会公德、家庭美德。

（7）清正廉洁，公道正派。公务员办事应公正无私、廉洁自律，个人利益服从国家利益与集体利益，处理公共事务力求公平、公正、公开、透明。

（8）法律规定的其他义务。公务员自身的特性决定了其基本义务，所以公务员理所应当要履行这些义务。但其作为公民，还必须履行宪法和法律规定的除公务员的义务以外的其他义务。这样，公务员的义务在内容上才更加全面完整。

## 2.3 公务员权利与义务的基本特点和意义

### 2.3.1 公务员权利与义务的基本特点

**1. 关联性**

国家公务员的权利与义务直接与其所任职务挂钩，一旦国家公务员的职务变更或消失，其权利与义务也随之变更或消失。

**2. 一致性**

国家公务员权利与义务的关系是相互依存对应的。国家公务员在执行公务中一旦获得相应的权利，那么在行使权利的过程中便要受到监督与约束，不得以权谋私；执行公务要有职有权，同时又要依法行政。国家公务员在履行义务和行使权利时，目的是一致的，都是为了提高政府工作效率，促进国家政治、经济、文化等事业的发展，实现国家治理现代化。

**3. 平等性**

国家公务员在任何情况下，即民族、性别、所在党派、所服务的党政机关等不同时，都应一律平等地履行其义务和行使其权利。

**4. 广泛性**

就公务员自身而言，凡正式成为国家公务员的，都可平等享有法律赋予国家公务员的权利；就权利的范围而言，涉及政治、经济、文化、身份保障等诸多方面。我国公务员享有丰富的政治权利，在宪法规定的范围内可以通过各种形式参与国家的政治生活。

**5. 真实性**

国家公务员权利的规定都是依照具体国情而制定的，因而切实可行；国家为公务员的权利提供法律保障和政治保障。

**6. 强制性**

体现在权利强制和义务强制两个方面。公务员在行使权力管理公共事务时，有国家强制力做后盾，有《公务员法》做保障；公务员在履行义务进行各种相应活动时，这些对约束公务员的活动同样具有强制性。

7. **法制性**

公务员权利与义务同一般组织成员的权利与义务相区别的显著特点，就是具有明显的法制性。

8. **不可放弃性**

公务员享有的权利及拥有的法定条件和合法手段，一般都不得放弃。

### 2.3.2　公务员权利与义务的意义

公务员权利与义务是伴随着公务员法律关系的产生而产生的。公务员权利与义务是公务员制度的重要组成部分，为国家对公务员的管理提供了基本依据。国家法律明确规定了公务员权利与义务的内容，为公务员履行其权利与义务提供了保障，对于公务员准确行使手中的权力、更有效执行国家公务和促进各级党政机关的法制化管理，具有十分重要的意义：

（1）有利于实现人事管理的规范化、法制化。目前我国公务员管理法制化程度不断提高：即国家法律规定公务员的权利与义务，对国家与公务员之间的法律关系有明确划分，确定公务员的身份资格和法律地位，保障其职责的履行。

（2）为国家公共管理良性运行提供保障。其一，公务员执行公务时所必需的权力将由国家通过法律来授予，保证其公务执行的有效性。其二，为防止公务员出现偏离其权利宗旨的行为，需要对其加以职责上的约束，以规则的形式来约束公务员权利的运用。

（3）公务员的权利意识和责任意识得到进一步的增强，使他们的权利有法可依，更自觉地履行其义务。

（4）权利意识以及责任意识构成了公务员法律意识的重要内容。培养国家公务员的法律意识，有利于推动全社会公民法律意识的增强，从而进一步推动国家的法制建设。

（5）公民法律意识的增强有利于推动人民群众对各级党政机关和公务员的监督，取得更有效的监督效用。

## 2.4　国外公务员的权利与义务

### 2.4.1　国外公务员的权利

西方国家公务员制度中关于公务员权利的规定千差万别，表述方式也各有不同，但整体上建立了相对比较完善、具有一定可操作性和法制保障的权利体系。

**1. 工资福利权利**

在日本，公务员工资由月工资和夏季、年终两次奖金构成。月工资除基本工资外，还包括各种津贴，如与职务相关、生活相关的，还有类似“拴心留人”的津贴，地方公务员有专门的偏僻地区津贴。在德国，公务员的薪金由基本薪金、津贴、地方补贴、补贴四部分构成。津贴主要包括三类：特殊职业和特殊职务津贴（如警察、消防员），额外津贴（如工作条件困难），补偿津贴（如公务员治病或因机构调整改变工作岗位）。主要用于平衡公务员家庭生活负担。补贴的种类较多，包括驻外补贴、家属子女在外补贴、年休假补贴、圣诞节补贴等。在美国，公务员薪酬福利水平高于社会部门。公务员职业稳定，享有带薪休假、弹性工作时间等。联邦政府雇员享有人寿、健康、伤残保险。在英国，公务员中的文官待遇丰厚，高级文官薪酬更高。英国设有专门的公务员工资研究所，负责提供工资资料，旨在保证公务员享受比较优厚的薪酬福利。

**2. 休假权**

法国《公务员权利和义务总章程》规定，公务员享有“每年一度的休假权利，生病时休假的权利，成为母亲时的休假权以及与承担双亲责任有关的休假权利”；德国《联邦公务员法》规定，“公务员可享受每年一次带薪休假”。

**3. 培训权**

法国《公务员权利和义务总章程》规定，公务员享有“经常性的培训权”“职业培训的权利”以及“参加工会培训的权利”。

**4. 获悉个人档案资料权**

法国《公务员权利和义务总章程》明确规定，“公务员可以在法律法规之下，按要求查阅自身的档案”；德国《联邦公务员法》规定，“公务员在解除公务关系之后也有权利查阅自身档案，其本人的意见也应记入档案”。

**5. 交流权**

法国《公务员权利和义务总章程》明确规定，“进入到其他两个公共职务的国家公务员、地方政府公务员以及在医院里工作的公务员，可通过连续的或非整合在一体的职务临时变动的方式加入到相应的公务员队伍中来”。

#### 6. 不受歧视权

法国《公务员权利和义务总章程》明确规定，“各个公务员都有其不同的政治观点、工会观点、哲学观点或宗教观点，不得因其观点相异便抱有歧视态度。同时，禁止因为公务员自身性别、健康状况、残疾情况或他们的种族隶属关系而抱有任何偏见”。

#### 7. 保障权

日本《国家公务员法》第七十五条第一款规定，“公务员如若没有违法违纪等重大事由，不得随意无视公务员的意志，无由将其降职、停职或免职”；德国《联邦公务员法》第七十九条规定，“公务员主管单位应为公务员提供保障，包括公务员及其家属的利益以及公务员自身地位，即使在公务员结束其职务之后，也为其提供保障”。

#### 8. 申诉权

日本《国家公务员法》对“关于违反公务员意志的不利处分的审查”等都进行了较为详细的说明；德国《联邦公务员法》明确规定，“公务员可以依据相关法律法规按程序提出申请和投诉，并且可以直接向最高公务机关进行投诉”。

### 2.4.2　国外公务员的义务

西方国家对公务员的义务加以规定，都是有一个共同的目的，即国家规定和约束公务员的职责和行为，并对其进行一系列的规范和调整，都是为了能够更好地维护资产阶级统治，维护自身的政治、经济利益，使得资产阶级国家机器能够正常地运转。国外公务员的义务主要有以下几点：

#### 1. 忠于国家，忠于职守

西方国家有明确规定，公务员一旦擅离职守，其将接受必要的纪律处分。执行公务必须在法律规定的权限之内，严禁任何越权行为以及滥用职权的行为。同时，在执行公务的时候必须严格遵从法律规定的程序。日本《国家公务员法》明确规定，“所有公务员在执行公务时必须以公共利益为主，全力以赴地完成自身工作”。英国《公务员法》规定，“在处理公务时应该秉承公正公开的态度，杜绝任何偏见色彩”。

#### 2. 服从领导，执行命令

公务员只对属于执行公务范围内的合法法令才有服从的义务。当上司的命令与法律相冲突的时候，公务员应指出命令违法，并对明显违法的命令拒绝执行。如果公务员明知命令违法仍予以执行，则应承担连带责任。日本《国家公务员法》规定，“公务员在履行职责、执行公务的时候必须服从相关的法律法规，在职务上应该服从其上级领导的指令”；德国《联邦公务员法》规定，“公务员除了忠实地服从上级领导命令之外，还要对其下属人员的安全负责，按照法定标准工作”。

**3. 遵守法纪，公正廉洁**

日本《国家公务员法》明确规定，“公务员在任职期间不得兼任或者涉及任何以营利为目的的私营企业及其他组织的官员、理事等”；英国《公务员法》规定，“公务员不得以权谋私，假借公务之便为自己或他人获取相关信息。同时，也不得接受他人礼品、款待、恩惠或其他形式的好处，损害他人合法利益。如遇到利益冲突的事件，应及时向上级领导反映，交由高级管理层着手处理”。

**4. 严守职业秘密**

国家机密涉及国家的安全和利益，保守国家机密关系着国家和民族的全局利益。公务员必须严守国家机密，以保证国家的安全及行政管理的正常运行。

**5. 保持政治中立**

西方国家公务员制度普遍要求其公务员要保持政治中立。政治中立的内容主要是公务员要对各政党都保持一视同仁的态度，对各政党的判断都应该保持价值中立。同时，公务员禁止参与任何政治活动，应该自觉远离。英国《公务员法》规定，“公务员不准以其公职身份参与外部的会议或由某政党、政治组织召开或保护的活动”，“不属于政治自由范畴的和没有得到许可参与政治活动的公务员，在政治争论时应随时保持适当的沉默，保持其无可辩驳的公正性”。美国施行的是一种政治上中立的公务员制度。公务员可以在政党竞选中投票，但不可以积极参加政党活动，不得担任某一政党的官员，不得担任某一政党全国代表大会的代表，不得为某一政党传播其政治主张。这个规定是1939年国会通过的“哈奇法案”所确定的，为的是保证公务员在政治立场上公正、正直，也是为了保护他们不受上司的政治压制和威胁。

**【理论前沿】**

[1] 沈瞿和．公务员诚信义务及法治路径［J］．国家行政学院学报，2018（06）：98－102＋190.

[2] 叶必丰．论公务员的廉洁义务［J］．东方法学，2018（01）：44－52.

[3] 秦涛．论我国公务员权利救济司法化困境及其出路［J］．学术研究，2015（03）：54－59.

## 【本章小结】

本章第一小节主要介绍了公务员权利的相关内容，第二小节对公务员的义务进行了较为详细的说明，第三小节阐述了公务员权利与义务的基本特点和意义，第四小节大致地介绍了国外公务员的权利与义务。

## 【关键术语】

公务员权利　公务员义务　基本特点　服从命令　国家秘密　依法行政
清正廉洁

## 【复习思考题】

1. 公务员权利是指什么?
2. 公务员义务是指什么?
3. 公务员权利和义务的基本特点有哪些?
4. 公务员权利的基本内容是什么?
5. 公务员义务的基本内容是什么?

# 第3章 公务员职位分类制度

【本章知识架构】

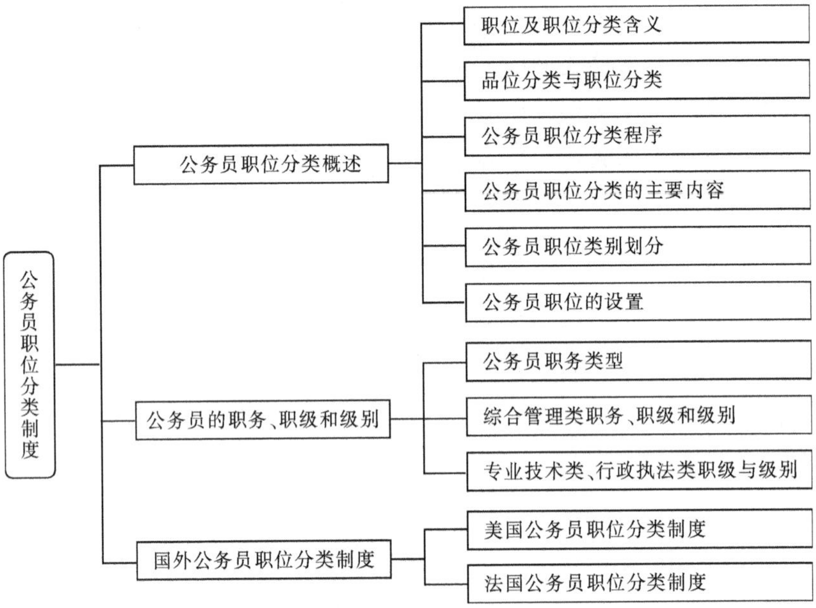


【案例导入】

作为全国第一个分类改革试点城市，深圳根据各类别职位的特点，探索了分类招考、分类考核、分类培训、分类奖惩等科学化管理制度。一是分类招考。针对行政执法类公务员不再考《申论》，取而代之考执法相关的知识；针对专业技术类公务员进行《专业素质测试》，比如气象专业技术公务员进行《气象专业素质测试》。二是分级分类考核。根据不同类别实施考核，重点考核“能”和“绩”。三是分类晋升。行政执法类公务员晋升前需开展执法业务水平测试，专业技术类公务员晋升前需开展专业能力评估。四是分类培训。根据各职类对公务员能力素质的要求，分类培训。

**思考：你认为在公务员分类管理过程中会遇到哪些阻力？存在哪些问题？**

美国行政学家怀特认为："当今人事管理建立在两大基石之上，一是选贤任能，一是职位分类，两者缺一不可。"科学的分类制度是科学管理的基础和前提。在公务员管理领域，将公务员科学合理地进行分类管理，不仅能使烦琐的公共事务得以简洁化，还能明确公务员自身的职能，为公务员职业发展提供良好空间，提高公务员工作的主动性、积极性和创造性。

## 3.1　公务员职位分类概述

### 3.1.1　职位及职位分类含义

职位是指公务员所承担的工作的种类和责任。职位一般包含有以下几层含义：一是职位完全是以"事"为主要原则的，不会因人而异；二是职位的数量存在一定限制，受到组织规模、组织职能等因素影响；三是职位可以根据不同的标准进行分类，并按照不同层次的责任，分为若干等级；四是职位是固定的，不会随人员调动而变化，在不同阶段，一个固定的岗位可由不同的人来承担。职位分类是指在职位分析的基础之上，将职位依据其工作性质、难易程度、权责轻重、工作环境和资格条件等，分成若干具有相同或相似特征的工作职位，并加以分类管理。

此外，与职位相关的概念有职责、职等、职级、职系、职组。在这里做一个简要区分。职责是指任职者履行一定的组织职能或完成工作使命。职等是针对岗位的等级划分，以此进行横向比较。职级是同一序列岗位薪资维度在级别上的区分。职系是指一系列工作性质相同，责任轻重和困难程度不同，从而职级、职等不同的职位系列。职组是两个以上工作性质相近的所有职系的集合。

### 3.1.2　品位分类与职位分类

与职位分类以"事"为中心相比，品位分类通常以"人"为中心，是指公务员管理机构依据法律法规，对公务员的身份、资历、学历、工龄、知识、能力、经验、贡献等进行综合比较，据此确定其职务、职级的等级和薪酬等级，建立公务员的品位等级结构，以此作为公务员考试录用、职务职级任免与升降、考核、奖惩、交流、工资、保险、福利、辞职、辞退等制度的基础。公务员品位分类有以下三个特点：一是公务员品位分类是以“人”为中心的公务员分类体系；二是注重通才标准；三是在品位分类过程中公务员的等级与职位相分离。

与职位分类相比，公务员品位分类有以下优势：一是管理方法灵活，便于工作的调动；二是以人为本，有助于选拔高素质人才；三是有助于通才的培养。但也存在人职分离、权责不明等问题，强调人在事先、因人设职，会导致机构臃肿、人浮于事，且无章可循，注重通才培养的同时忽视专业技能和知识，易滋生官本位思想等。

与品位分类相比，公务员职位分类具有以下优势：一是因事设职，按职择人，权责分明；二是有章可循，管理规范；三是注重专业技能与知识，有助于提高公务员专业技能；四是激励性强，有助于调动公务员的积极性、主动性和创造性。但也存在以下劣势：一是职位分类以“职”为本，偏重专才，难以吸引复合型高级公共管理人才；二是人事管理方法复杂，制度严格，灵活性低；三是人事管理权力分散，程序烦琐，管理成本高。

职位分类和品位分类各有利弊，两者融合发展已成为世界各国公务员管理制度的发展趋势，实行品位分类的国家不断吸收职位分类的优势，实行职位分类的国家不断吸收品位分类的优势。

### 3.1.3 公务员职位分类程序

公务员职位分类主要包括四个步骤：职位调查、职位分析、职位评价和职位归级。

职位调查。职位调查是职位分类的基础和前提，是指相关部门通过调查、收集与职位相关的各种信息的过程，其目的是为职位分类提供基础和依据。主要对职位的工作性质、难易程度、责任大小、任职资格条件等相关信息进行调查。运用的方法主要有填表法、访谈法、会议法等。职位调查的文字性结果是职位说明书，明确规定职位名称、规范、工作项目、工作内容描述、所需的知识和能力等内容。

职位分析。职位分析建立在职位调查的基础上，对职位进行全面、系统、客观的分析，是职位评价的前提。职位分析需要对工作复杂性、所需能力、职权行使范围、所需资格条件等一系列因素进行分析，以明确该职位的工作和完成工作的相关条件。

职位评价。职位评价是指根据职位分析结果，对职位进行划分，划定职级、职等的过程。通过职位评价，形成纵横有序的职位系统，确保职位分类的实现。

职位归级。职位归级是指根据一定的程序，依据职系说明书的要求归入相应职系，再根据职系规范归入所属职级的过程。

此外，在完成上述步骤后，还需对职位进行后续管理，以保证职位分类与社会发展、组织机构相适应。

### 3.1.4　公务员职位分类的主要内容

公务员职位分类在我国经历了一个循序渐进的演进过程，其相关法律法规不断完善。1993 年《国家公务员暂行条例》明确了职位分类制度，规定国家党政机关实行职位分类制度；1994 年我国出台了《国家公务员职位分类工作实施办法》，进一步对职位分类工作的基本内容、职位设置要求、职位说明书的项目及说明、填写职位说明书的范围、编制和审定职位说明书、公务员级别的确定等方面做了规定；2005 年出台的《公务员法》继承了暂行条例的做法，规定“国家实行公务员职位分类制度”；2018 年，修订后的《公务员法》进一步明确了职位分类管理制度的总体方向，规定了职位分类主要包括四个方面，具体如表 3－1 所示。

**表 3－1　公务员职位分类具体内容**

| | |
|---|---|
| 职位类别划分 | 国家根据职位的性质、特点和管理的需要，将职位划分为综合管理类、专业技术类和行政执法类等 |
| 职务序列设置 | 国家根据职位类别和职责设置公务员领导职务、职级序列 |
| 职位设置 | 各机关根据确定的职能、规则、编制限制、职数以及结构比例，设置各机关的具体职位，并确定各职位的工作职责和任职资格条件 |
| 级别序列设置 | 国家根据公务员职务、职级与相应的级别对应的原则设置公务员的级别序列 |

### 3.1.5　公务员职位类别划分

《公务员法》第十六条规定：“国家实行公务员职位分类制度。”由此可见，我国的公务员分类管理采用的是职位分类制度。主要体现在两个方面：一是划分职位类别，二是进行职位设置。

《公务员法》第十六条规定：“公务员职位类别按照公务员职位的性质、特点和管理需要，划分为综合管理类、专业技术类和行政执法类等类别。根据本法，对于具有职位特殊性，需要单独管理的，可以增设其他职位类别。各职位类别的适用范围由国家另行规定。”

（1）综合管理类。综合管理类公务员指的是除专业技术类、行政执法类以及其他职位类别以外的履行综合管理以及机关内部管理的公务员职位，是需要在政治方向上做出领导、政治原则上做出判断，以及在重大事件中担任决策任务的一类公务员。一般而言，综合管理类职位是机关单位中的主体类别，从业者数量较多，主要负责的是机关单位内外部相关的规划、咨询、决策、组织、指挥、协调、监督以及管理工作。

（2）专业技术类。专业技术类公务员指的是在机关单位中为机关日常行政工作和管理工作提供专业技术手段支持，就职于专业技术岗位的公务员。专业技术类职位归纳起来有三大特征：一是纯技术性。专业技术类公务员只负责参与相关技术工作，对自身岗位技术要求负责，其间不参与任何其他管理类的工作，不具备行政决策权。二是低替代性。专业技术类关注的焦点是从业人员的专业技术素养，专业技术素养决定了其任职资格条件，所以专业技术类公务员很难被替代，一般不会出现重大的人员调动。三是技术权威性。一般来说，专业技术类岗位只负责提供技术成果或技术结论，成果和结论不受行政领导干预，拥有技术方面的绝对权威性。值得注意的是，这种权威性指的是技术层面，在做行政决策时，只作为相关行政决策的参考意见，而行政领导拥有最终的决策权。如国家安全部门的特种技术、特种翻译等，公安部门的法医鉴定、痕迹检验、声纹检验等，属特有技术岗位；另如化验技术工作、工程技术工作、通用鉴定工作等属通用性技术岗位。

（3）行政执法类。行政执法类公务员指的是依照法律法规，对行政相对人直接履行行政许可、行政处罚、行政征收、行政强制、行政检查等执法职责的公务员。这一类公务员有区别于综合管理类公务员的明显特点，主要包括纯粹执行性和现场强制性。这就表示行政执法类公务员的职责就是依照相应的法律法规政策，对相关管理对象进行具体的执法活动。行政执法类公务员没有对于相关执法行为的依据进行解释的职责，这一类职责由综合管理类公务员负责。行政执法类公务员一般集中在公安、城管、税务、工商、质检、海关、环保、药监等政府部门。

（4）其他类别。《公务员法》明确规定："法律对公务员中的领导成员的产生、任免、监督以及监察官、法官、检察官等的义务、权利和管理另有规定的，从其规定。"这一法律条文也表明了我国的法官、检察官等司法系统公务人员与其他的党政机关工作人员存在区别，有其特殊性，我国也有相应的《法官法》和《检察官法》，因此在公务员职位分类中并没有将法官、检察官等职务与其他类别的公务员在一起整合并分类，这也是实行公务员分类管理原则的具体体现。除此之外，对于其他特殊的职位，国务院根据《公务员法》进行规定，可以依据职务的特殊性设置相对应的职位类别进行管理，适用范围则由国家进行监督和管理。

### 3.1.6 公务员职位的设置

公务员职位设置是指在对行政机构职能进行逐层分解的基础上，根据一定的原则和程序确定具体职位的工作。《公务员法》第二十条规定："各机关依照确定的职能、规格、编制限额、职数以及结构比例，设置本机关公务员的具体职位，并确定各职位的工作职责和任职资格条件。"职位设置需要首先进行机构编制管理工作，职位设置后方可进行公务员管理。机构编制管理工作是职位设置的前提和限定条件，主要是视需要确定各机关所属职位的职能规格、职数、编额和结构比例等。

职能是职位设置的前提，职位是机构职能的微观载体，是人与事结合的基本单元。规格即机构规格，决定职位的最高层次；编额决定职位的数量，一般而言，编制数量等于职位数量；职数是某一特定职务、职级的具体数量；结构比例是指各层次职务、职级的结构比例。

其次，职位设置工作需要弄清楚两点，一是明确需要干什么，二是明确需要什么人来干。前者需要把每个具体岗位所要承担的工作职责、工作任务、工作责任明确落实，后者需要将岗位候选人所具备的基本条件与该岗位职责所需一一对应，确定其任职资格。以上为职位设置的最终要求。

职位设置的最后工作是制定好职位说明书。职位说明书是将每个职位的工作内容、职责、工作标准、任职资格条件以及有关事项记录在案，具有说明效果的综合性书面文件。其内容主要有：一是职位名称。这部分介绍的是各职位规范化称谓，要求简单明了且能体现出该职位的主要工作任务和性质。二是职位代码。这部分介绍的是每个职位的代表号码，一般格式由三部分组成，第一部分是职位所在国务院各工作部门（地方是指所在省、市、区、县）的代码，采用国家标准。第二部分是职位所在各部门内设机构（地方是指所在地的各工作部门）的代码。第三部分是各内设机构（或各工作部门）中职位的顺序号。第二、三部分由各级人事部门负责编制。三是工作项目。这部分是对于该职位工作内容及其情况的简要描述，主要包括工作职责、工作内容、工作程序等的相关描述。四是所需知识能力。指的是关于该岗位工作所需的技术、能力、经验等。这部分的依据是依该职位的相关工作需要而定。五是转任和升任。这部分表明该职位人员可转任或升任何种方向或职位，以及该职位可由何种职位上的工作人员转任或升任。六是工作标准。这部分说明该职位工作应达到的数量和质量标准。职位说明书的各项内容，作为较为科学准确的评判依据服务于公务员的录用、培训、考核和晋升等。

科学合理的职位设置应符合三个标准：一是按照最低职位数量原则，即职位数量限定在有效完成任务所需的最低数；二是各职位职能不能交叉，以免出现责任的推诿扯皮等现象；三是职位设置层次要适当，即“就低不就高”。

## 3.2　公务员的职务、职级和级别

### 3.2.1　公务员职务类型

公务员职务类型是根据公务员是否承担领导职责而区分的职务类别。党的十八届三中全会明确提出要推行公务员职务与职级并行、职级与待遇挂钩制度。在改革试点成果的基础上，《公务员法》第十七条规定，国家实行公务员职务和职级并行制度，根据公务员职位类别和职责设置公务员领导职务、职级序列。领导职务主要指机关中具有组织、管理、决策、指挥职能并承担领导责任的职务；而职级只承担岗位职责，对于较高层次的职级，可以协助同级领导职务工作，经授权可以负责或者协调某一方面的工作。

《公务员法》规定的十个层次的领导职务构成了领导职务序列。具体包括：国家级正职、国家级副职、省部级正职、省部级副职、厅局级正职、厅局级副职、县处级正职、县处级副职、乡科级正职、乡科级副职。职级层次从一级巡视员到二级科员，共设 12 级，进一步拓宽了公务员晋升渠道和上升空间。此外，《公务员法》第二十条补充规定了领导职务与职级的对应关系，并可以进行相互转任、兼任。

### 3.2.2 综合管理类职务、职级和级别

对于综合管理类职务序列，《公务员法》并没有直接规定其领导职务设置，但规定了根据宪法、有关法律、职务层次和机构规制设置规定的原则，大体可分为实行选任制的领导职务和实行委任制的领导职务两大类。其中以相关法律和规章制度为依据选举担任公务员职务的公务员，是选任制公务员；实行委任制的领导职务根据职务层次和机构规格予以确定。此外，综合管理类职务在名称上存在交叉使用的情况，不同职务层次经常使用同一职务名称。如从中央到地方都使用局长职务名称，县政府各局的局长通常属于乡科正职，地市级政府各局的局长通常属于县处正职。

在职级序列设置上，《公务员法》明确规定职级是“公务员的等级序列，是与领导职务并行的晋升通道”。对于职级，《公务员法》在机构规格上做了原则性的规定：“公务员职级层次在厅局级以下设置。”职级序列按照综合管理类、专业技术类、行政执法类等公务员职位类别分别设置。综合管理类公务员职级序列分为：一级巡视员、二级巡视员、一级调研员、二级调研员、三级调研员、四级调研员、一级主任科员、二级主任科员、三级主任科员、四级主任科员、一级科员、二级科员。《公务员法》第二十一条规定：“公务员的领导职务、职级应当对应相应的级别。公务员领导职务、职级和级别的对应关系，由国家规定。”公务员职务与级别并非彼此取代也非完全分离，而是“一级数职、上下交叉”。2019 年 3 月，中共中央办公厅印发的《公务员职务与职级并行规定》规定了综合管理类公务员职级层次与级别的对应关系，具体如表 3 – 2 所示。

**表 3 – 2　综合管理类公务员职级层次与级别的对应关系**

| 综合管理类公务员职级层次 | 级 别 |
| --- | --- |
| 一级巡视员 | 十三级至八级 |
| 二级巡视员 | 十五级至十级 |
| 一级调研员 | 十七级至十一级 |
| 二级调研员 | 十八级至十二级 |

续表

| 综合管理类公务员职级层次 | 级 别 |
| --- | --- |
| 三级调研员 | 十九级至十三级 |
| 四级调研员 | 二十级至十四级 |
| 一级主任科员 | 二十一级至十五级 |
| 二级主任科员 | 二十二级至十六级 |
| 三级主任科员 | 二十三级至十七级 |
| 四级主任科员 | 二十四级至十八级 |
| 一级科员 | 二十六级至十八级 |
| 二级科员 | 二十七级至十九级 |

### 3.2.3　专业技术类、行政执法类职级与级别

《专业技术类公务员职级设置管理办法（试行）》规定了专业技术类公务员职务调整为职级，专业技术任职资格由高至低依次分为高级、中级、初级，其中高级包括了正高级和副高级。根据《行政执法类公务员职级设置管理办法（试行）》的规定，行政执法类公务员职务调整为职级，共分为十一个层次，分别是督办、一级高级主办、二级高级主办、三级高级主办、四级高级主办、一级主办、二级主办、三级主办、四级主办、一级行政执法员、二级行政执法员。专业技术类、行政执法类职级层次与级别的对应关系具体如表 3－3 所示。

**表 3－3　专业技术类、行政执法类职级层次与级别的对应关系**

| 专业技术类公务员通用职级名称 | 应具备的专业任职资格 | 行政执法类职级层次 | 级别 |
| --- | --- | --- | --- |
| 一级总监 | 正高级 | — | 十三级至八级 |
| 二级总监 | | 督办 | 十五级至十级 |
| 一级高级主管 | | 一级高级主办 | 十七级至十一级 |
| 二级高级主管 | 副高级以上 | 二级高级主办 | 十八级至十二级 |
| 三级高级主管 | | 三级高级主办 | 十九级至十三级 |
| 四级高级主管 | | 四级高级主办 | 二十级至十四级 |
| 一级主管 | 中级以上 | 一级主办 | 二十一级至十五级 |
| 二级主管 | | 二级主办 | 二十二级至十六级 |
| 三级主管 | 初级以上 | 三级主办 | 二十三级至十七级 |
| 四级主管 | | 四级主办 | 二十四级至十八级 |
| 专业技术人员 | | 一级行政执法人员 | 二十六级至十八级 |
| | | 二级行政执法人员 | 二十七级至十九级 |

划分职务、职级、级别有利于明确不同层次的职位在工作要求上的差异，将能力不同的公务员放在不同的岗位上，也是公务员职责大小和职位高低的标志，是公务员管理、确定公务员工资等待遇的重要依据。

## 3.3 国外公务员职位分类制度

职位分类是适应社会发展逐渐兴起的人事分类制度，最早起源于美国，其他国家逐渐采用。西方国家公务员职位分类有以下特点：一是融合性，将职位分类和品位分类相互交融；二是由繁至简，公务员分类管理规则、标准、程序与等级日益简化；三是分权，下放分类管理权力，增加弹性空间；四是两官分立，政务官和事务官分类管理；五是让管理者管理，设置高级行政职位，实行绩效管理；六是开放性，公务员职位结构由封闭至开放。

### 3.3.1 美国公务员职位分类制度

美国国会于1923年通过《联邦政府职位分类法》，将联邦各部职员分为5类44等。1931年，调整公务员职位分类结构为：7职类、81职等、1633职级，7职类为专门与科学职务类、次专门职务类、事务行政与财政职务类、技艺与保管职务类、调查与视察职务类、教育职务类、仓库职务类。1949年，颁布《职位分类法》：一类是一般职位序列，简称GS，包括专门与科学职务类、次专门职务类、事务行政与财政职务类，18职等；二类是技艺保管序列，简称GPS，包括技艺与保管职务类、灯塔与仓库职务类，10职等。1954年，技艺保管序列职位被取消，部分并入GS，另一部分并入例外职位。1978年，《文官制度改革法》规定：一是高级公务员序列是SES。二是改革其他职位分类制度。简化职位分类结构、程序、标准，压缩职等、职组、职系，实行浮动工资制度，简化职位说明书。三是实行高级公务员绩效工资制度。经过几次改革，美国公务员职位分类不断完善，最终被世界许多国家借鉴和推行。

### 3.3.2 法国公务员职位分类制度

法国按公务员职位的工作性质和所需教育程度，纵向职位分为A（领导、计划、决策）、B（执行计划和决策）、C（辅助性工作）、D（简单事务）四类。A类公务员属于高级公务员集团，担任领导、计划、设计和决策性工作，需具备正式的专门学校或名牌高等学校的毕业文凭。法国政府中的司局长、处长、科长、专员、警察、顾问，学术技术职业中的高等、中等学校教师和科学家等属于A类公务员。想进入A类公务员序列者，需参加竞争性考试，具备相应专业知识、业务能力、品德修养。B类公务员属于中级公务员集团，担任行政执行工作，负责执行法律、法规和政策，以及上级发布的决定和命令，需具有高中毕业文凭。中央行政部门的行政秘书，驻外机构的行政秘书，邮电部门、财务机关的监督员，小学教师，公共事业机构技术员等属于B类公务员。想进入B类公务员序列者，需参加竞争性考试，并按功绩制晋升。C类公务员属于中下级公务员集团，担任执行计划、实施决策等辅助性工作，需具备初中毕业文凭。想进入C类公务员序列者，需参加竞争性考试，并接受特定的职业培训。行政助手、办事员、打字员、速记员、税务调查员、邮递员、技术工人、监工等都属于C类公务员。D类公务员属于低级公务员集团，担任简单、非专业性勤杂工作，需具备小学以上文凭。办公室值班人员、公文信差、房屋管理员、党政机关工作人员等属于D类公务员。

**【理论前沿】**

[1] 萧鸣政，唐秀锋，金志峰．我国公务员职位分类与管理：30年的改革实践与分析[J]．中国行政管理，2016（09）：8－13.

**【本章小结】**

本章主要对公务员职位分类制度进行了阐述，对公务员的职务、职级和级别进行了概述，对国外公务员职位分类制度进行了介绍。

**【关键术语】**

公务员职位分类制度　人事分类　职位分类　品位分类　职务设置　级别晋升

**【复习思考题】**

1. 职位分类的功用和缺陷是什么？
2. 品位分类与职位分类有何异同？
3. 公务员职位分类的依据是什么？
4. 公务员级别的功能是什么？
5. 我国公务员职位划分的基本类型及各类职位的主要特点是什么？
6. 我国公务员职务设置的基本规定有哪些？
7. 简述我国公务员级别设立的规定及其意义。

# 第4章　公务员考试录用制度

【本章知识架构】

- 公务员考试录用制度
  - 考试录用制度的产生和发展
    - 录用制度在我国的产生
    - 录用制度在我国的发展
  - 公务员录用的含义、原则及意义
    - 公务员录用的含义
    - 公务员录用的原则
    - 公务员录用的意义
  - 公务员录用考试的方法和内容
    - 公务员录用考试的方法
    - 公务员录用考试的内容
  - 公务员录用的条件和程序
    - 公务员录用的条件
    - 公务员录用的程序
  - 国外公务员考试录用制度
    - 国外公务员考试录用制度概况
    - 国外公务员录用考试的内容和方式
    - 国外公务员录用考试的类型及特点

【案例导入】

某县农业局有两名公务员退休，次年该局决定通过公开考试的方法录用两名科员以填补职位空缺，并编制了录用计划上报县人事局批准后实施。农业局据此发布了招考公告，并依次组织了报名、资格审查、笔试、面试、考核、体检等录用环节的各项工作，最后根据考试、考核及体检结果综合择优确定了两名拟录用人员名单，后经县人事局批准正式予以录用。

**思考：你认为该局做法是否符合我国《公务员法》的规定？为什么？**

公务员录用是指主管机关按照公开、平等、竞争、择优的原则，遵循法定程序、标准、条件，通过考试、考察等方式，面向社会或机关内部选拔优秀人才进入公务员队伍担任公职。公务员录用制度起源于中国古代科举制，主要包括录用的原则、方法和程序等内容。

## 4.1　考试录用制度的产生和发展

### 4.1.1　录用制度在我国的产生

我国最早的官员选拔制度是夏商周时期至魏晋南北朝时期所实行的分封制，分封制是我国历史上第一个官员选拔制度。然后是世卿世禄制、军功爵制、察举征辟制和九品中正制等。

隋朝时期，由于九品中正制已经无法适应当时的政治情况，遂废除了九品中正制。后来推出了科举制选官制度，不再重视官员出身门第，转而开始重视才华。隋炀帝时增设“进士科”，以策论取进士，标志着科举制的正式确立。此后，“进士科”成为历代科举取士的中心。这是科举制的萌芽阶段。

科举制在唐代得以逐渐完善。唐代的科举考试通常分为常科和制科。每年在固定时间考试的称为常科，由于特殊情况皇帝临时下命令进行的考试称为制科。唐朝的皇帝很重视有才之人，制定了很多规范的制度来选拔和培养人才。唐代的科举重视诗词歌赋与贴经、墨义，只有非常具有文采的人才有可能踏入官场。

宋代的科举制在唐代的基础上又有所改进和发展。突出表现在：考试组织机构更加健全（中书省主持，礼部具体实施）；制度措施较为完善（如“糊名”和“誊录”）；皇帝亲自主持殿试；录取名额也有所增加。

明清时期的科举考试大体分为童试、乡试、会试、殿试四级。童试也叫小考、小试，为科举考试的初级考试，应考者如果在童试中考试合格，则被称为生员，然后还需要分往上级地区学习。生员是科举考试的起点，只有考取了生员才能参加层次更高的考试。乡试为地方考试，一般在八月举行，考试一共在七日之内举行三场，乡试如果通过就可以成为举人。会试是全国性考试，由已经考取举人的考生参加考试，在乡试次年的二月分七天举行三场，会试由礼部主持，考试合格者称为贡士。殿试在会试的后一个月即三月份举行，是科举考试的最高级别也是最后一场测试，由皇帝亲自主持，只有考上贡士才有资格参加殿试。殿试不像前面三级的淘汰制考试一样，只需要考时务策，按名次来分配官职，分为三甲。一甲有三名，分别称之为状元、榜眼、探花，二甲数量相对较多，取几十人，其余为三甲。中进士以上即可做官。

### 4.1.2 录用制度在我国的发展

公务员录用制度起源于科举制，其制度发展在我国经历了一个循序渐进、不断完善的过程。1982 年，国家通过颁布《吸收录用干部问题的若干规定》，确立了我国公务员考试录用制度的首部法规条例。1989 年的国家工作人员录用考试没有严格的组织条例，规模较大的考试一般实行几个部门联合招录，小范围内的考试由机关单位内部单独进行招录。考试主要内容一般有行测、社会常识、马列主义与毛泽东思想和邓小平理论、相关法律基础等。这一年我国公务员的第一个考试录用制度——《关于国家行政机关补充工作人员实行考试办法的通知》颁布实施。1993 年颁布的《国家公务员暂行条例》标志着公务员考试录用制度正式开始在全国范围内推行。1994 年颁布的《国家公务员录用暂行规定》使我国公务员考试录用制度开始进入相对完善的阶段，从此以后，我国公务员录用考试不论是从考试组织形式，还是从题型设置方面都体现了科学性与完备性。不仅有行政方面的考试科目，还有公共常识、日常写作等公务员在工作中应该要熟练运用的知识，更加符合公务员录用的精确性。公共科目笔试题库初步建立，考试录用法规也已基本形成。2006 年颁布的《公务员法》将录用考试按考生专业性分为两个种类，分别是行政执法类和综合管理类。考试科目统一设置为《行政职业能力测验》和《申论》两门，按总分择优录取进机关单位面试，面试合格之后再通过政审和体检，即可成为公务员。2018 年，修订的《公务员法》明确规定：录用担任一级主任科员以下及其他相当职务层次的公务员，采取公开考试、严格考察、平等竞争、择优录取的办法。这标志着我国公务员考试录用制度得到进一步完善。2019 年 6 月 19 日，中共中央办公厅印发《关于鼓励引导人才向艰苦边远地区和基层一线流动的意见》，强调要坚持从艰苦边远地区和基层一线实际出发，因地制宜、分类施策，完善编制管理、职称评审、人才招录和柔性流动政策。2019 年 11 月 26 日，《公务员录用规定》正式发布施行。2021 年 8 月 25 日，中共中央组织部制定《公务员录用考察办法（试行）》，并于 2021 年 9 月 17 日正式发布施行。

## 4.2 公务员录用的含义、原则及意义

### 4.2.1 公务员录用的含义

公务员的录用，是指根据国家的法律法规相关规定，面向社会各界采取“公开考试、严格考察、平等竞争、择优录取”的办法和按照德才兼备、以德为先的标准，录用担任一级主任科员以下及其他相当职级层次的公务员。

2007 年 11 月 6 日，原国家人事部发布《公务员录用规定（试行）》；2019 年 10 月

15 日，中共中央组织部对此进行修订，并于同年 11 月 26 日发布。主要包括公务员录用的总则，管理机构，录用计划与招考公告，报名与资格审查，考试，体检，考察，公示、审批或备案，试用，纪律与监督，附则等十一章。

**1. 录用对象**

国家党政机关系统以外的工作人员。根据相关法律规定，在职公务员和参照公务员法管理的机关（单位）工作人员不得报考公务员。也就是说，国家党政机关系统内人员不能参加公务员考试。

**2. 录用方法**

我国公务员的录用方法是“凡进必考”，凡是进入公务员队伍都必须通过相应的考试。

### 4.2.2　公务员录用的原则

公务员录用坚持以马克思列宁主义、毛泽东思想、邓小平理论、“三个代表”重要思想、科学发展观、习近平新时代中国特色社会主义思想为指导，贯彻新时代中国共产党的组织路线和干部工作方针政策，突出政治标准，坚持下列原则：

**1. 党管干部原则**

公务员录用坚持的党管干部原则，主要是指各级公务员录用主管部门坚持贯彻执行党的干部路线和方针，严格按照党的原则选拔录用公务员，并对各级、各类的公务员录用进行有效的管理和监督。实质是要保证党对公务员录用工作的领导权和管理权。

**2. 公开、平等、竞争、择优原则**

公开原则指的是在公务员录用考试的所有步骤上都要保持公开透明，及时对外公开最新进展，随时接受公众与相关督查单位的监督。公开原则的内容主要包括以下几点：招生考试的时间、地点、考试科目、职位、报考条件、报名费用、考试最终结果等要公开。平等原则指的是所有符合规定报考条件的中国公民都可以参加公务员录用考试，在法律上的地位一律平等，拥有的机会公平。公务员考试应当引入竞争机制，择优录取优秀的人才。报考者经过报考资格审查、笔试、面试、资格复审、考察和体检等环节，优胜劣汰，竞争择优。报考人员根据自身的综合素质能力、作风道德水平、专业技能知识，通过竞争的方法向着目标单位前进。在主考单位创造的公平公正透明的考试环境下，同一批次的报考者按照考试成绩和综合能力的顺序排名，由报考机关单位择优录用。

**3．德才兼备、以德为先，五湖四海、任人唯贤原则**

坚持德才兼备、以德为先原则，目的是要把政治上靠得住、工作上有本事、作风上过得硬、人民群众信得过的人才选拔到各级工作岗位上来。德，主要体现在理想信念、党性修养、道德品质、思想作风等方面；才，就是干事业的才能。这凝练而科学地概括了公务员应当具备的基本条件，既要求德与才缺一不可，又突出德的主导作用，强调选人用人要坚持以德为前提、以德为基础、以德为先决条件。坚持五湖四海、任人唯贤原则，就是要以党的事业为重，唯贤是举，不以个人好恶、亲疏、恩怨和地域、行业等划线，冲破思想观念的束缚、感情关系的羁绊，放开视野选人，广开进贤之路，把各方面优秀人才及时发现出来、合理使用起来。坚持德才兼备、以德为先，五湖四海、任人唯贤原则是调动广大公务员积极性，营造心齐、气顺、风正、劲足良好氛围，有效防止选人用人不正之风，不断增强党的凝聚力、创造力、战斗力的重要保证。

**4．事业为上、公道正派，人岗相适、人事相宜原则**

坚持事业为上、公道正派原则，就是要从党的事业出发选拔公务员，选用那些真正有事业心、能干事创业的人才，选人用人要讲党性、讲原则，不讲关系，不徇私情。要严格、准确、全面地把握中央提出的选人用人标准，坚决防止选人用人的片面化。要严格程序，坚决反对选人用人上的形式主义，着力选拔实绩突出的人才。坚持人岗相适、人事相宜原则是干部工作科学化、精准化的重要原则，要从党和国家事业发展需要出发，把合适的人放到合适的岗位上。要根据事业发展、岗位需要合理选人、择优用人。做到事业发展需要什么样的人就用什么样的人，什么样的人最合适就选什么样的人。

**5．依法依规办事原则**

公务员录用坚持依法依规办事原则，主要体现在依照法定的权限、条件、标准和程序进行。公务员录用要做到有法必依、执法必严、违法必究。也就是说，在公务员录用过程中要严格执行有关的法律、法规、规章和政策，对于违反者要依法纠正并追究责任。除此之外，公务员录用还要依法接受监督，切实做到按原则办事、按制度办事、按程序办事，不断提高选人用人的质量和水平。

### 4.2.3　公务员录用的意义

为政之要，首在择人。公务员是党政机关得以正常运转的基础和重要保障，因此，国家选拔、任用什么样的人进入公务员队伍管理社会事务就变得尤为重要。在公务员“进口—管理—出口”三个环节上，“进口”管理是首要环节，是公务员制度中最为重要的入口关。

**1. 畅通了人才进入公务员队伍的渠道**

考试录用制度面向全社会公开选拔任用公务员，为人才进入公务员队伍提供了条件和可能。同时，通过考试选拔成绩优异者，一定程度上保证了选拔录用人员的质量。

**2. 提高了公务员队伍的整体素质**

公务员考试录用对应试者的学历有着严格的要求，绝大部分为本科及以上学历，这就保证了应试者的质量，进而保证了录用人员的质量。每年通过考试选拔录用的公务员人数众多，这些高素质人才进入公务员队伍后，对提高公务员队伍的整体素质具有重要意义。

**3. 促进了现代人事制度的建立和完善**

公开考试招录公务员具有公平性高、科学性强等优点，严格按照用人标准、依照法律规定的录用程序进行，一定程度上杜绝了任人唯亲、裙带关系、暗箱操作等不正之风。

## 4.3　公务员录用考试的方法和内容

### 4.3.1　公务员录用考试的方法

《公务员法》规定："公务员录用考试采取笔试、面试等方式进行，考试内容根据公务员应当具备的基本能力和不同职位类别、不同层级机关分别设置。"

**1. 笔试**

笔试是一种最古老而又最基本的人员甄选方法。它是指应聘者在试卷上依据事先拟好的题目做出解答，然后由主考人根据其解答的正确程度评定成绩的一种测试方法。通过标准化试题和文字分析解答，来测试报考者的文化和专业知识水平、文字运用能力、综合分析能力和逻辑思维能力等。这种方法可以有效测量应聘者的综合素质。

（1）笔试的分类。根据试题内容和作答方式的不同可以分为论文式笔试和直答式笔试。论文式笔试是指应试者要将自己的主张、意见和想法，按照规定的字数限制，以论文的形式表达出来，论文题目由选拔任用机关自行决定，既可以是命题式的，也可以是半命题式的，还可以是话题式的。这种考试形式主观性强，应试者可以开放地表达自己的观点，不足之处在于评分标准的科学性难以保证，成绩受试卷批改者的主观影响较大。直答式笔试是指通过判断、计算、填空、选择等有固定答案的题目来测试应试者的知识和能力，学历越高、记忆能力越强，在这种考试中往往越有优势。这种形式能够有效地测试应试者的知识水平，因此在选拔任用普通公务员时，常采用这种形式的笔试。根据考试科目的不同，可分为基础文化测试和专业知识测试。基础文化测试主要是对应试者语文、数学、生物、政治、法律常识等基础文化知识的测试，目前我国无论何种性质的公务员考试都要考查应试者的基础文化知识。专业知识测试是专业性较强的公务员岗位在选拔录用公务员时，对应试者是否能胜任该职位进行的专业知识测试。

（2）笔试的题型：分为选择题、判断题、简答题和论述题。选择题，包括题干和选项两部分。判断题，只有“是”与“否”两个选择，没有其他答案。简答题，是主观型题目，但比论述题测量的结果要客观些，填充题也是简答题的一种常见形式。论述题，最大的优点就是能够测量应试者对信息材料的组织能力、综合分析能力和文字表达能力，甚至是发现创造力。

（3）笔试的组织。笔试组织工作的基本程序如下：①组成笔试主考小组。负责对笔试工作进行统筹管理，包括前期的准备工作、中期笔试进行时的监督检查，以及后期的完善工作等。在笔试正式进行之前，主考小组要按照应试者考号将其科学合理地分配在各个考场，根据每个考场人数、考试总人数、监考人员总数等科学配置每个考场的主考人员及巡视员，并要求应试者提前熟悉考场位置。②布置考场。应该保持考场的干净整洁，相关书籍、报纸、杂志等不能出现在考场内，任何可能提示考生的物件都应该移出考场。③考前核对。一般考试时间前半个小时考生开始入场，监考人员应在考生进入考场时核对应试者本人与证件、准考证上的照片是否相符。④宣读注意事项。公务员考试应该本着严肃认真的态度，在分发试卷之前，监考人员要向应试者宣读注意事项，例如不能携带电子产品进入考场、考试开始 15 分钟后考生不得入场、不可提前交卷等。⑤分发试卷。公务员考试试卷在分发给考生之前都是密封的，在分发之前，由两名考生检验密封是否完好并签字，然后由监考人员拆封将试卷分发给每一名考生。⑥应试者开始答题。考生首先对试卷是否错印、漏印进行检查，有问题及时向监考人员提出，一定要在监考人员宣布开始答题之后才可以作答，对于考生提出的与考试内容相关的问题，监考人员不予回答。⑦收卷、密封。在监考人员宣布考试时间结束后考生停止答题，待监考人员按照考号收齐试卷，考生方可离开考场，监考人员将试卷装订、密封后交给笔试主考小组，笔试完成。

（4）笔试的优缺点。笔试的优点主要表现在以下三方面：公平性较强。笔试赋予了应试者同等的入选机会，无论考试时间还是考试内容都是相同的，招聘机关按照成绩择优录取，避免了任人唯亲、暗箱操作等现象的出现，保证了选拔任用的公平公正。

客观性较强。笔试的题目考察内容涉及面广，答案固定，评分标准清晰明确，能比较准确地反映出应试者的知识水平，而不是以考官的意志为转移，考试成绩受考官主观影响较小。速度快。笔试可以在全国各地同时举行，无论有多少应试者，都能在较短的时间内同时完成对所有应试者的测试，同时笔试的答案固定，评分标准清晰，这也为笔试成绩的得出节省了大量的时间。笔试的缺点主要表现在以下三个方面：首先，笔试试题的数目是固定的，有限的试题要想涵盖各方面的知识点是难以实现的，因此，当舍弃的某一方面的知识恰好是应试者擅长或者不擅长的时候，笔试成绩所反映的应试者知识水平的准确性就有待商榷；其次，为了让笔试成绩真实反映应试者的水平，题目的设置就变得尤为重要，命题是否恰当、结构是否合理等对最终结果都会产生影响，这就对命题者提出了更高的要求；最后，笔试成绩往往是应试者知识水平的体现，不能全面考察应试者的工作态度、品德修养以及组织管理能力、口头表达能力和操作技能等，这样选拔录用的公务员是否真的符合岗位需求，是否能胜任该职位的工作就有待考究。

### 2. 面试

面试是通过主试官与应试者双方面对面地观察、交谈等双向沟通的方式，了解应试者的能力特征和个性品质的一种人事选拔方法。面试的特点有：主观测评为主，题目编制灵活，测评功能强大，侧重过程评定，手段多样，能够充分考察考生综合素质。

（1）面试的方法。面试的方法有心理测验、案例分析、主题演讲、文件筐测验、角色扮演、无领导小组讨论、结构化面试、半结构化面试、模拟面谈、口头事实搜寻等。其中，使用频率相对较高的就是结构化面试法和无领导小组讨论法。结构化面试由 5—7 名考官组成面试考官小组，按照事先准备好的问题向面试者提问，根据面试者的回答判断其素质和能力。在录用公务员，选拔管理人员、领导人员等较重要的场合，经常采用结构化面试。其优点：结构化面试内容确定、形式固定，事先经过科学分析来确定实施流程、测评标准等，便于考官面谈时的操作，能够保证整个面试有较高的效度和信度，更易做到公平、统一，也能够更加简洁快速地完成面试。无领导小组讨论是将面试者分成若干小组，每个小组就给定的题目展开讨论，考官不发表意见，由小组成员自由发挥，自行选定组长、记录员、发言人等，考官通过观察来判断面试者的沟通协调能力、团队协作能力、思维创新能力等。其优点：无领导小组讨论重在考察面试者的能力水平、情感态度、价值观等，它比笔试更能真实地反映面试者的内在素质，能够涉及考生的多种能力要素和个性特质，能够节省时间，能够很快地在同一时空中发现个体差异，是在短时间内判断面试者是否适合某个职务的重要依据。

（2）面试的内容。面试主要考察的是面试者的能力水平，考官通过与应试者的问答互动考察应试者的应变能力、分析问题的能力、语言表达能力、求职动机与所聘岗位的匹配性、组织协调能力、与人交往的能力、自控能力以及行为举止和情感态度、价值观等笔试无法测出，但又对公务员任职至关重要的素质。

（3）面试的组织。面试工作由录用主管部门负责组织，也可以委托招录机关自行组织，再由面试考试小组负责实施。面试考官小组由具有面试考官资格的人员组成，也可以聘请有关方面的专家加入。

（4）面试的礼仪。在着装方面，男士着装：上装与裤子、鞋与袜遵守三色原则。女士着装：职业套装。在行为举止方面，进门、关门、问候、鞠躬、站姿、坐姿、离场，应遵守礼仪。

（5）面试的基本程序。首先是准备阶段。其次是考生入场。包括如下对话："报告考官，我是几组几号考生""请坐，恭喜你进入面试阶段，请检查题本，如无误，请启封""开启完毕，准备就绪""计时开始"。再次是考生准备3—5分钟。最后是答题即面试的内容。

### 4.3.2 公务员录用考试的内容

公务员录用考试实行分级分类考试，公务员职位类别按照公务员职位的性质、特点和管理需要，划分为综合管理类、专业技术类和行政执法类等类别。《公务员法》第三十条规定，公务员录用考试采取笔试和面试等方式进行，考试内容根据公务员应当具备的基本能力和不同职位类别、不同层级机关分别设置。

公务员考试包括笔试（公共科目、专业科目）和面试，最初公共科目笔试按A、B类职位分别进行。A类职位笔试公共科目为《行政职业能力测验》（A）和《申论》；B类职位笔试公共科目为《行政职业能力测验》（B）；专业科目笔试和面试时间由招考部门另行通知。从2006年开始，A、B类都要考一样的科目，就是《行政职业能力测验》和《申论》，只不过《行政职业能力测验》分别命题。国家公务员考试按中央机关招录职位区分为三类：中央机关及其省级直属机构、市（地）级以下直属机构和专业性较强的部门（单位），在考试内容上有所区别。笔试包括公共科目和专业科目。公共科目由中央公务员主管部门统一确定，专业科目由省级以上公务员主管部门根据需要设置。《行政职业能力测验》是对应试者公共基础知识的考查，涉及范围较广，内容丰富，试题分为语言理解与表达、常识判断、数量关系、判断推理和资料分析等五个部分，考查内容包括语文、数学、物理、历史、政治、法律常识等多个方面。试题一般为四选一的客观选择题，考试时限是120分钟，满分100分。《申论》主要通过考生对给定材料的分析、概括、提炼、加工，测查考生阅读理解能力、综合分析能力、提出和解决问题能力以及文字表达能力。全部为主观性试题，考试时限180分钟，满分100分。

# 4.4　公务员录用的条件和程序

## 4.4.1　公务员录用的条件

公务员录用条件包括基本条件、资格条件和限制性条件。其中基本条件包括：(1) 具有中华人民共和国国籍；(2) 年满十八周岁；(3) 拥护中华人民共和国宪法，拥护中国共产党领导和社会主义制度；(4) 具有良好的政治素质和道德品行；(5) 具有正常履行职责的身体条件和心理素质；(6) 具有符合职位要求的文化程度和工作能力；(7) 法律规定的其他条件。公务员报考者，除应当具备《公务员法》规定的基本条件外，还应当具备省级以上公务员主管部门规定的拟任职位所要求的资格条件。国家对行政机关中初次从事行政处罚决定审核、行政复议、行政裁决、法律顾问的公务员实行统一法律职业资格考试制度，由国务院司法行政部门协商有关部门组织实施。以下人员不得录用为公务员：(1) 因犯罪受过刑事处罚的；(2) 被开除中国共产党党籍的；(3) 被开除公职的；(4) 被依法列为失信联合惩戒对象的；(5) 有法律规定不得录用为公务员的其他情形的。

## 4.4.2　公务员录用的程序

《公务员录用规定》规定：录用公务员，采用公开考试、严格考察、平等竞争、择优录取的办法。录用政策和考试内容应当体现分类分级管理要求。录用公务员，应当按照下列程序进行：(1) 发布招考公告；(2) 报名与资格审查；(3) 考试；(4) 体检；(5) 考察；(6) 公示；(7) 审批或者备案等。省级以上公务员主管部门可以对上述程序进行调整。

### 1. 发布招考公告

发布招考公告是公务员考试录用的首要环节。首先，各招录机关及相关部门根据本单位的编制限额及实际情况，汇总需要录用的公务员职位及人数，并将每个职位所要求的公务员需具备的硬性条件加以说明，例如学历要求、专业要求、政治面貌要求、基层工作经验要求等，各部门考试录用计划制定完成后交相关主管部门批准。其次，考试录用计划编制完成并通过后，相关部门要借助网络、电视、报纸等媒介，面向全社会发布招考公告，公告中一定要表明招考单位、招考职位、招考人数、招考单位所在地区、报名条件、报名截止日期和报名流程等信息。

### 2. 报名与资格审查

对报考人员进行资格审查就是初步审查报考人员是否具有报考公务员的资格条件，

报考公务员必须具备的资格条件主要包括以下内容：（1）具有中华人民共和国国籍，依法享有政治权利和自由；（2）拥护中国共产党的领导，拥护社会主义制度；（3）遵纪守法，品行端正，具有为人民服务的精神；（4）具有与报考职位相符合的文化程度；（5）符合职位要求的身体条件和年龄条件；（6）满足主考机关要求的其他条件。

在报考人员递交申请材料后，招录机关要及时进行资料审核工作，对符合报名条件的予以通过，对不符合报名条件的，也应在三到五个工作日内及时予以答复，为其改报其他条件相符的职位提供机会。资格审查合格的报考人员需要进行报名确认。报名确认成功后，由主考机关发给准考证，参加考试。

高校非毕业生报考公务员，一般情况下资格审查时不予通过，但有两种情况可以进行变通：一是直接以高中毕业证进行报考；二是申请大学本科提前毕业即可作为应届毕业生参与公务员报考。

#### 3. 考试

资格审查通过，并缴费成功后即完成报名，报考者只需在规定的时间内打印准考证，并按照准考证上的时间、地点参加考试即可。考试分为笔试和面试两个环节，笔试又分为公共科目和专业科目，一般由公务员主管部门统一举行，笔试结束后一个月左右笔试成绩会在相关政府网站公布，成绩优异者按比例进入面试。面试规则由各招考单位自行决定，形式一般为结构化面试，但也有一小部分为非结构化面试。

#### 4. 体检

体检是建立在考试的基础之上，是对应试者是否符合职位要求的身体条件的检查。体检的项目和标准根据职位要求确定。具体办法由中央公务员主管部门会同国务院卫生健康行政部门规定。

#### 5. 考察

考察是对考试合格的录用候选人进行的实际考察和审核。考察工作突出政治标准，重点考察人选是否符合增强“四个意识”、坚定“四个自信”、做到“两个维护”等政治要求。考察内容主要包括人选的政治素质、道德品行、能力素质、心理素质、学习和工作表现、遵纪守法、廉洁自律、职位匹配度等。若达不到公务员应当具备的条件或者不符合报考职位要求的，不得确定为拟录用人员。

#### 6. 公示

相关部门将拟录用人员名单予以公开，并接受监督。公示时间不少于五个工作日。公示期间，对拟录用人员名单有异议或者发现拟录用人员存在不符合资格条件的情况，可以向相关部门反映，相关部门接到反映后，认真调查核实，确实存在问题的，取消录用。

**7. 审批或者备案**

公示期满，由招录机关将拟录用人员名单按照规定报录用主管部门审批或者备案。中央一级拟录用人员名单由中央机关及其直属机构上报中央录用主管部门备案，地方各级招录机关将拟录用人员名单报省级或者设区的市级录用主管部门审批。

审批或者备案通过后，由录用主管部门印发录用通知，招录机关为报考者办理录用手续。

## 4.5　国外公务员考试录用制度

### 4.5.1　国外公务员考试录用制度概况

英国于 1854 年发布《关于建立英国常任文官制度的报告》；1855 年颁布《关于录用王国政府文官的枢密院令》；英国格莱斯顿内阁于 1870 年颁布枢密院令，规定以考试和业绩作为文官录用和晋升的依据，同时确定了英国公务员制度的最基本、最重要的原则，标志着英国现代公务员制度的确立。在英国，公务员考试录用分为：英国高级公务员录用、英国一般公务员录用、快速通道三种。英国高级公务员录用遵循以下程序：（1）依法将需要公开竞争的高级公务员职位报请公务员委员会、内阁办公厅、财政部审批；（2）发布招录公告；（3）选拔；（4）公务员委员会批准选拔结果，如有必要，需征得部长、财政部、内阁办公厅同意；（5）任前考察，包括健康、个性、国籍等；（6）签订正式的聘任合同；（7）填写高级公务员公开竞争任命报告表，并提交公务员委员会办公室；（8）保留所有录用资料 12 个月，以备查。英国一般公务员录用分为非公开竞争性录用和公开竞争性录用，公开竞争性录用包括以下程序：（1）公布职位空缺；（2）签发包括种族监督表在内的申请表；（3）检查申请者的材料；（4）初试、复试，包括书面和口头测试；（5）确定拟录取名单，并报请审批；（6）办理任职手续。快速通道用于培训和开发有潜质的公务员快速提升到高级公务员职位。

美国于 1883 年颁布《彭德尔顿法》，即 1883 年文官制度法，该法案明确了文官录用的三项原则，即竞争考试、文官地位相对稳定、文官政治中立不为党派利益服务。同时还规定设立一个文官事务委员会，作为全面执行文官制度法的中央机构。该法案标志着以功绩制为基础的美国现代文官制度的建立。录用方式包括非竞争性考试和竞争性考试，非竞争性考试只要成绩合格就能被录取；竞争性考试一般是按照 1∶7 向用人单位推荐候选人，由用人单位主管确定最终录用名单。

日本《国家公务员法》明确规定考试分为竞争性考试和非竞争性考试。从层级来划分，又分为国家公务员考试和地方公务员考试。国家公务员考试由人事院统考、各用人单位自主考试，分为三级考试：Ⅰ种考试（面向大学及以上学历者）、Ⅱ种考试（面向大专和专科生）、Ⅲ种考试（面向高中生）。地方公务员考试包括上级考试（面向大学及以上学历者）、中级考试（面向大专和专科生）、初级考试（面向高中生）。2013 年，《国家公务员制度改革关联法》规定，维持三级考试区分，废除高、低等级考试制度差别，重设综合技能考试、一般技能考试和专门技能考试，新设研究生录用考试、中层任职考试和女性挑战者考试。

法国《公务员总章程》明确规定了考试方式：外部竞争性考试和内部竞争性考试。考试科目和标准：一是一般文化程度标准，以理论测试为主，用于选拔高级行政人员和执行人员。二是准实际技术标准，用于选拔低级执行官员与文书人员。三是纯应用技能标准，用于选拔机械、劳作、看守等工作人员，注重考察实际操作能力。四是有限的特别标准，用于选拔专业技术人员，通过非正式谈话、证明材料审查等方式考察候选人，可不举行正式考试。

## 4.5.2 国外公务员录用考试的内容和方式

### 1. 考试的内容

西方公务员考试根据国家和地区不同各有不同的考试制度，但也存在以下几个相同点：一是会进行知识技能测试。知识与技能测试是最根本的测试，目的是考察考生的专业知识掌握程度，以及在知识技能方面能否达到岗位要求。二是会进行智能和心理测试。进行这方面测试的目的是考察公务员的心智是否健全，心理是否健康，以及在智力开发上的情况。智能和心理方面的状况的好坏关系到考生能否很好适应接下来的工作生活。

### 2. 考试的方法

（1）笔试。笔试是适用范围最广、采用的国家和地区最多的一种考试方式。笔试一般更多用于测试考生的写作能力、思维分析能力、知识的综合归纳能力等，可以使被测试者有效发挥自己的实力。同时，笔试具有经济性、客观性和广博性。笔试有两种基本的形式。一种是英、法、德采用的传统论文式，根据论文写作的好坏来评定人才。用这种方式很难完全测试出考生的知识范围，不能有效使考生发挥全部实力，再加上考官阅卷的时候还容易关注卷面的整洁度、出现错别字的多少等，这会分散考官考察考生知识能力的注意力。另外一种方式是以美国为典型代表的国家实行选择题式。选择题式的优点是考试知识的涉及范围比较广，可以检测考生的综合知识掌握程度，并且易于计分，防止由于阅卷人员的主观思维差异产生的考生分差，有利于考试的公平性。但是这种方式也存在一些缺点，比如测试不出考生的文字写作能力；阻碍考生的思维创造能力，会使他们一味死记硬背，因为这样就可以得到高分；不会做的题目可以靠猜测来选择选项，在一定程度上会使测试的有效性不足。

（2）口试。口试一般是在考生笔试通过之后进行，是一种与考官面对面交流的方式。考官会通过口试测试考生的口头表达能力、逻辑思维能力、人际交往能力、机智敏捷程度等。口试能够让考生发挥自己在笔试中无法发挥出的综合实力，拉近与考官之间的距离，使考官对自己产生直接的印象。不过口试比笔试更考验考生的临场发挥能力，以及遇到紧急情况或特殊情况能否自如面对等。口试对考官的要求也更为严格，口试考官必须是经过专业口试训练的人，熟练掌握口试的相关知识技能。口试的题目和答案应该明确且清楚，不能有模棱两可的情形出现。考官应该努力营造和谐的口试氛围，不能差别对待各个考生，保证口试过程与结果的科学性与公正性。录用公务员的口试也有两种形式：一是个别面谈，二是分组口试。

（3）演作式。演作式最开始是由英国在第二次世界大战期间实行的。演作式重点在于在考试的地点模拟实际工作的场景，通过被测试者之间的辩论、交谈等来测试他们的沟通交流能力、综合思辨能力、性格素质特征等。它的具体操作方法是：考官提出一个行政方面或社会经济方面的问题，然后由在场所有考生围绕这一问题展开讨论，得出最终结论。演作式由于其实用性而被很多国家和地区作为考试方式，并不断发展完善。

## 4.5.3　国外公务员录用考试的类型及特点

### 1. 考试类型

西方公务员考试的类型主要包括分级考试和分类考试、外部竞争考试与内部竞争考试、双轮制考试与三轮制考试。

（1）分级考试和分类考试。分级考试，即西方国家的公务员录用考试通常会根据考生报考职位的不同进行不同形式的测试。职位高低、类别不同，报考的条件、考试的方式和科目都不相同。分类考试，指的是国家为某些特殊的公务员制定的考试。比如在美国考牧师、医生、邮局人员和律师时就和其他公务员的考试方式不同。一般只会审核报考人员的相关资格是否符合聘用条件，学历、社会经历和所持资格证书等是否真实。

（2）外部竞争考试与内部竞争考试。这种类型是由报考人员所在的单位和从事的职业来定义的。一些参加录用考试的考生是本身不在国家机关单位工作的人员，凭借一技之长或者相关资格证书在社会上工作，他们报名参加公务员录用考试，如果顺利通过，则可以进入国家机关单位工作，这就是所谓的外部竞争考试。这种考试能够有效吸引一些社会上的专业人才为国家机关效力，为机关单位注入新鲜血液，带来新的思想和新的主张。但是这种方式会使一部分在机关单位常年没有得到升迁机会的公务员产生不满和疑惑，从而可能会引起这部分人对新进公务员的反感，造成机关单位内部人员的紧张关系。内部竞争考试，顾名思义就是在机关单位内部举行的公务员考试，考生都是在机关单位有工作经验的公务员，他们参加这种考试一般是为了职务的晋升或者重新换一个职务。内部竞争考试可以激励有意愿的公务员不断进取，完善自己的知识储备，增强自己的专业技能。但是甄选人才的范围狭窄，不利于招纳和培养更多优秀人才。

（3）双轮制考试与三轮制考试。双轮制考试是指录用考试由两部分组成，首先是报考者共同参与初试，初试成功通过的才能参加复试，最后是否能被录用要看复试的结果如何。如果复试通过，则能被正式录用成为公务员。初试和复试的考试科目根据不同国家的不同考试规定来确定，一般分为笔试和面试两部分。三轮制考试是指录用考试由三部分组成。同二轮制考试一样，初试考试通过，才能进入复试，复试考试通过的，才能进入最终测试，最终测试通过就能进入国家机关成为公务员。日本是典型的实行三轮制录用考试的国家。

### 2. 考试特点

西方公务员录用考试一般存在如下特点：考试录用程序严格，包括招考条件、报名、资格审查、笔试、面试、技能测试、心理测试等；考试合格只取得录用资格；竞争激烈，录取率低。但也有以下优势：一是公开、平等、竞争、择优；二是分级、分类招考；三是考试内容丰富，考试方法灵活；四是考试录用管理权限下放等。

## 【理论前沿】


[1] 段哲哲，周义程．“凡进必考”可以提升基层公务员的专业自主性吗？——基于准自然实验的断点回归分析［J］．甘肃行政学院学报，2020（01）：13－24＋125.

[2] 句华．中国公务员录用制度的发展历程与变革趋势［J］．行政管理改革，2019（09）：56－64.


## 【本章小结】

本章分为考试录用制度的产生和发展，公务员录用制度的含义、原则和意义，公务员录用考试的方法和内容，公务员录用的条件和程序，国外公务员考试录用制度五个小节。第一小节首先介绍了古代选拔官员的重要制度——科举取士制度；其次介绍了我国公务员考试录用制度的发展历程。第二小节对公务员录用制度的含义进行了界定，指出了公务员考试录用应遵循的原则，并介绍了公务员考试录用制度的意义。第三小节对公务员考试录用方法进行了介绍，并简单描述了公务员录用考试的内容。第四小节系统阐述了公务员录用的条件和程序。第五小节介绍了国外公务员考试录用制度。

**【关键术语】**

科举制度　考试录用制度　笔试　面试　招考公告　资格审查　考试录用考核　录用手续

**【复习思考题】**

1. 公务员录用制度的含义是什么？
2. 公务员录用的原则有哪些？
3. 简述公务员录用考试的方法和内容。
4. 简述公务员录用的程序。
5. 结合实际，请分析公务员录用存在哪些问题？应该如何解决？

# 第 5 章　公务员考核制度

【本章知识架构】

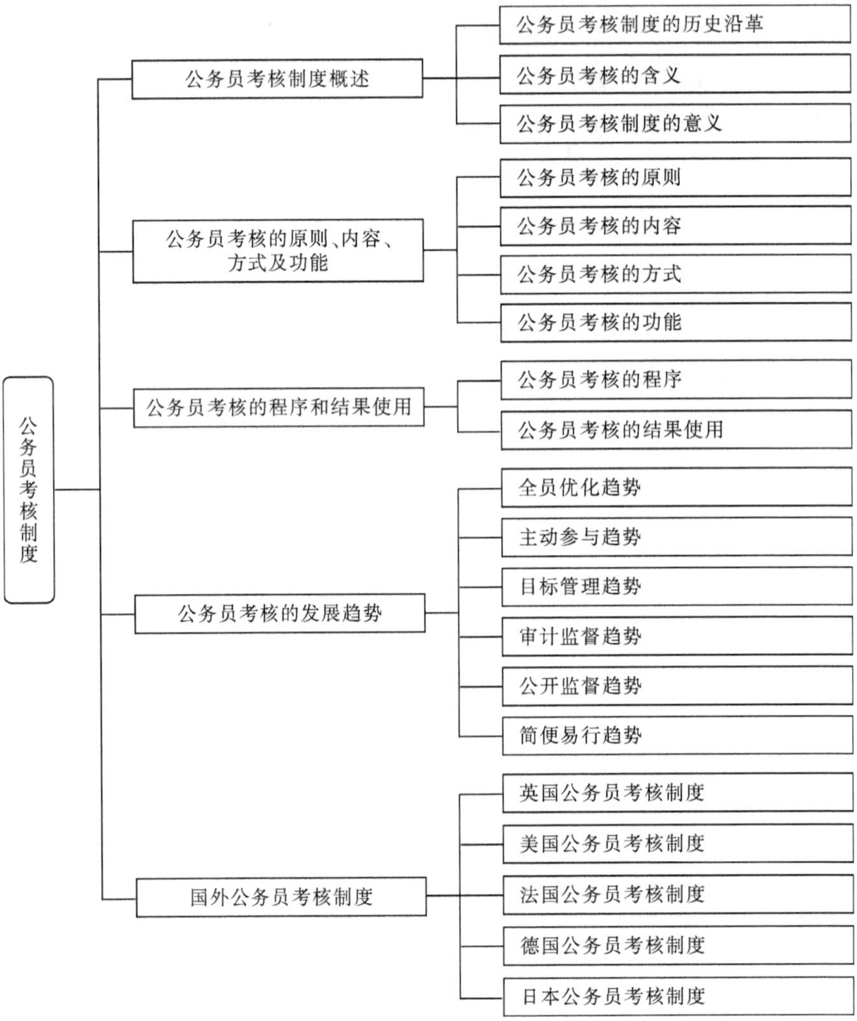

**【案例导入】**

> 王某是 B 省政府财政厅的处长，到了年终忙着考核部下一年来的工作。可王某这才发现自己平时忙于业务工作，忽略了平时对下属的考核，一年忙到头，已经记不得部下们干了些什么，表现得怎么样。于是王某只好凭着最近一段时间的记忆和平时的印象，写出了优秀、称职、基本称职的考核等次建议，很快就报到了机关领导那里。还好没有不称职的考核等次，王某松了口气，今年的考核工作对王某来说就算完成了。
>
> **思考：你认为王某的做法合理吗？为什么？**

公务员考核是职位、职务、职级、级别、工资以及公务员奖励、培训、辞退的依据。公务员考核有利于激发公务员的工作热情和工作动力，有利于打造信念坚定、为民服务、勤政务实、敢于担当、清正廉洁的高素质专业化公务员队伍，从而更好地服务于人民。世界各国政府都非常重视公务员的考核，将其视为公务员制度的重要内容之一。

## 5.1　公务员考核制度概述

### 5.1.1　公务员考核制度的历史沿革

公务员考核制度源远流长，可以追溯到我国古代对文官的考核。秦朝以前是考课制度的雏形阶段。在《尚书·爵典》中有关于尧舜时期“三载考绩、三部黜幽明”的记载。意思是指在一定的期限内，考核官员的为政表现和工作业绩。到了周代，考课制度的雏形开始逐渐显现。在《周礼》中便有关于考课制度的记载：“岁终，则令百官府各正其治，受其会，听其致事，而诏王废置。三岁则大计群吏之治而诛赏之。”记载周天子要定期巡视考察诸侯，论功行赏。《史记·田敬仲完世家》记载齐威王即位后按政绩考核和奖惩官吏。

秦汉时期是考核制度的确立阶段。秦统一六国后，不少官吏都是经过考核而被选拔。汉代的官吏主要运用“上计”和“刺察”两种制度进行考核。“上计”指地方政府向朝廷汇报当地的社会经济与财政开支的基本情况，为国家编制财政预算提供依据，而“刺察”起到了监察监督的作用。

魏晋南北朝时期是考核制度进一步发展的阶段。北魏孝文帝颇为重视管理考核制度，当时规定三年考核一次，六品及其以下由尚书考核，五品及其以上由皇帝和公卿考核，考核结果分为三等，“上上者迁之，下下者黜之，中中者守其本位”。

隋唐宋时期是考核制度臻于完善时期。隋朝时规定九品以上地方官每年岁末都要进京“朝集”，向中央汇报工作。唐代的官吏考核制度已相当完备，设置有专司官吏考核的考功郎中和考功员外郎，还设置有校考官和监考官，规定有“四善”“二十七最”的官吏考核标准。宋代流行“磨堪”制度，就是由审官院与考课院按照分工，建立考状，根据在京各衙门长官与在外各监司上报的官吏考核资料逐一审定。

明清时期是考核制度的成熟时期。明代的官吏考核分“考满”和“考察”两种。“考满”是对所有官员的全面考核，“考察”是对官吏的重点考核，考核后被废黜的人员永不续用。清代仍实行一年一小考、三年一大考、三考为满的“考满”制度，考察京官叫“京察”，考察京外官叫“大计”。所有这些都直接或间接地为形成公务员考核制度提供了借鉴。

我国公务员考核制度是干部考核的自我发展和自我完善。我国的公务员制度是在干部人事制度基础上演变而来的，是我国干部人事管理制度的继承与发展，因此，应将长期以来我国干部考核的经验视为我国公务员考核的开端。1928 年 7 月，《中国共产党组织决定草案》较为完整地提出党管干部的考核标准：“考核一个党员应该以其政治、组织纪律性及为工人阶级利益的牺牲为标准。此外，还加上他与广大人民群众的联系，他在这些群众中的威信影响，指导群众的能力标准。”1938 年 11 月，《关于各级党委暂行组织机构的决定》指出，各级党委之下设组织部，干部考察是党委组织部门的重要职责。1940 年 7 月，中央决定在各党委组织部、军队政治部之下设立干部科，以便能统一而有计划地审查、配备和提拔干部。1943 年 8 月，《关于审查干部的决定》提出了应当建立“首长负责、自己动手、领导骨干与广大人民群众相结合”的考核制度。1949 年年初，干部考核又被称之为“鉴定”“考察”。1949 年 11 月 4 日，中央组织部印发了与考核有关的文件，称作《关于干部鉴定工作的规定》。《关于干部鉴定工作的规定》明确提出，干部鉴定是干部在一定工作或学习期内各方面表现的检查和总结，其目的在于使干部能够更好地认识与提高自己，改进工作。同时使党的组织得以系统地全面了解干部，有计划地培养和提拔干部，该规定指出考核的“重点应放在立场、观点、作风、掌握政策、遵守纪律、联系群众、学习态度等方面”，鉴定方法应采取“个人自我检讨、群众会议讨论、领导负责审查三种方式结合进行”。1951 年 1 月，中央组织部提出必须以政治品质和业务能力作为干部考核的标准。1954 年 11 月，中央组织部发文重申每年年终必须实施干部鉴定制度。自 1957 年起，年度干部鉴定制度逐渐被不定期的干部考核制度代替，凡是干部的提拔或调动前都需接受组织的审查或考察。1962 年 10 月，中央组织部明确提出要实行经常性的干部考核制度和恢复干部鉴定制度，做到知人善任。1964 年，中央组织部在给中央的报告《关于科学技术干部管理工作条例试行草案》中，明确提出了对科技干部考核的内容：“在政治思想方面，考察了解他们对党的路线、方针、政策的认识和执行情况”，“在业务方面，考察了解他们完成工作任务的情况和工作中的贡献，科学技术水平和业务能力”。1973 年，在召开的全国组织工作座谈会上，明确提出了要从德、能、勤、绩四个方面对干部进行全面的、定期或不定期的考核。1978 年，邓小平在党的十一届三中全会前后，多次声明应建立考核制度。在邓小平的号召下，相关部门相继颁布了大量与干部考核相关的政策文件。1979 年 11 月，中组部印发了《关于实行干部考核制度的意见》。1982 年，《宪法》第二十七条明确指出：“实行工作人员的培训和考核制度。”从此，干部考核有了法律的保障。

20 世纪 90 年代，国家高度重视包括公务员考核制度在内的公务员制度建设。1993 年，国务院颁布《国家公务员暂行条例》，对公务员考核列专章做出规定，1994 年人事部又印发《公务员考核暂行规定》，在全国正式推行公务员考核制度。

在中国共产党第十六届中央纪律检查委员会第五次全体会议上，胡锦涛明确提出，尽快制定彰显科学发展观以及体现正确政绩观的考核评价标准，完善干部考核的制度和方法。依据中央要求，有关部门制定了符合科学发展观要求与标准的《地方党政领导班子和领导干部综合考核评价办法（试行）》，并选择部分地方进行试点。

2007 年 1 月，人事部印发《公务员考核规定（试行）》，在《公务员法》的基础上，加入了大量科学、高效的公务员考核政策，并详细地规定了与公务员考核相关的其他事宜。

2009 年，中共中央办公厅颁布了《关于建立促进科学发展的党政领导班子和领导干部考核评价机制的意见》（以下简称《意见》），之后中央组织部根据颁发的《意见》，制定了一系列的政策，包括《地方党政领导班子和领导干部综合考核评价办法（试行）》《党政工作部门领导班子和领导干部综合考核评价办法（试行）》《党政领导班子和领导干部年度考核办法（试行）》，这些措施对干部考核工作的改善具有重要的意义。

2014 年，原总政治部印发《关于进一步加强和改进干部考核工作的意见》。

2018 年 12 月 29 日，第十三届全国人民代表大会常务委员会第七次会议新修订的《公务员法》进一步规定要全面考核公务员的德、能、勤、绩、廉，重点考核政治素质和工作实绩。考核指标根据不同职位类别、不同层级机关分别设置。公务员的考核分为平时考核、专项考核和定期考核等方式，定期考核以平时考核、专项考核为基础。

2019 年 4 月，中共中央办公厅印发了《党政领导干部考核工作条例》，对于进一步发挥干部考核的指挥棒、风向标、助推器作用，激励引导广大干部以更好的状态、更实的作风贯彻落实党中央决策部署，推动全党统一意志、统一行动、步调一致前进，具有重要意义。

2020 年 12 月 8 日，《公务员考核规定》经中共中央组织部部务会会议修订，中共中央组织部于12月28日正式发布施行。

### 5.1.2 公务员考核的含义

公务员考核，是指党政机关按照规定的权限、标准和程序，对非领导成员公务员的政治素质、履职能力、工作实绩、作风表现等所进行的了解、核实和评价。对领导成员的考核，由主管机关按照《党政领导干部考核工作条例》等有关规定办理。

公务员的考核制度，是指根据相关法律规定，按照特定的标准和程序，通过对公务员的政治思想品德、业绩状况和工作能力等方面进行全面的考察和评估，并把评估结果作为调整公务员职务、薪酬等的主要依据的一系列法律、规范的总和。

理解这一定义，需要注意以下几个方面的内容：

一是有明确的考核主体和客体。对公务员考核而言，要有明确的考核主体和客体，即由谁来考核、考核谁。党政机关是考核的主体，具体工作是由部门的负责人及相关部门组成的委员会或是考核小组来展开。考核的对象是已取得公务员身份的人员，即考核的客体，其分为领导成员和未担任领导职务的普通公务员。

二是有明确的考核内容。对公务员的考核，以公务员的职位职责和所承担的工作任务为基本依据，全面考核德、能、勤、绩、廉五个方面，重点考核政治素质和工作实绩。这五个方面相互联系、互为补充。

三是公务员考核有明确的标准和程序。明确的标准和程序是保证公务员考核顺利进行的重要依据。公务员考核工作应当遵循的原则和程序在《公务员考核规定》中做了明确的规定，在考核的过程中，应严格按照规定执行。

四是考核的等次。考核等次是公务员定期考核结果的一种概括性反映，考核等次分为优秀、称职、基本称职、不称职四个等次。

五是考核结果有明确的使用依据和范围。公务员考核就是对公务员日常工作表现做出全面真实的考评，并把考核的结果作为今后公务员职务升降以及奖惩的重要依据。对此，《公务员法》有明确的规定，是公务员考核的法律依据。

### 5.1.3 公务员考核制度的意义

公务员考核制度依据是国家相关的法律、法规和规章确定的。科学地运用考核制度，是充分发挥整个公务员管理体制功能和作用的重要保障与主要推动力量，因而公务员考核制度具有十分重要的地位和作用。

一是有利于保证公务员奖惩制度的科学化。考核是行政组织定期对公务员的考察评价。通过考核，用人单位对被考核者的才能素质和工作表现做到综合全面的了解，进而做出公正的评价，并以此作为实施奖惩的依据。如果人事行政缺乏考核这一环节，奖惩就失去了客观的依据，难免受领导者的主观随意性所左右。因此，考核是奖惩制度科学化与合理化的重要保证。

二是有利于加强公务员管理。公务员考核是公务员管理的重要组成部分。在对公务员考核的过程中，公务员个人要进行述职、总结、认真听取群众意见。公务员考核的结果是职务升降和奖惩的重要依据。完善的公务员考核制度，有利于打造专业素质过硬、能力强的公务员队伍，有利于改善党政机关管理工作。

三是有利于调动公务员的工作积极性，提升政府部门的工作效率。公务员考核除了可以使公务员发现自身的缺陷和不足以外，还可以使公务员了解到自己与其他公务员之间的工作差距，进而改进工作方式与方法，提高工作技能，表现出更好的工作状态。为了争取晋升和奖励，避免降级或惩罚，就必须不断提高自身素质，努力工作。这样，必将有效地克服“干多干少一个样，干好干坏一个样”的弊端，激励每个公务员奋发向上，从而提高机关的行政效率。

四是有利于社会公众对公务员实施监督。公务员必须接受社会公众的监督，保证依法履行公务，防止消极怠工和以权谋私等违法违纪情况的发生。保证社会公众实施对公务员的监督最必要、最有效的办法就是对公务员进行考核。因为只有通过实实在在的考核，才能客观公正地评判公务员履行职责和依法执行公务的情况，才能了解他们的工作态度、工作作风、工作能力和工作绩效，才能做到奖优惩劣和优胜劣汰。

## 5.2　公务员考核的原则、内容、方式及功能

### 5.2.1　公务员考核的原则

公务员考核工作坚持以马克思列宁主义、毛泽东思想、邓小平理论、“三个代表”重要思想、科学发展观、习近平新时代中国特色社会主义思想为指导，贯彻新时代党的组织路线和干部工作方针政策，着眼于加强党对公务员队伍的集中统一领导、推进国家治理体系和治理能力现代化，把政治标准放在首位，突出考核公务员做好本职工作的实际成效，树立讲担当、重担当、改革创新、干事创业的鲜明导向。必须坚持以下几个原则：

（1）注重实绩、群众公认原则。公务员的工作实绩是公务员在履行岗位职责的实践中取得的实际成果，是公务员德才的集中体现，是公务员的思想、品德、知识、才干等诸多因素的综合反映。公务员考察注重公务员的实绩，有助于得出较为准确的结论，因此，不论是考察了解公务员，还是分析评价公务员，以及选拔任用公务员，都要注重公务员的工作实绩。群众公认是党的群众路线在用人问题上的具体体现。坚持群众公认的原则，就是在选拔任用公务员时，把民主评议、民主推荐等广泛听取群众

意见的方法，作为考察公务员的必经程序，并把民主评议、民意测验、民主推荐的结果，作为选用公务员的重要依据之一。在公务员考核的过程中，要将公务员考核的目标、范围、内容、方法、程序、标准、等次、结果使用等在一定范围内公开，满足公务员和人民群众的知情权、参与权、监督权。

（2）客观公正、精准科学原则。公务员考核必须坚持客观公正原则，否则就失去了考核的意义和作用。所谓“客观”，就是要求对公务员的德、能、勤、绩、廉等五个方面做出客观真实的评价，全面真实地反映公务员的状况；所谓“公正”，就是不论被考核者的民族、性别、出身、职务和文化，不论被考核者与考核者的亲疏关系，都要根据法定考核条件和标准、考核程序和内容对公务员的客观工作状况进行考核。“客观”侧重于公务员的工作状况，“公正”侧重于公务员考核内容、方式等方面的平等性。在进行客观公正的考核中，也需要注意遵循精准科学的原则：同一层次上的公务员的考核标准要一致，针对一定部门甚至不同部门同一层次上的公务员的考核标准要一致；要坚持平时考核、专项考核、定期考核和年终考核相结合等。

（3）分级分类、简便易行原则。公务员考核还需要坚持分级分类原则。公务员考核要实行分级分类考核，要严格把握公务员的职位、职务和职级的特点，分级、分类进行考核管理。根据不同地区、部门、职务、职级、职位特点，科学设置考核内容和指标，采取不同的考核方法、技术、遵循不同的考核程序。此外，公务员考核还要遵循“简便易行”的原则。所谓“简便易行”就是指公务员考核应当具备可操作性，不烦琐，考核执行难度小，易于推广的特点。在公务员考核过程中，要通过严格控制考核总量、实施考核计划管理、改进考核方式方法等措施，努力提高考核工作效率，尤其要注重为基层减负。

（4）奖惩分明、有效管用原则。公务员考核的根本目的是对公务员工作的各个方面进行实事求是的全面评价，并把评价作为公务员职位调整、职务升降和薪酬高低的主要依据。为了全面评价公务员，充分发挥考核“指挥棒”的作用，起到激励的作用效果，公务员考核必须要遵循奖惩分明的原则。做到“德、能、勤、绩、廉”五位一体，深入考核，把握好定量考核与定性评价之间的度，在考核过程中体现出公务员之间的差异化、考核内容的精准化，注重激励与约束并重，奖勤罚懒、奖优罚劣，着力避免“偏科”现象的发生。此外，公务员考核要遵循“有效管用”的原则。公务员考核工作是一项科学有效的管理制度，要立足实际，注重建立全链条考核评价体系，注重考核结果的运用，推动公务员考核工作落地见效。

### 5.2.2 公务员考核的内容

公务员考核的内容是在总结新中国成立几十年来对各级党政机关工作人员进行考察的经验的基础上，借鉴中国古代和西方国家成熟的经验后确定的。《公务员法》第五章第三十五条规定："公务员的考核应当按照管理权限，全面考核公务员的德、能、勤、绩、廉，重点考核政治素质和工作实绩。考核指标根据不同职位类别、不同层级机关分别设置。"具体考核内容如下：

（1）德。是指思想政治素质及个人品德、职业道德、社会功德等方面的表现。全面考核政治品质和道德品行，重点了解学习贯彻习近平新时代中国特色社会主义思想，坚定理想信念，坚守初心使命，忠于宪法、忠于国家、忠于人民，增强"四个意识"、坚定"四个自信"、做到"两个维护"的情况；带头践行社会主义核心价值观，恪守职业道德，遵守社会公德、家庭美德和个人品德等情况。

（2）能。是指履行职责的业务素质和能力。全面考核适应新时代要求履职尽责的政治能力、工作能力和专业素养，重点了解政治鉴别能力、学习调研能力、依法行政能力、群众工作能力、沟通协调能力、贯彻执行能力、改革创新能力、应急处突能力等情况。

（3）勤。是指责任心、工作态度、工作作风、勤奋精神等方面的表现。全面考核精神状态和工作作风，重点了解忠于职守，遵守工作纪律，爱岗敬业、勤勉尽责，敢于担当、甘于奉献等情况。

（4）绩。是指完成工作的数量、质量、效率和所产生的效益。具体而言，是指公务员在完成任务目标和履行岗位职责的过程中，通过所提出的工作思路、采取的措施、发挥的作用而取得的绩效。全面考核坚持以人民为中心，依法依规履行职位职责、承担急难险重任务等情况，重点了解完成工作的数量、质量、效率和所产生的效益等情况。

（5）廉。是指廉洁自律等方面的表现。主要是看公务员能否严格遵守党和国家关于廉洁从政的有关法规，能否廉洁奉公、恪尽职守，能否艰苦奋斗、勤俭节约，能否秉公执法、公道正派，能否严格遵守组织人事纪律、任人唯贤。全面考核遵守廉洁从政规定，落实中央八项规定及其实施细则精神等情况，重点了解秉公用权、廉洁自律等情况。

### 5.2.3　公务员考核的方式

公务员考核是一项系统工程，需要借助多种考核方式，保证公务员考核的公平公正、客观合理。公务员考核主要包括以下几种方式：

（1）平时考核与定期考核相结合。《公务员法》第五章第三十六条规定："公务员考核分为平时考核、专项考核和定期考核等方式。定期考核以平时考核、专项考核为基础。"平时考核是对公务员日常工作和一贯表现所进行的经常性考核，一般按照个人小结、审核评鉴、结果反馈等程序进行。公务员的平时考核可以为定期考核积累原始资料和数据，还原公务员原有的工作状态。专项考核是对公务员完成重要专项工作，承担急难险重任务和关键时刻的政治表现、担当精神、作用发挥、实际成效等情况所进行的针对性考核，可以按照了解核实、综合研判、结果反馈等程序进行，或者结合推进专项工作灵活安排。定期考核采取年度考核的方式，是对公务员一个自然年度内总体表现所进行的综合性考核，在每年年末或者翌年年初进行。定期考核对公务员奖惩、职务升降、培训机会、发展前途、职位调整等具有重要的意义。对于考核者而言，通过定期考核，可以全面了解公务员前一阶段工作的质量和成效，有利于从公务员系统中选拔出优秀的人才。平时考核与定期考核相结合的考核方式是最常用的考核方式。

（2）定性考核与定量考核相结合。一方面，公务员是具体的公共服务的提供者，他们的服务态度和服务质量难以予以量化。所以，对公务员考核时需要采用定性的考核方式，才能对公务员的日常工作情况做出准确客观的考察，保证公务员考核的真实性。另一方面，公务员在有限的时间内所从事的社会公共事务数量和范围是有一定限度的。因此，对公务员的考核还需要采用定量的考核方式，以期真实、有效地评估公务员的工作强度。在工作过程中，采取定性考核与定量考核相结合的考核方法对公务员进行考核。定性考核方法主要侧重于公务员工作态度和服务质量的考核，侧重于评估“质”的方面；定量考核涉及公务员的工作数量、工作业绩等方面的评估，侧重于评估“量”的方面。把定性考核与定量考核两种考核方法相结合，才能更好地实现考核的预定目标。

（3）领导考核与群众考核相结合。在对公务员考核时，应将领导与群众纳入考核的范围中来，按照一定的程序和流程进行。在具体的考核过程中，上级领导对公务员考核具有重要作用。群众参与公务员考核能有效地提高考核工作的真实性与透明度。公务员提供公共服务的对象是人民群众，人民群众对公务员的服务态度和工作能力具有最直观的感受。因此，群众参与公务员考核，可以使公务员考核工作更加客观真实，防止考核的片面性。

（4）自我考核和他人考核相结合。对公务员的考核，一般都是根据法律、法规和规章的有关规定来进行的，考核都是由有关部门的领导者或考核机构来组织实施。被考核者的上级即领导者的考核在公务员的考核比例中占有较大的分量。在公务员考核的过程中，仅仅有被考核者的领导和同事对公务员的评估远远不够，还必须结合公务员本人对其工作的评估。只有把他人考核和公务员的自我考核结合起来，才能够避免考核过程中出现的片面性、随意性、主观性和恶意性，才能达到考核的目的，促进考核效果的实现。

（5）正向激励和负面督查相结合。对公务员考核，应注重考核结果的运用。正向激励是指对考核结果较好的，及时予以表扬鼓励、物质奖励。负面督查是指要强化考核结果与干部监督工作的有机融合，对考核结果偏后的，及时提醒教育、督促提高；

对考核结果不称职的，可进行离岗培训、降职等，从而形成奖优罚劣的导向。

### 5.2.4　公务员考核的功能

（1）评估功能。考核就是对公务员德、能、勤、绩、廉五个方面做出客观、公正、公平、公开的评估。在考核过程中，通过评估以上诸多事项，能够为公务员的职务升降、薪酬调整、职位调整等提供强有力的事实依据。

（2）监督功能。通过对公务员的考核，党政机关可以使公务员严格遵守国家有关法律法规，在法律规定的范围内恪尽职守，接受国家有关部门和人民的监督，起到国家权力的威慑作用。

（3）激励功能。公务员考核不仅可以帮助公务员了解自身的缺陷和不足，还可以激发公务员努力工作的积极性，增强其使命感和责任感，激励其不断改进工作方式，提升工作效能。简而言之，考核具有激励作用，激励公务员由低级工作岗位迈向高级工作岗位，由低级思想境界趋向高级思想境界。

（4）选拔功能。通过公务员考核，党政机关可以全面、深入、客观、公正地了解公务员的工作能力和工作业绩，使人适其位、人尽其才。

（5）晋升功能。通过对公务员进行考核，党政机关能够发现具有发展潜力的人才，并把德才兼备、工作绩效突出的人才选拔上来，放到责任更大的有利于发挥更大作用的职位上，使其晋升到更加合适的位置上。

（6）稳定功能。公务员考核一方面可以使党政机关了解公务员工作的实际情况，另一方面可以激发公务员的斗志。通过考核，党政机关能够营造人人有所作为、人人不敢松懈的工作氛围，实现人适其位、人尽其才的管理目标，从而实现党政机关工作稳定有序和社会管理秩序稳定和谐的长期目标。

## 5.3　公务员考核的程序和结果使用

### 5.3.1　公务员考核的程序

公务员考核必须依法依规依程序进行。《公务员法》第三十七条规定：“非领导成员公务员的定期考核采取年度考核的方式。”年度考核主要分为以下五个程序：一是总结述职。公务员按照职位职责、年度目标任务和有关要求进行总结，在一定范围内述职，突出重点、简明扼要填写公务员年度考核登记表。二是民主测评。对担任机关内设机构领导职务的公务员，在一定范围内进行民主测评。根据需要，可以对其他公务员进行民主测评。三是了解核实。采取个别谈话、实地调研、服务对象评议等方式了解核实公务员有关情况。根据需要，听取纪检监察机关意见。四是审核评鉴。主管领导对公务员表现以及有关情况进行综合分析，有针对性地写出评语，提出考核等次建议和改进提高的要求。五是确定等次。由本机关负责人或者授权的考核委员会确定考核等次。对优秀等次公务员在本机关范围内公示，公示时间不少于5个工作日。考核结果以书面形式通知公务员，由公务员本人签署意见。公务员对年度考核确定为不称职等次不服的，可以按照有关规定申请复核、申诉。各机关应当将公务员年度考核登记表存入公务员本人人事档案，同时将本机关公务员年度考核情况报送同级公务员主管部门。

对于领导班子通常采用平时考核、年度考核、专项考核、任期考核等考核方法。平时考核结合领导班子和领导干部日常管理进行。日常管理包括：一是列席领导班子民主生活会，参加理论学习中心组学习，参加重要工作会议，参加重要工作活动等；二是与干部本人或者相关人谈心谈话，到所在单位听取干部群众意见；三是开展调研走访、专题调查、现场观摩等；四是结合党内集中学习教育、纪委监委日常监督、巡视巡察、工作督查、干部培训等方面。年度考核主要分为以下五个程序：一是总结述职。召开会议，领导班子总结报告全年工作，领导干部进行个人述职。二是民主测评。设计测评表，由参加民主测评的人员填写评价意见。三是个别谈话。与领导班子成员、相关干部群众以及其他需要参加的人员个别谈话了解情况。四是了解核实。根据需要采取查阅资料、采集有关数据和信息、实地调研等方式，核实考核对象有关情况。五是形成考核结果。综合分析，形成考核结果并及时反馈。专项考核主要分为以下四个程序：一是制定方案。明确考核对象、考核内容指标、程序步骤和工作要求等。二是听取考核对象的总结汇报。三是了解核实。采取查阅资料、实地调研、舆情分析、个别谈话、民主测评等，核实印证情况，必要时可以向纪检监察机关或者审计、信访等部门了解情况。四是形成考核结果。对领导班子和领导干部做出评价。可采用考核报告、评语、等次或者鉴定等形式确定。任期考核一般应按照总结述职、民主测评、个别谈话、了解核实、实绩分析、形成考核结果等程序进行。任期考核结果可以采用考核报告、评语、等次或者鉴定等形式确定。

### 5.3.2 公务员考核的结果使用

《公务员法》第三十九条规定：“定期考核的结果作为公务员职位、职务、职级、级别、工资以及公务员奖励、培训、辞退的依据。”此外，《公务员考核规定》第二十二条规定：“公务员年度考核确定为不称职等次的，降低一个职务或者职级层次任职，连续两年确定为不称职等次的，予以辞退。”第二十条规定：“公务员年度考核确定为称职以上等次的，按照规定享受年度考核奖金。”具体而言，《公务员考核规定》针对不同的考核结果有着具体且详细的规定。

#### 1. 对于考核结果为优秀等次的管理

（1）当年给予嘉奖，在本机关范围内通报表扬；晋升上一职级所要求的任职年限缩短半年。

（2）连续三年确定为优秀等次的，记三等功；晋升职务职级时，在同等条件下优先考虑。

#### 2. 对于考核结果为称职以上等次的管理

（1）累计两年确定为称职以上等次的，在所定级别对应工资标准内晋升一个工资档次。

（2）累计五年确定为称职以上等次的，在所任职务职级对应级别范围内晋升一个级别。

（3）本考核年度计算为晋升职务职级的任职年限，同时符合规定的其他任职资格条件的，具有晋升职务职级的资格。

（4）享受年度考核奖金。

#### 3. 对于考核结果为基本称职等次的管理

（1）对其进行诫勉，责令作出书面检查，限期改进。

（2）本考核年度不计算为按年度考核结果晋升级别和级别工资档次的考核年限。

（3）本考核年度不计算为晋升职务职级的任职年限；下一年内不得晋升职务职级。

（4）不享受年度考核奖金。

（5）连续两年确定为基本称职等次的，予以组织调整或者组织处理。

#### 4. 对于考核结果为不称职等次的管理

（1）本考核年度不计算为晋升职务职级的任职年限；降低一个职务或者职级层次任职。

（2）本考核年度不计算为按年度考核结果晋升级别和级别工资档次的考核年限。

（3）不享受年度考核奖金。

（4）连续两年确定为不称职等次的，予以辞退。

#### 5. 对于考核结果为不确定等次的管理

（1）本考核年度不计算为按年度考核结果晋升级别和级别工资档次的考核年限。

（2）不享受年度考核奖金。

（3）本考核年度不计算为晋升职务职级的任职年限；连续两年不确定等次的，视情况调整工作岗位。

## 5.4 公务员考核的发展趋势

### 5.4.1 全员优化趋势

公务员考核的主要作用就是考察公务员的工作情况，对表现优秀的公务员给予奖励，激励公务员保持积极的工作态度；对工作中表现很差的公务员给予惩戒，鞭策他们向表现优秀的公务员学习，实现公务员队伍的整体优化。

### 5.4.2 主动参与趋势

在长期的公务员考核过程中，被考核者总是处于一种被动接受考核的状态。公务员无法积极地融入考核工作，不利于调动其积极性。为此，有的地区在实施公务员年度考核中加大了个人述职的分量，增加了自定考核等次的考核项目，并规定在计算公务员考核得分时个人自评要占相当比重。事实证明，这种做法值得推广。

### 5.4.3 目标管理趋势

目标管理是实现组织目标、提高组织绩效的一种有效方法。在公务员考核方面，目标管理是指公务员在一定的时间范围内需要完成的工作数量、质量等。公务员需要完成的工作数量以及质量等预期目标是日后公务员考核的重要依据。公务员在被考核时，如果超过了预期目标，就评为优秀；如果达到了预期目标，就评为合格；如果没有达到预期目标，就评为不合格。制定的预期目标应该是大部分被考核的公务员通过努力可以达到的目标，才能充分调动公务员的工作积极性和主动性，最终充分发挥目标管理的作用。

### 5.4.4 审计监督趋势

审计监督是约束公务员行为的重要手段。早在1990年，联合国第八届预防犯罪和犯罪待遇大会就审查通过了《反贪污腐化实际措施手册》，为各国开展反腐工作提供了指导。1998年，中纪委、审计署等部门联合颁发了《关于开展领导干部任期经济责任审计工作的通知》，并积极开展试点工作。对公务员开展审计监督工作，可以使公务员以身作则、廉洁自律，努力规范自身的行为，为公务员考核工作奠定基础。

### 5.4.5 公开监督趋势

公务员考核一般在公务员单位内部展开，并没有涉及人民群众，人民群众参与公务员监督的渠道很少。但随着政务公开的发展，人民群众有更多的机会监督公务员的工作。一些单位贯彻落实政务公开、公开举报电话之后，“门难进，脸难看，事难办”的现象减少了，公务员的服务态度变好了，工作服务质量得到大幅度提升。政务公开可以拓展群众参与监督的渠道，有利于改善公务员的服务质量和水平。

### 5.4.6　简便易行趋势

一年一度的公务员年度考核都在寻求既科学合理又简便易行的途径。随着数字化技术及其平台的发展，利用网络考核已成为可能。一些考核软件已不少见。使用公务员考核软件不仅大大减轻了公务员考核的工作量，而且有效地抑制了公务员考核中的不正之风，使公务员考核更趋合理，可操作性更强，更富生命力。

**【延伸阅读】**

**黑龙江省公务员局：运用信息化手段加强公务员工作**

近日，黑龙江省公务员局在齐齐哈尔市举办全省行政机关公务员平时考核管理系统试运行暨全省行政机关公务员管理平台使用培训班。至此，黑龙江省公务员在线平时考核、公务员网上登记备案和信息实时统计查询等工作正式启动。这标志着黑龙江省在深入实施《公务员法》，实现“互联网 + 公务员管理”的道路上迈出新的步伐。

黑龙江省公务员局自主研发的“全省行政机关公务员平时考核管理系统”和“黑龙江省行政机关公务员管理平台”，着眼于提升公务员管理信息化、科学化和规范化水平，坚持把信息化建设与公务员管理有机结合，重点在强化公务员平时考核手段、严把公务员队伍入口关等方面实现突破。通过数据共享，给各级公务员主管部门提供了实时监管平台，保证公务员平时考核工作落到实处。前期投入使用的公务员管理平台，容纳了全省所有政府机构和公务员、参公人员的相关信息，根据公务员职位管理工作相关政策、制度和规定，将公务员登记备案和信息统计查询业务转化为具体的程序模块和操作项目，大大提高了业务办理效率和质量，也为政策制定、统计查询和监督检查等方面提供了较好的数据支撑。

## 5.5　国外公务员考核制度

### 5.5.1　英国公务员考核制度

1854 年，英国开始推行功绩考核制。20 世纪 70 年代，英国建立了公务员绩效考核制度。英国公务员考核在中央和地方实行两种不同的模式，中央政府实行“内设管理机构”模式，地方政府实行“陪审团”模式。对公务员考核的内容主要包括日常考勤和定期考核。

（1）日常考勤考绩。对公务员的日常考勤主要是对其日常工作不定时督查与考核，了解公务员工作的情况。单位利用签到簿或“到工钟”，对每个公务员的上班、下班及休息时刻，做出明确的记录。

（2）定期考核。除了日常考勤，还对公务员进行定期考核。公务员定期考核一年进行一次。公务员需要认真填写《年度审核报告》，并把最终考核结果作为奖惩和职务调整的重要依据。各部长官负责公务员的具体考核工作，部门内部设置专门负责考核工作的机构，最终结果由本部门的行政长官决定。英国十分注重公务员考核工作的公开性和沟通性，管理者做出的考核结果要先告知被考核者本人再报上级，如果公务员对考核的结果存在异议有权向有关仲裁机构提出申诉。

### 5.5.2 美国公务员考核制度

美国对公务员的考核主要有两种：平时考勤和年终考绩。

（1）平时考勤。美国政府办公规则规定，工作人员每周工作 5 天，每天工作 8 小时，工作期间禁止“聊天、看报、写信、会客、吸烟等”。单位设有签到簿与到工卡片，每个单位的主管长官负责考勤公务员上班、离岗及休息时间。公务员要把每天所做的工作填写在工作报告中并存档，把工作报告作为年终考绩的重要依据。

（2）年终考绩。美国实行一年一度的考绩制度。1883 年，美国国会通过了《彭德尔顿法》，初步确立了“考试制”。1887 年，经过修改该法后实行“考绩制”。1912 年，文官委员会设置考绩司，负责全国文官考绩事务。1934 年，文官委员会统一考绩表，内容有 16 项。1950 年 12 月，美国国会通过了《工作考绩法》，考核的主要内容有工作数量、工作质量和工作适应能力。对考核结果的等次也做了明确规定，分为优等、满意和不满意三等。

首先，由考核机关做好考核的准备工作，确定主考人员和被考核人员；其次，由主考人员依据被考核人员的平时表现和总体表现，按照考绩表所列项目逐项考评填写表格；最后，把考评结果上报行政长官，评出一个年终考绩总分。

美国政府对公务员的考核主要涉及思想政治素质、工作态度、工作能力等诸多方面。其中，美国政府对公务员思想政治素质的考核更为重视，并把这项考核与国家利益、政府利益联系起来。基于法律和法规的规定，公务员在从事公共事务管理和服务过程中对自身约束比较严格，包括总统在内，一旦出现贪污腐败等有损政府形象行为，必然会受到社会公众和媒体的谴责，导致受到处分、被辞退甚至下台的后果，严重的会受到司法机关的控诉。

### 5.5.3　法国公务员考核制度

法国公务员考核又称鉴定。二战前，法国公务员的考核主要有 6 项内容；二战之后，鉴定内容扩展到 14 项，根据不同类别和岗位的公务员，应至少选择 6 项进行考核。法国公务员的年度考核实行 20 分制，评分时一般是在 15 分左右打分，最高可得 20 分，把每项考核的分数相加得到考核总分，从高到低排序。

考核的结果分为 A、B、C、D、E 五个等级。鉴定成绩必须由本人签字，但不公开；行政长官根据鉴定成绩签署评语，评语主要有加分评语和总评两种。公务员鉴定的结果是职位调整、薪酬变动的重要依据。

对公务员考核时，公务员考核的主考人员要接受监督，减少考核的主观性因素的影响。尽管如此，法国公务员考核鉴定仍然存在缺陷，如打分标准不具体、考核过程透明度较低以及考核结果不能全部公开等。

### 5.5.4　德国公务员考核制度

德国的公务员考核具有自身的特殊性。联邦和各州的公务员法是不同的，联邦有属于联邦一级的公务员法，而各州有属于各州的公务员法，所有的公务员管理活动都依法进行。公务员分为终身制公务员和雇员制公务员，共分为初级、中级、较高级和高级 4 类。联邦德国公务员制度按照 1956 年的劳夫巴亨行政命令，采用“臆断考绩法”。考核形式分别为：平时考勤，侧重于公务员平时的遵纪守法情况、工作表现和出勤情况等；定期考勤，侧重于公务员在一定时期内所取得的工作成绩和贡献、工作能力的开发以及履行职责的实际状况等；不定期考绩，侧重于对公务员的偶然性考绩。定期考绩的考核周期较长，三年一次，不定期考绩具有更高的灵活性，根据当时的实际情况而定。

考核主要为业绩考核和综合能力评估。业绩考核主要考核工作胜任能力，综合能力评估主要考核发展潜力。具体来说，考核可以细分以下三个方面的内容：一是工作情况方面的考核，二是基本素质方面的考核，三是工作能力方面的考核。从德国公务员的考核中可以看出，德国更重视公务员的素质和能力考核。

尽管德国公务员考核内容指标比较全面详细，但考核过于依赖行政长官和首长的个人因素，而且直接领导不愿得罪人或担心影响相互关系，使考核难以发挥作用，不利于考核结果的公平和公正。

### 5.5.5　日本公务员考核制度

日本先后颁布了《国家公务员工作评定规则》《关于工作成绩评定手续与记录的政令》《勤务评定的基本标准》等法律。此外，日本人事院对涉及公务员考核、工资、福利、奖惩、升降等事项制定专门具体的人事管理规则。日本公务员考核有比较完善的法律、法规、规章以及管理规则方面的依据。

日本公务员的考核称为工作评定或勤务评定。评定的类型主要有两类：一类是定期评定，适用对象为在职公务员，考核周期为一年，由各级官员对下属公务员进行考核；另一类是特别评定，适合对象为试用期的公务员，这种考核方式具有一定的灵活性，根据实际情况确定考核的相关事宜。

日本公务员的考核方法主要有综合考评法、定期检查法、考勤记录法、人物评语法、要素评定法、调查评定法等方法，有评语式、记分式、两者合并式。考核评定的内容包括勤务实绩、性格、能力、适应力，并在每个方面进行细致的划分。考核的结果划分为 A、B、C、D、E 五个等级。考核过程公开，保证考核结果的公平公正。考核的结果要存入档案，作为薪酬调整和职务晋升的依据。

日本是一个很注重培养公务员服务意识的国家，也很注重公务员服务意识和服务态度的评定。在实际工作中，日本政府从日常言行中评定公务员的思想政治状况以及技能水平。把政府的思想和意志贯穿于公务员所有的工作环节和内容中去，是日本提高国民素质和国家意识的重要途径。

**【理论前沿】**

［1］何植民，赵璐．公务员“德”的考核评价机制构建研究［J］．湘潭大学学报（哲学社会科学版），2019（06）：24－29.

［2］张晶晶．政府治理现代化视域下的公务员考核体系创新［J］．人民论坛，2018（18）：46－47.

［3］程淑琴，倪东辉，潘彬．基于大数据视角的基层公务员考核机制创新研究［J］．华东经济管理，2018（07）：174－180.

［4］严翰林．破解公务员平时考核的操作困境［J］．领导科学，2018（12）：42.

**【本章小结】**

本章分为公务员考核制度概述，公务员考核的原则、内容、方法及功能，公务员考核的程序和结果使用，公务员考核的发展趋势以及国外公务员的考核制度五个小节。第一小节介绍了公务员考核的历史沿革。公务员考核源自我国古代对文官的考核，我国干部考核制度为公务员考核制度的发展和完善提供了有益参考。第二小节介绍了公务员考核的原则、内容、方式、功能。第三小节对公务员考核的程序以及结果使用等问题做了详细说明。第四小节分析了公务员考核的发展趋势，即全员优化、主动参与、目标管理、审计监督、公开监督以及简便易行等。第五小节介绍了国外公务员考核的实施办法以及经验，为我国公务员考核制度的完善和发展提供了有益参考。

**【关键术语】**

公务员考核　干部考核　客观公正　民主公开　德能勤绩廉　平时考核　定期考核　领导考核　群众考核　全员优化　目标管理　审计监督　公开监督　简便易行

**【复习思考题】**

1. 公务员考核的含义是什么？
2. 为什么需要考核公务员？
3. 公务员考核的原则是什么？
4. 公务员考核的内容和方式是什么？
5. 试述公务员考核的评定及等次。
6. 试述公务员考核的后续管理。
7. 试论公务员考核制度面临的问题及完善对策。
8. 试述公务员考核制度的发展趋势。

# 第6章　公务员职务任免

【本章知识架构】

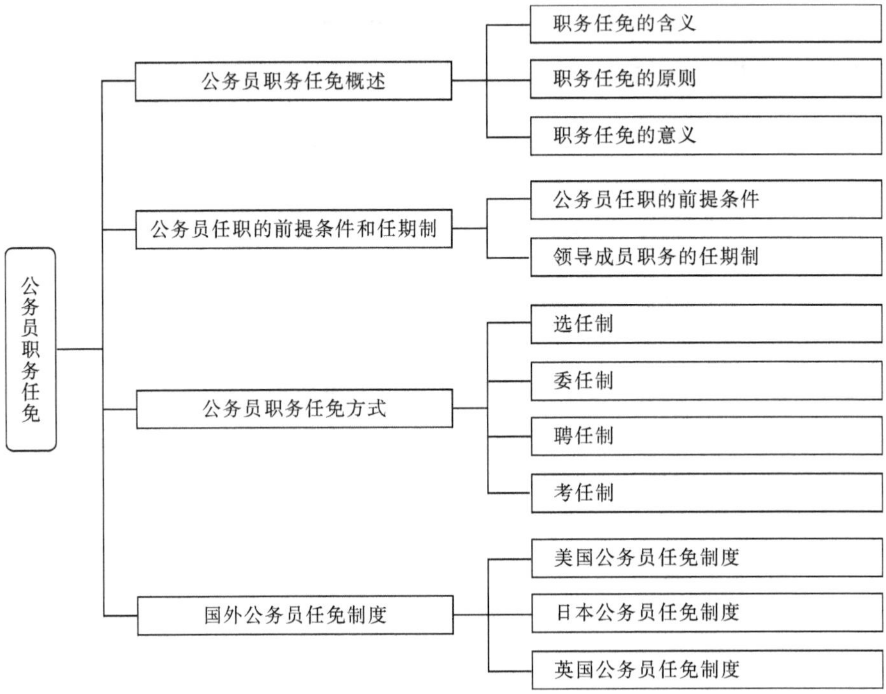


【案例导入】

某市选派22名市直机关、企事业单位干部，分赴其辖区内的经开区、高新区等9个产业园区任职、挂职。经干部自愿报名、单位党组织推荐，该市市委组织部从报名参加产业园区任（挂）职选拔的152名干部中，挑选43名干部作为考察对象，再重点围绕干部的工作能力、发展潜质、报名动机等进行精细比选。在这次选派的22名对象中，有11名干部任职，11名同志挂职；1980年以后出生的有20人；具有公务员身份的有15人，事业单位人员身份的有3人，企业人员身份的有4人；具有全日制本科及以上学历的有17人。

**思考：**

1. 我国公务员的任职方式有哪些？
2. 进行任职的公务员需要满足哪些标准和前提条件？

职务任免是管理公务员队伍的有效手段。对于公务员来说，任职安排恰当，往往是其能力和才干得到充分发挥、工作上获得成就感和满足感、个人价值得以实现的前提。适当的职务任免，能够促使公务员更加全身心地投入到工作中去，更大限度地发挥自己的聪明才智，提高公共服务的质量，民众的满意度也会随之得到很大提升，整个社会将更加和谐进步。同时，公务员是国家意志和国家公共管理职能的具体执行者，因此公务员的职务任免是否得当直接关系到国家的意志能否贯彻执行。只有做好公务员职务任免工作，将德才兼备的人才选拔到各级公务员岗位上，才能保证国家意志的有效贯彻，促进我国民主政治的发展和政治现代化。

## 6.1　公务员职务任免概述

### 6.1.1　职务任免的含义

在我国，职务任免通常有广义和狭义之分。广义的职务任免，是包括由于各种原因导致公务员职务产生、变更或消除的全部行为过程。狭义的职务任免，是指办理职务任免的手续。本书所讲的公务员职务任免是广义概念，是指任免机关根据有关法律法规和职务任免条件的要求，在其任免权限范围内，通过法定程序，任命（聘任）或免去公务员担任一定职务从而确立、变更或解除公务员与党政机关的职务关系的人事行为。公务员职务任免包括任职和免职两个方面。

公务员任职也称公务员职务任用，是指依法享有任免权的机关依据有关法律规定和任职条件，在其权限范围内，通过法定程序和手段，选任、委任或聘任公务员担任某一职务的管理活动。公务员任职包括两方面的内容，一方面为通过公开招考新进入公务员队伍人员的任用；另一方面为已经在公务员队伍中的公职人员在本部门内部转换岗位、升职或降职，不同部门、不同机构或者不同系统之间公务员的流动，以及免职公务员需要恢复工作等任用活动。

公务员免职是指依法享有任免权的机关依据有关法律规定，在其权限范围内，通过法定程序和手段，免除公务员担任的某一职务的管理活动，包括程序性免职和单纯性免职两种。程序性免职，顾名思义只是公务员在担任新职务时必须要履行的一道法律程序，它以免职为基本前提而非最终目的，公务员只有在解除原有的职务关系后，才可以接任新的职务，从而避免一人多职，同时方便将原有职务分配给新的接任者。公务员的晋升、降职、转任、轮换和挂职等情况的免职都属于程序性免职。单纯性免职以免除现任职务为目的，事由通常如下：能力不足，不能很好地完成该岗位的工作；职业懈怠、态度不端正、工作散漫；身体素质有待提高，健康状况难以负荷岗位工作；违法乱纪，被动免职；长期脱产学习或达到退休年龄；机构合并、撤销引发的人员精简等。

理解公务员职务任免应该注意以下几个方面：(1) 公务员职务任免必须由享有任免权的机关进行，其他任何机关均无权做出职务任免决定。同时任免活动必须由任免机关在自身权限范围内按照法定程序进行，任免机关及其权限一般要由法律来规定或认可。(2) 公务员职务任免必须严格按照法定的职务任免事由进行。职务任免意味着公职关系的形成、变更或终止，对公务员本人合法权益保护的影响重大。因此，对公务员做出任免安排必须严格依据《公务员法》中关于任免事由的规定。(3) 公务员职务任免必须按照法定的程序进行。任免机关及其负责人在干部人事安排的工作过程中掌握较大的自由裁量权，这种自由裁量权不能仅仅依靠法律进行实体上的控制，必须强化程序的规范性，使其在合理的范围内发挥作用。

公务员职务任免是对公务员进行有效管理，以达到岗得其人、人尽其才目的的首要环节。从内容上讲，职务任免只是公务员管理过程中的一个程序性环节，但任免程序完成后，将深刻影响到其他管理环节，产生不可忽视的作用。通过职务任免，确定每个公务员的职务，然后根据不同职务的特点和要求以及公务员履行职责的情况，来实施各项管理。例如，根据公务员所担任职务的要求和公务员履职尽责的情况对公务员进行考核、奖惩、培训，根据公务员所担任的职务决定公务员的工资福利待遇等。

### 6.1.2 职务任免的原则

#### 1. 党管干部原则

《公务员法》第四条规定公务员管理坚持党管干部原则。党管公务员既是党管干部的延续，也是符合我国国情和政治体制的一项基本原则。在公务员职务任免中贯彻这一原则，主要应该做到：一是党组织依照法定程序向人民代表大会推荐、建议任用各级政府组成人员；二是担任领导职务的任职必须要经过同级党委（党组）的讨论，担任一定领导职务的公务员的任免一般需要先进行民意测验、民主考评，认真听取群众意见；三是有效监督公务员中中共党员的职务任免。为落实公务员任免的党管干部原则，完善干部选拔任用制度，市（地、州、盟）、县（市、区、旗）党委、政府领导班子正职的拟任人选和推荐人选，一般应当由上一级党委常委会提名并提交全委会无记名投票表决。全委会闭会期间急需任用的，按照干部管理权限，由党委常委会作出决定，决定前应当征求全委会成员的意见。

#### 2. 任人唯贤、德才兼备、以德为先、注重实绩原则

任人唯贤是我国干部人事管理的优良传统，是治事与用人的最佳结合，在公务员职务任免中也得到了充分体现。坚持任人唯贤的原则就是为了避免不能胜任工作要求的人占据工作岗位而不能有效履职，实现任人唯贤的基本途径就是坚持德才兼备、以德为先的用人标准。“德”是指拟任对象的政治素质、道德品质、遵纪守法、廉洁奉公等情况；“才”是指拟任对象的知识水平、文化程度、专业特长和工作能力等。在职务任免中对于“德”“才”的考察不能臆断或凭空杜撰，必须以实际工作经历和成绩为基础，注重从“事”到“能”再到“人”的逻辑思维，甄别真正能做事的实干家。

#### 3. 民主、公开、竞争、择优原则

要做到公务员职务任免的民主和公开，就必须做到相关法规、政策的公开和任免过程的公开。面向全社会公开有关公务员任免的法律、法规和政策，公开任职、免职的方式、条件和规范，严格按照一定的标准和程序实施职务任免。上述内容的公开是实现公务员平等竞争的前提，也是人尽其才、职得其人的重要保证。

#### 4. 注重整体效能原则

随着社会的发展，行政管理活动日趋复杂化和多样化，在很多情况下，仅凭某个公务员的一己之力已经难以胜任。如何实现公务员之间的协作配合、充分发挥公务员队伍的整体效能已经成为日益重要的课题。因此，公务员的任免不能仅考虑单个公务员的才能和知识水平，而应该把公务员放在一个系统中考虑，做到从整体出发、从系统出发，充分考虑公务员之间的知识互补、专业互补、智力互补、能力互补、性格互补，从而扬长避短，彼此配合，相得益彰，最大限度地提升公务员队伍的整体效能。

### 6.1.3　职务任免的意义

#### 1. 合理选拔使用公务员的重要制度保障

贯彻执行公正合理的公务员职务任免制度，能够把优秀合格的人才任用在恰当的职位上，从而保障党政机关的平稳高效运转；免去不合格公务员担任的职务，有利于

形成积极进取的整体氛围，提高公务员队伍的整体水平和能力，提高办事效率，提高政府公信力。党政机关正是有了众多各司其职的公务员，才能发挥作用。没有了公务员，党政机关就只剩下一个空壳，无论是决策还是执行都缺少了主体，党政机关的高效运行更是无从谈起。在公务员的选拔使用中，只有任免得当，做到岗得其人、人尽其才，才能将公务员自身的优势发挥到最大，提高办公的质量和效率；而任免不当，不仅会使优秀人才无法有效发挥自身价值，而且会滋生不思进取、不求上进、得过且过等不良习气。随着国家《公务员法》的修订和相关配套政策法规的出台，公务员任免制度不断得到完善和发展，这也将会促使公务员的选拔和使用更加优化。

**2. 提高公务员素质的必要手段**

现代社会的快速发展，必然要求公务员提高工作效率，而工作效率则在很大程度上取决于公务员的素质及其搭配结构，这就需要科学合理地选拔任用人才，严格把控公务员录用关口，按照法定程序结合公务员自身特点进行科学合理的职务任免。职务任免的科学性和合理性，对公务员个人能力和才智的充分发挥起着关键性的作用，并且关系到公务员队伍整体素质、各级机关的工作质量和服务质量。因此，按照法定程序、根据法定事由、结合公务员自身特点，科学合理地对公务员进行任免，可以使公务员自身所长得到最大程度的发挥，可以使公务员队伍不断补充新鲜血液，淘汰不满足岗位要求的公务员，不断提高每一个公务员的自身素质，达到优化公务员整体素质的目的。

**3. 管理公务员队伍的有效手段**

公务员岗位的轮换升降都面临着原有职务的免除和新职务的任用。另外，公务员职务任免还是其工资福利、培训与考核等的重要依据。由此可见，职务任免是对公务员队伍进行有效管理的重要手段，职务任免的法制化和科学化对于我国公务员队伍的发展和完善具有极其重要的意义。公务员管理的核心内容之一就是职务管理，同时职务管理也是实施公务员管理的前提。而建立和严格执行公务员职务任免制度，不仅可以使公务员任用操作规范化，同时也是正确、合理选拔使用公务员，防止公务员任用中出现偏差和不良现象的重要保障。

**4. 明确公务员岗位职责的必要环节**

党的政策、国家的意志以及政府职能能否有效地实现，关键在于公务员能否有效履职。公务员任免的过程是在制度上、法律上对于公务员职责情况的明确和宣示。公务员的职责得以明确，有利于人民合法地对其加以必要的监督；纠错式的免职程序也反向激励了公务员严格履责，努力工作，争取获得组织和人民的认可，从而促进公共管理和服务职能的履行。

#### 5. 加强国家政权建设的重要保障

改革开放后，我国对现代公务员制度进行了长时间的、积极的、稳步的尝试和实践，逐步建立和完善中国特色的公务员制度。毫无疑问，公务员职务任免的法制化和制度化，将会改善我国整个政治系统的运作状况，为国家政权的建设和稳固提供相应的制度支撑。

## 6.2　公务员任职的前提条件和任期制

### 6.2.1　公务员任职的前提条件

#### 1. 公务员任职应受到编制限额的限制

编制限额是国家对党政机关工作进行宏观管理的一个重要方面，是指国家有关编制部门根据不同机关的工作需要而确定和分配于各个机关的用人限额。我国目前对机关实行“三定”政策，即“定职能、定机构、定编制”，以此为基础设置各机关、各部门的职位及其数量。各部门职务的编制数额不是由机关自身随意决定的，而是取决于该机关所履行的公共职能、机构规模、任务性质、编制总数、不同级别职务的数量比例等。由此可见，各机关中公务人员的数量、编制数额以及能够设置的领导职务都是确定的。

编制限额的目的在于将各机关的公务员数量限制在一个合理的范围内，不至于过多，也不至于过少，既保证工作任务能在规定时间内保质保量地完成，又不至于人浮于事，能极大提高整体工作效率，节约国家的财政支出。如果任意超编用人，不但会造成人员的闲置和浪费，而且更为重要的是，超编任用公务员常常会滋生大量的腐败现象。因此，必须在编制限额内合理选拔录用公务员，做到按岗招人，而非因人设岗。

#### 2. 公务员任职应受职数的限制

职数是指某一职务层次上所设置的岗位数量。把职位数量控制在合理的比例之内，是提高工作效能的重要保证。

国家对职数做出了明确规定：党政机关在任用公务员的过程中必须严格遵循，不能随意改变已经确立的职数限制。按照《地方各级人民代表大会和地方各级人民政府组织法》和中央、国务院等有关文件精神，各级行政领导的职数为：(1) 国务院各工作部门一般设正职一人，副职二人；司局设正职一人，副职一至二人；处设正职一人或正副职各一人，任务较重、人数较多的处可增设副职一人。（2）省、自治区、直辖市人民政府的工作部门设正副职一至三人；处设正职一人或正副职各一人，任务较重、人数较多的处可增设副职一人。（3）地级市人民政府的工作部门设正职一人，副职一至二人，科设正职一人或正副职各一人。（4）县级人民政府的工作部门设正职一人，副职一至二人。

### 3. 公务员任职应受职位空缺的限制

任用公务员担任某一职务，须以该职位空缺为前提。职位是因事而设，非因人而设，因此人员的流动并不必然带来职位的变动。相反，职位通常是相对固定不变的，只有该职位出现空缺时，才能由其他人员担任该职位的职务。规定公务员任职必须有职位空缺的前提，是为了保证机关各内设机构职位管理科学，人员构成合理，有效完成其所承担的任务，避免出现机关职位管理混乱、履行职能不平衡等现象。但是，在实践中，“因人设职”的情况屡见不鲜，有些机关为了安排某个或某些人员任职，就设置新的职位。对此，《公务员法》明确规定公务员任职必须有相应的职位空缺，这就为杜绝这种不正之风和某些机关的暗箱操作提供了法律的依据和保障。

### 4. 公务员任职应受兼职规定的限制

公务员任职原则上只能一个人担任一个职务，确因工作需要，经任免机关批准，才可以在机关内兼任一个实职。所谓实职，是与虚职相对而言的，指具有实际职位和相应职权，并需要履行相应职责的职务。之所以要求“一人一职”，首先是因为人的精力毕竟有限，而一个公务员职位的工作任务基本上都是满负荷的，如果兼职过多，就很难专心致志地做好本职工作。其次，如果兼职过多，就容易形成多重、多种职务关系，造成管理上的困难和混乱。同时，根据《公务员法》的规定，公务员即使经有关机关批准，因工作需要在机关外兼职，也不得领取兼职报酬。

在机关外兼职包括两种情况：一是在本机关外的其他党政机关中兼职，例如，由于工作需要，省级党委书记一般都分别兼任人大常委会、政府、政协或者党内组织、宣传等部门的领导职务。二是在本机关外的非党政机关兼职。在非党政机关兼职又可分为两种情况，一是在一些学校、科研单位兼职；二是在一些企业和其他营利性组织中兼职。对在企业和营利性组织中兼职的情形，我国《公务员法》是明确予以禁止的。无论是在机关外还是本机关兼职，对公务员都有如下要求：第一，应经有关机关批准，并不得领取兼职报酬；第二，不得在企业等以营利为目的的组织中兼职，更不得从事以营利为目的的活动；第三，公务员辞职或退休的，原系领导成员的公务员在离职三年内、其他公务员在离职两年内，不得从事与原工作业务直接相关的营利性活动，防止公务员利用自身掌握的“机密”为自己和他人谋取不当利益。

### 6.2.2　领导成员职务的任期制

我国《公务员法》规定，领导成员职务按照国家规定实行任期制。任期制是指公务员担任领导职务的任职届数、任期内管理、任职期满后工作安排等制度的总称。虽然任期制的适用范围主要是领导成员，但并不包括在机关内设机构担任领导职务的公务员。目前，我国仍有很大一部分领导职务没有作任期的规定，如党政机关各部门除政府组成人员以外的领导职务。

根据《宪法》和有关法律法规的规定，领导成员适用任期制主要有如下情形：国家主席、副主席，每届任期同全国人民代表大会每届任期相同；全国人大常委会委员长、副委员长，国务院总理、副总理、国务委员，最高人民法院院长和最高人民检察院检察长，每届任期五年，连续任职不得超过两届；全国人大常委会秘书长、委员，国务院秘书长、各部部长、各委员会主任、审计长、人民银行行长，每届任期五年；县级以上地方各级人大常委会组成人员，地方各级人民政府正副职领导人、秘书长、各厅局长、各委员会主任，地方各级人民法院院长和人民检察院检察长，每届任期五年。

实行领导成员职务任期制的意义在于以下几方面：一是有助于实现领导干部能上能下，形成正常的新老交替机制。不仅能使年长的领导干部充分发挥所长，又能为年轻公务员提供锻炼和成长的机会，不断吸收新的血液，进而优化领导队伍年龄结构，保证领导队伍的年轻和活力。二是有利于实现领导成员管理监督的有效性，增强领导班子整体能力。领导成员在任期内接受相应的任期考核和监督，从而促使领导成员重视自身工作和能力素质的提高。三是有利于维持领导队伍的相对稳定。保持领导成员任期内的相对稳定，一方面能克服在用人上的随意性，实现干部用人的科学化；另一方面也能确保重要职位和重要工作具有连续性，保证党政工作的有效性。

## 6.3　公务员职务任免方式

### 6.3.1　选任制

#### 1. 选任制的含义

选任制是指按照有关法律、章程的规定，通过民主选举的方式来确定任用对象的任用方式。因为选任制公务员是由选民按照自己的意愿选举产生的，因此最能体现民情、反映民意，具有很强的民主性。但是需要指出的是，利用选举产生公务员无论在时间还是财力上都花费巨大，这种局限决定了选任制只适用于一小部分公务员。

我国法律明确规定，各级政府组成人员均实行选任制，即由各级人民代表大会及其常务委员会选举产生或决定任命。通过选举产生的公务员虽然数量较少，但却发挥着举足轻重的作用，他们往往是决策的制定者，在一定程度上影响经济和社会的发展。

选任制的方式有利于公务员队伍更加接近民众，增强政权的合法性，便于人民群众对于干部的监督，提高国家的民主化程度，充分反映群众意见，防止和克服凭个人好恶任用干部的现象。

### 2. 选任制的适用范围

由选举产生的公务员如表6－1所示：

**表6－1 选任制公务员的适用范围**

| | | |
|---|---|---|
| 1 | 中国共产党机关 | 中央政治局委员、候补委员，中央政治局常务委员会委员和中央委员会总书记；中央纪律检查委员会常委和书记、副书记等 |
| | | 地方各级委员会常务委员会委员和书记、副书记<br>地方各级纪律检查委员会常委和书记、副书记等 |
| | | 乡镇、街道党委书记、副书记<br>乡镇、街道纪律检查委员会书记和副书记等 |
| 2 | 人大机关 | 全国人大常委会委员长、副委员长、秘书长 |
| | | 县级及以上地方各级人大常委会主任、副主任、秘书长等 |
| | | 乡镇人大主席、副主席 |
| 3 | 行政机关 | 省长、副省长；自治区主席、副主席、直辖市市长、副市长 |
| | | 市长、副市长；州长、副州长、盟长、副盟长 |
| | | 县长、副县长；区长、副区长、旗长、副旗长 |
| | | 乡长、副乡长；镇长、副镇长 |
| 4 | 政协机关 | 政协全国委员会主席、副主席、秘书长 |
| | | 政协各级地方委员会主席、副主席、秘书长 |
| 5 | 审判机关 | 最高人民法院院长 |
| | | 地方各级人民法院院长 |
| 6 | 检察机关 | 最高人民检察院检察长 |
| | | 地方各级人民检察院检察长 |
| 7 | 国家监察机关 | 国家监察委员会主任 |
| | | 地方各级监察委员会主任等 |
| 8 | 民主党派机关 | 民主党派全国委员会的主委、副主委、秘书长 |
| | | 民主党派各级地方委员会主委、副主委、秘书长 |

此外，还有一部分公务员是由国家权力机关以表决形式、按照少数服从多数原则通过或决定任命的，这部分公务员虽然不是由选民按照法定选举程序直接选举产生的，但由于任命过程充分体现了民意，与选任制有异曲同工之处，因此我们将这一类公务员称之为“准选任制公务员”。准选任制公务员的适用范围如表 6－2 所示。

**表 6－2　准选任制公务员的适用范围**

| | | |
|---|---|---|
| 1 | 人大机关 | 全国人大常务委员会副秘书长、专门委员会的主任委员 |
| | | 县级以上的地方各级人民代表大会副秘书长，以及省、自治区、直辖市、自治州、设区的市的人民代表大会内设的各专门委员会主任委员 |
| 2 | 行政机关 | 国务委员、各部部长、各委员会主任、审计长、秘书长等人 |
| | | 地方各级人民政府秘书长、厅长、局长、科长、委员会主任等 |
| 3 | 审判机关 | 最高人民法院副院长、庭长、副庭长和审判员 |
| | | 地方各级人民法院副院长、庭长、副庭长和审判员 |
| 4 | 检察机关 | 最高人民检察院副检察长、检察委员会委员和检察员 |
| | | 地方各级人民检察院副检察长、检察委员会委员和检察员 |
| 5 | 监察机关 | 国家监察委员会的副主任、委员 |
| | | 地方各级监察委员会的副主任、委员 |

### 3. 选任制公务员的免职

选任制公务员的免职一般包括以下两种情形：（1）任期届满不再连任，所任职务自然免除。这种情况下的免职，不体现在公报公告中，没有具体的表现形式，而是暗含在这种行为之中。例如某省人民代表大会选举产生了新一届人大常委会主任、副主任、秘书长和人民政府省长、副省长，那么原来担任这些职务的公务员就被视为终止所任职务，即免除了这些职务，而不需要具体的免职形式。（2）在任期内辞职或者被罢免、被撤职的，所任职务免除。出现这三种情况的原因各有不同：辞职的，从形式上可分为自愿辞职、因公辞职、引咎辞职和责令辞职。虽然这些形式在法律上无明确规定，但从中可以看出辞职的原因，有的是健康原因，有的是职务调整，也有的是不能正确履行职责、不适宜继续担任该职务等。被罢免的，有的是犯错误，有的是被认为不称职或者是有更合适的人选。被撤职的，一般是犯有严重错误、构成违纪违法，在《公务员法》中，撤职属于纪律处分的一种。对于公务员个人来说，辞职体现在形式上是主动的，需由本人提出申请，由任免机关决定，而实质上既有主动的，也有被动的（有的辞职是组织要求的），通过这种形式来免除职务；而被罢免、被撤职对于公务员来说则是纯被动的行为，是由任免机关确定实施的。

“准选任制公务员”职务的免除，在形式上和操作上相对简单一些。任期届满不被提名或不被决定任命的，所任职务被视为自然免除。这种情况主要是指国务院组成人员，县级以上地方各级人民政府的组成人员（不包括选举产生的公务员）等。直接免职：有关机关认为准选任制公务员不再适合担任所任职务，可以决定免去其职务，而不必使用罢免、撤职、辞职等方式。例如，全国人大常委会在全国人民代表大会闭会期间，可以根据国务院总理的提名，决定免去部长、审计长的职务；县级以上地方各级人民代表大会常委会，根据本级人民政府正职领导人员的提名，决定免去本级人民政府秘书长、厅长、局长、委员会主任、科长的职务等。当然，各级人民代表大会可以罢免本级人民政府的组成人员，也可以撤销由它任命的人民法院和人民检察院的有关职务。

## 6.3.2 委任制

### 1. 委任制的含义

委任制是由任免机关在其任免权限范围内，直接委派特定工作人员担任一定职务的任用方式。同世界其他国家一样，我国公务员的任用以委任为主。公务员制度规定，公务员中非政府组成人员由委任产生，极少一部分通过聘任产生。委任制公务员的产生一般要经过以下几个环节：首先要提出人选，“提名权”通常掌握在领导机关或主管领导手中，他们按照岗位需求、任职条件，筛选符合要求的人选；其次要进行考察，由干部人事部门进一步审核任职人选是否符合要求，所递交材料是否真实可靠；最后由任免机关对符合要求并一致通过的任职人选进行正式任命。

权力相对集中、便于统一指挥控制是委任制区别于其他任用方式最显著的特征，有利于贯彻首长负责制，这就使得责任迅速落实到人，有利于及时追责与考绩，体现了高效性和责任性。

### 2. 委任制公务员的任职

（1）任职情形。新进入公务员队伍的，需要进行任职。分为两种情况：一是经过考试考核合格被批准录用的人员，试用期满考核合格的，任免机关应予以任职；二是从其他公职岗位调入公务员队伍的人员，经考核确认具备拟任职务所要求条件的，任免机关应予以任职。这些情况下的任职，具有双重意义：既正式确认这些人员具有公务员身份，又正式确认其与机关的职务关系。

公务员职位发生变化时，任免机关应及时予以任职，以确认其新的职务关系。包括三种情况：一是转换职位的，包括转任、轮换和挂职等；二是晋升或降低职务的；三是因其他原因职务发生变化的，如由于机构调整、撤并，公务员到新的职位上任职等。这些情况下的任职，都是公务员在党政机关内部由一个职位向另一个职位的转移，是公务员职务关系的变更，因此不具有确认公务员身份的意义，而只是确认了新的职务关系。

除以上任职情形以外，还有其他原因需要进行任职的情况，例如，某公务员长期休假后又正式上班的；某公务员经过批准停薪留职现已恢复工作的。发生这些情况，都要重新任职。

（2）任职程序：① 用人单位或上级提出拟任职人选。应当在本单位职数限额内，根据职位空缺的情况，采取领导和群众相结合的方式，提出拟任职人选，并向任免机关提出报告。② 根据职位要求对拟任职人选进行考察或者了解，对拟任职人选进行考核。任免机关人事部门按照拟任职务所要求的资格条件，对拟任人选进行资格审核，并对审核合格者进行考察。③ 集体讨论决定。按照干部管理权限，由有关机关领导集体讨论决定是否任职。④ 按照规定履行任职手续。由任免机关对决定任职者颁发任职通知和任命书。

#### 3. 委任制公务员的免职

（1）免职情形。公务员职务发生变化，以及其他情形需要免除职务的，应当按照管理权限和规定的程序办理。① 公务员职位发生变化，承担了新的职责，应当免去其原任职务。如转任、晋升或降低职务等，需要通过免除原职务，任命新职务，从而确认新的职务关系。② 因各种原因导致公务员不能履行职责时，应当免去其所任职务。如退休、离职学习连续一年以上、因健康原因不能坚持正常工作连续一年以上、辞职或者调出机关等。其中离职学习连续一年以上的情形，不包括组织选派参加学习。

（2）免职程序：① 提出免职建议。本机关任命的公务员，由公务员所在单位作出免职决定，办理免职手续，并报上级机关和有关部门备案。② 对免职事由进行审核。上级机关任命的公务员，由公务员所在单位提出拟免职的建议，上级机关对免职事项进行审核，按照任命权限，由有关领导集体讨论决定，并发布免职通知。③ 按照干部管理权限集体讨论决定。应当按照干部管理权限由党委（党组）集体讨论作出任免决定。④ 按照规定履行免职手续。一旦领导作出免职决定，则由任免机关发布免职通知，并通知公务员本人。公务员对免职决定不服，可以按照有关规定申请复核或申诉。

对于受到刑事处罚或劳动教养的、受到行政撤职或开除处分的、被辞退的、因机构变动失去职位或死亡的公务员，其职务自行免除，不再办理免职手续，应由所在单位按照有关法律规定及时报任免机关备案。

### 6.3.3 聘任制

#### 1. 聘任制的含义

（1）聘任制的基本定义。聘任制是党政机关根据职位的需要，通过签订聘任合同，选拔、任用、管理公务员的一种人事管理制度。包括三方面内容：一是职位聘任，不是企事业单位任用工作人员的方式，也不是党政机关任用国家工作人员或者兼职顾问，而是严格按照公务员录用条件，依照法律所规定的公务员选拔录用程序，聘任符合要求的人员担任公务员职务，通过聘任产生的公务员与通过选任、委任产生的公务员性质是相同的。通过聘任产生的公务员与其所在机关之间的关系不仅是劳动法律关系或民事法律关系，还是人事行政法律关系。聘任制公务员的录用、职务变更同样适用《公务员法》和其他人事行政法律、法规。二是聘任制公务员应当签订聘任合同。聘任人员正式进入公务员队伍不是通过发布任职决定或者任职通知实现的，而是要与任职机关签订聘任合同。三是职位聘任是一种任职方式。职位聘任以任职为基础，聘任人员任职后即成为公务员，与其他公务员一样，具有公务员身份；不任职，解除职务关系就不是公务员，不再具有公务员身份。

（2）聘任制的特点：① 合同管理。对聘任制公务员的管理除了要依据《公务员法》外，更重要的是要依据聘任双方签订的聘任合同。这是聘任制公务员区别于其他公务员的显著特征。② 平等协商。在签订聘任合同以后，虽然党政机关与聘任制公务员的关系已经变成隶属关系，但双方依然可以通过协商一致，变更或者解除聘任合同。③ 任期明确。与其他公务员不同，《公务员法》对聘任制公务员的任期做出了明确规定，一般为 1 至 5 年。聘任合同可以约定试用期，试用期为 1 个月至 12 个月。聘任期满，任用关系自然解除。当然，如果聘任机关与聘任人员有续聘的需要，则可以在双方友好协商的基础上进行续约。

聘任制的方式有利于任用方式的多样化，破除论资排辈的观念，打破“铁饭碗”，使得公务员队伍做到能上能下、能进能出，公务员体系充满活力，同时也可以增强公务员的竞争意识。但是聘任制方式会增加公务员队伍的不安全感，降低其归属感，不利于其安心稳定的工作；容易导致短期行为，忽视使用本部门人才；聘任制公务员主要应用于专家和技术岗位，专家可能会因为政治影响而损害了技术专长或使得技术专长难以充分发挥。

### 2. 聘任制实行的范围

我国《公务员法》规定，实行聘任制的范围主要包括以下两种职位：

（1）专业性较强的职位。这些职位要求具备经过一定时间的专门学习才能掌握的专门知识、专业技能。既包括领导职位，也包括非领导职位。这些职位具有两个特点：一是对专业技术知识的要求很高；二是党政机关急需紧缺的人才，主要集中在金融、财会、法律、信息技术等方面，这部分专业技术工作的社会通用性、专业性都比较强。从事这些技术工作的人员比较紧缺，党政机关需要并且必须增强吸引这些人才的竞争力。

（2）辅助性职位。这部分职位事务性强，在党政机关工作中处于辅助、从属地位，如普通文秘、书记员等职位，这些工作的社会通用性也较强，如果与人才市场相衔接，用人成本低、效率高。

有关涉及国家秘密的专业性较强的职位和辅助性职位则不实行聘任制。

### 3. 聘任方式

《公务员法》规定，党政机关聘任公务员可以采取两种方法：一是公开招聘的方法；二是直接选聘的方法。

（1）公开招聘。公开招聘聘任制公务员的程序需要将公务员考试录用的程序和聘任制的特点相结合，概括起来主要有以下几点：① 借助报纸、广播、电视等传统媒介和融媒体平台，面向全社会公开发布招聘广告，尽可能将招聘广告的受众扩到最大，招聘广告要简洁清楚地阐述所招聘岗位的性质、需要履行的职责、薪酬福利、报名起始日期以及任职资格条件等应聘人员重点关注的信息，同时要特别说明报名流程。② 应聘人员按照报名流程向有关部门提交申请书，并附个人简历、资格证书、工作业绩等能证明个人能力的材料。③ 招聘机关按照自身需要决定是否对应聘者进行公开考试，自主选择考核方法。④ 招聘机关按照任职资格条件，进一步对应聘人员进行筛选，确定招聘人选。⑤ 最终确定的应聘人员通过与招聘机关签订合同正式进入公务员队伍，招聘合同经认证后即产生法律效力，聘任关系由此形成。

（2）直接选聘。直接选聘的方法是与符合条件的人员直接签订聘任合同。与公开招聘相对，直接选聘不面向社会公众发布招聘广告，没有申请报名这一环节，而是由招聘机关对符合任职条件人员的能力、资历、工作经验等进行审查，评选出最优人选进行聘任。因为缺少接受申请这一环节，直接选聘常常要求招聘机关本身拥有丰富的人才资源储备，或者要求相关部门推荐优秀人才，特殊情况下也可以个人自荐。与公开招聘相比，直接选聘的程序简单，受招聘机关或招聘人员主观因素影响较强，这就很难保证招聘的公平性和科学性，同时选择范围有限，最终聘任人员的最优性也值得商榷。

### 4. 聘任制公务员的免职

聘任制公务员免职由具有法定聘任权限的机关，与聘任制公务员协商一致后，依法变更或解除其劳动合同，免除公务员职务。聘任制公务员完全按照合同约定免除职务，不同职位的合同约定条款是不一样的。聘任制公务员免职事由包括公务员职务升降、辞职、辞退、退休、转任等。

### 5. 选任制、委任制、聘任制的区别

以上介绍的三种任免方式在各方面都有异同之处，通过比较能更清楚地发现三者的区别，具体如表6－3所示。

**表6－3　公务员选任制、委任制、聘任制的区别**

| 区别 | 选任制 | 委任制 | 聘任制 |
| --- | --- | --- | --- |
| 权力来源 | 直接来自选举人的授予，直接体现人民意志 | 党政机关的授予 | 间接地反映人民意志 |
| 产生方式 | 经选举产生 | 通过录用、调入、公开选拔产生 | 通过公开招聘或直接选聘产生 |
| 任职形式 | 在选举结果出来后，发布任职公告 | 由任免党政机关印发任职决定或任职通知任命 | 通过签订聘任合同 |
| 任职时间 | 在选举结果生效时即任当选职务 | 自任职决定或命令通过之日起任职 | 自聘任合同签订之日起任职 |
| 任职期限 | 由法律、章程规定，一般与其代表大会的任期一致 | 一般没有任期，非因法定事由、非经法定程序，可以一直工作到退休 | 《公务员法》规定为1至5年，具体在合同中约定 |
| 管理依据 | 依据《公务员法》与相关法规进行管理 | | 依据《公务员法》与相关法规和聘任合同进行管理 |

## 6.3.4　考任制

考任制即通过公开考试来选拔任用对象的方式。考试一般采取笔试、面试或其他办法，根据考试成绩择优确定任用人选。

考任制最大的意义是反对特权，实现公民在公职中的平等竞争，广开才路，吸纳优秀的公共管理人才。但在实践过程中，反而存在徇私舞弊空间，特别是在面试环节更是难以把控，违背了考任制的初衷；考任制所针对的对象和职务为主任科员以下及其他相当层次的综合管理类公务员，这就使得考任制公务员不思进取，动力不足；由于各方面原因，考任制可能会选拔一些不适合公务员队伍而有可能在其他工作领域做出卓越贡献的人才，不利于人才的最优配置。

公务员职务考任是目前公务员选拔任用的主要形式，具体内容后文会做出详尽阐释，这里不再赘述。

## 6.4　国外公务员任免制度

### 6.4.1　美国公务员任免制度

美国公务员的任用主要贯彻通过考试、择优录用的基本原则。全国大部分公职人员的任用都要经过考试，考试分为竞争性考试和非竞争性考试两类，考试合格者才可办理任用手续。

美国公务员的任用，主要采取考任制，但也在一定范围内采用委任、选任和聘任的方式。对于政府首脑及部分政务类公务员的任用多使用选任制，对于诸如驻外大使、最高法院法官等通过推荐、由政府任命的官员采用委任制，对于一些技术性人员则多用聘任制。美国公务员的任用权原属于总统和联邦人事机构，但文官制度改革后，任用权已有相当一部分下放到各部门。美国公务员的任用程序分为推荐、试用、正式任用三个阶段。在推荐阶段，将考试合格者按分数高低依次排列出来，并编成花名册以供录用之需。人事机构会按花名册中的次序向用人单位推荐，一般会把成绩最好的七名候选人推荐给用人单位，由用人单位经考察后从七人中选用一人。被录用的人员在试用期内，将会被检验是否胜任将要从事的职务，合格者将会被正式任用。

美国文官法没有明确规定有关公务员免职的条款，只是把它作为公务员在职务发生变更时应自然履行的一种手续。在美国职业文官的业绩考核中，如果出现一定次数的“不满意”，可以给予最高的处分即免职。美国文官法规定，文官人员在政党竞选中如果违背政治中立原则，进行捐款、宣传等政治活动，可能被处以撤职处分。

美国公务员任免制度充分体现了其传统文化中的唯实精神和功绩制精神，具体表现为：对官员的任职资格不太严格，比较看重实际工作能力，在任用过程中充满竞争性以及在任用方面对退役军人有一定的优惠政策。

### 6.4.2　日本公务员任免制度

按照日本《国家公务员法》，日本的国家公务员分为一般职和特别职。日本公务员的任用方式有考任、选任、委任、聘任四种。公务员的任用，必须按法定程序和相关要求，以考试成绩作为依据，对工作能力的考核结果进行运用。日本大部分公务员的任用使用考任方式，各级“一般职”公务员均在平等的条件下进行统一的公务员考试。各都、道、府、县的知事、市长、町长、村长，全部由国民在各个选区投票直接选举产生。内阁国务大臣、政务次官、大臣的秘书均由总理或各省长官提名后任用，并与内阁共进退。对于专业技术人员、临时工作人员的任用，一般采取双方签订合同公开聘任的方式。日本经选举或委任产生的特别职公务员都有一定任期，而经由考试任用的一般职公务员，除非有重大责任问题，都是终身任职。公务员的任命权属于内阁各大臣、会计检察院院长、人事院总裁以及各外派局的局长，检察总长、检察次长、检事长的任用权属于内阁，教育职公务员的任用权属于教育管理机关。

日本公务员的任用程序一般是造表编册、分配、确定候选人、试用、正式任用几个步骤。造表编册是主持任用的机关将考试合格者的情况，依照考试分数的高低依次记入名册之中，供用人单位择优录取，且名册有一定的有效期。各用人机关向主持任用机关申请需要的人数和种类后，主持机关会依据用人单位的需求组织分配。在用人单位确定候选人之后，该候选人进入试用期，如考核合格就可以正式任用。日本《国家公务员法》对免职条件做了具体规定，公务员免职必须基于法定事由，主要有：业绩考核成绩不佳者；身心条件难以保障继续执行其职务者；缺乏任职的其他必要条件者；公务人员过剩时的富余人员。另外，按照日本国家公务员相关法律规定，因身体或心理障碍需要长期休养者，或由于刑事案件被起诉时，对公务员做停职处理，停职期间不享受任何报酬，但依然保留其公务员身份。

日本公务员体制是在美国的监督之下建立起来的，有很多规定比较靠近美国人的习惯和思维方式。具体到任免制度上，任免法规本身非常完备，并且执行起来有很大的灵活性。法律上的严密性与执行中的适合国情性共融于一个体系之中，是日本公务员任免制度的一大特色。另外，日本还专门规定了外国人可以在一定的机构中任职，体现了日本对人才的重视。

### 6.4.3 英国公务员任免制度

英国的文官制度是在西方国家中建立最早的，经过多次改革后已经形成了紧密联系、互为补充的完整的国家公务员任免体系。由于英国采用不成文法体系，因而不少任免法规是以枢密院法令的形式或用约定俗成的惯例来体现的。

英国公务员的任用多采取考试的方式，各类公务员的任命必须先通过一定形式的考试。任用方式可以分为编制人员的任用和非编制人员的任用。对于编制人员的任用，规定凡是享有退休金权利的人员在首次被任用时，必须拥有文官事务委员会颁发的考试合格证书。全英国常务次官以下的所有官员，都要经由考试方式来任用，凡是不具有考试合格证书者一律不能担任任何性质的官职。对于非编制人员的任命，一般也要经过考试，但如果经部长申请，财政部（后为文官部）批准，也可以放弃这一要求。

英国公务员的任用方式主要是考任制。一是公开竞争考试，即只要申请人员的年龄和资历符合要求，均可参加这种考试。如考试合格，可以择优任用。二是有限竞争考试，即限定某一类人员才有资格报名，只要考试合格就可全部任用。三是专业人员的任用，即获得专业资格或有专业学位证书，可以直接面试。另外，英国也采用委任制方式任命官员，如首相可以决定组阁名单。

英国公务员任用程序一般分为分配、试用、正式任用三个步骤。分配就是考试结束后，将所有及格人员列入拥有文官资格者的行列进行分配。初次分配任用的人员，都要经过试用。试用期一般为一年，遇到特殊情况可以适当延长。试用期满并经考核后才能决定是否正式任职。试用是为了使录用人员在正式上岗之前适应工作环境，学习所需的专业知识和技能，从而完成由普通人向文官的转变。英国文官制度中有关免职的规定、条例均散见于其惩戒条例中，英国《公务员管理法》规定，公务员在内阁各部和执行机构流动、政府机构变更、被辞退、退休时，将被免职。无论是官员正常原因离职还是受到纪律处分离职，均要办理免职手续。对官员的免职权属于国王，由首相和各部大臣负责行使，在各部内部由常务次官代为行使。

英国公务员任免制度的问题在于过分看重求职者的年龄和教育程度，任职法规不明确且没有文官总法规，任免权力过分集中，上级部门在任免官员时有绝对的决定权。可取之处在于选拔程序严格，还侧重多层面考察考生的能力，有利于选拔出适合于职位的人才。在公务员的试用期内对不同等级的官员有着不同的训练方法和要求，英国公务员具有高效和弹性的用人机制，倡导人才的公平竞争。

**【理论前沿】**

[1] 王辉，易雅婷，张必忠．我国公务员聘任制的生成机理及变迁逻辑研究［J］．上海行政学院学报，2020（03）：59－67.

[2] 丁宇，向钦勇．公务员任务型聘任制的必要性及其优化路径——基于多个公共管理案例的分析［J］．云南行政学院学报，2019（04）：139－145.

[3] 郝玉明．党政干部选拔任用70年：制度演进与改革成效［J］．天津行政学院学报，2020（06）：32－41.

[4] 张国玉．聘任制公务员的制度创新与内在价值［J］．人民论坛，2018（6）：48－51.

**【本章小结】**

本章分为我国公务员职务任免概述、公务员任职的前提条件和任期制、公务员职务任免方式、国外公务员任免制度四个小节。第一小节首先对公务员职务任免的概念进行了界定，并对每个部分做出了简单介绍；其次介绍了公务员职务任免应该遵循的原则：党管干部原则，任人唯贤、德才兼备、以德为先、注重实绩原则，民主、公开、竞争、择优原则，注重整体效能原则；最后详细阐述了公务员任免的意义。第二小节重点介绍了公务员任职的前提条件，对公务员法规定的领导成员职务实行任期制进行了概述。第三小节是本章的重点，分别对选任制、委任制、聘任制、考任制的职务任免方式进行了介绍，对各种任免方式做出了系统的阐述。第四小节简单介绍了美国、日本、英国公务员的任免制度。

【关键术语】

职务任免　职务任免原则　限量兼职　任期制　职务任用方式　选任制
委任制　聘任制　考任制　任职情形　任职程序　免职情形　免职程序

【复习思考题】

1. 试述公务员职务任免的含义和意义。
2. 我国公务员制度关于兼职的规定有哪些？
3. 试述选任制公务员的适用范围。
4. 聘任制公务员与委任制公务员的管理有哪些异同？
5. 试述现有公务员任用方式及其优缺点。

# 第7章　公务员职务、职级升降

【本章知识架构】

- 公务员职务、职级升降
  - 公务员职务晋升制度
    - 职务晋升的含义和原则
    - 职务晋升的条件
    - 职务晋升的程序
    - 职务晋升的意义
  - 公务员职级晋升制度
    - 职级晋升的含义
    - 职级晋升的条件与资格
    - 职级晋升的程序
    - 职务与职级晋升的区别
  - 任职前公示制与任职试用期制
    - 任职前公示制
    - 任职试用期制
  - 公务员降职、降低职级制度
    - 降职、降低职级的含义
    - 降职、降低职级的条件
    - 降职、降低职级的程序
  - 竞争上岗与公开遴选
    - 竞争上岗
    - 公开遴选
  - 国外公务员的晋升和降职
    - 英国公务员的晋升和降职
    - 美国公务员的晋升和降职
    - 日本公务员的晋升和降职

【案例导入】

李某系某市公安（分）局副局长，其在任期间出勤不出力，工作态度消极，不思进取，觉悟不高；而且其经常利用职务之便接受贿赂，影响十分恶劣。鉴于此，在年底局年度考核中被定为不称职，并经该局局长及其他有关领导集体研究决定直接对其进行降职处理。

**思考：李某是否符合降职的条件？对李某进行降职的程序是否正确？为什么？**

公务员任职的各党政机关单位根据单位内部工作需要或依据各公务员自身的工作状态表现，在法律所规定的权限范围内，通过制度内的运作流程，来实现公务员职务、职级的晋升或降低，这一过程就称为公务员职务升降。其中，职务晋升与职务降低为公务员职务、职级升降制度中的两个基本方面，包括了公务员职务、职级升降的原则、标准、条件、方式、程序等必要内容。我国长期实行干部选拔任用制度，在这一基础上，契合时代背景，建立起了适用于我国具体情况的公务员职务、职级升降制度。这一制度的四大特点是：坚持了党管干部和德才兼备、任人唯贤的干部路线；体现了公开、平等、竞争、择优的原则；突出了工作实绩，体现了群众意愿，强调了要以工作实绩作为职务、职级升降的主要依据，得到群众公认；强调了依法办事，加大了依法办事的监督检查力度。

## 7.1 公务员职务晋升制度

### 7.1.1 职务晋升的含义和原则

职务晋升是公务员从较低的职务升任到较高的职务。公务员晋升意味着其职责、权限和责任的扩大，以及工资、福利等方面待遇的提高。为使公务员职务的晋升合理有序进行，应遵循一定的原则，具体内容有以下几点：

（1）依法实施。公务员的晋升，不论高低，都有一套完善的规范标准。由于公务员晋升工作带有很强的政治性和政策性，职务晋升必须满足相应的标准和条件，晋升程序也要依法依规严格落实，不能凭借领导的个人意志决定。如果违背这一原则，公务员晋升环节陷入混乱，公务员制度遭受怀疑，人民对党政机关的不信任危机等将接踵而至。

（2）德才兼备、任人唯贤。德才兼备指的是德和才缺一不可、不可分割，政治觉悟高且品德修养好，具备较高的工作能力和水平，这是公务员晋升不可或缺的条件。公务员晋升需考虑的软指标应只有德与才，坚持任人唯贤，而非唯亲、唯钱，以此防止出现跑官卖官等贪腐行为。

（3）注重实绩。公务员在职务晋升过程中，不仅要考虑其德才条件，还要充分考量其实际工作状况和工作实绩。工作实绩是公务员工作能力和综合素质的反映，强化具象考核，不仅能够激励公务员在增加实绩方面勤下功夫，也可以防范公务员出现“到点就提”“论资排辈”等错误思维。

（4）民主、公平、竞争、择优。此项原则体现了民主政治的要求，为公民行使权利、开展民主监督筑牢基础，有助于遏制公务员晋升过程不正之风的滋长。公务员的职务晋升不应限制在一个封闭狭小的空间中，应当贯彻民主、公平、竞争、择优的原则，通过合理科学的执行手段来实现职务晋升的具体过程。

（5）逐级晋升。逐级晋升原则是指在一般情况下，公务员晋升只能按照等级序列，由低到高，一级一级地晋升。因为人的工作能力和管理经验都是从时间和过程中积累的，只有经过下一级岗位的锻炼，才能较好地胜任上一级职务，如果不经培养锻炼就上岗，很可能给政府工作带来损失，公务员个人也很难适应。当然，对个别业绩和贡献特别突出的公务员，可以破格提升，但一般只能超越一级，而且应经过慎重考察，并履行一定的审批手续。

### 7.1.2　职务晋升的条件

职务晋升的条件是指在晋升过程中，公务员所应当具备的基本条件和基本资格。基本条件包括对公务员政治素质、工作能力、专业知识、群众公认度、任职年限和资历、作风品行等方面的要求。

（1）公务员晋升职务的首要条件是必须坚定自身的理想信念，并有高度的政治责任感，拥护党的领导，坚持四项基本原则，具有共产主义远大理想和中国特色社会主义坚定信念，具有履行职责所需要的马克思列宁主义、毛泽东思想和邓小平理论的理论水平，认真实践“三个代表”重要思想，深入贯彻落实科学发展观和习近平新时代中国特色社会主义思想，经得起各种风浪的考验。在实际工作中，能够坚持和拥护党的路线、方针、政策，能够解放思想、实事求是、与时俱进、开拓创新，能够依法办事、清正廉洁、勤政为民、艰苦朴素、密切联系群众。

（2）职务晋升要求公务员必须具有胜任职务的工作能力，驾驭社会主义市场经济的能力，发展社会主义民主政治的能力，建设社会主义先进文化的能力，构建社会主义和谐社会的能力，应对国际局势和处理国际事务的能力，这些是当前最为看重的几项公务员应具备的能力。晋升职务的层次、职位、类别不同，所对应注重的工作能力也有不同要求。例如，晋升领导职务的，对其组织领导能力要求较高；晋升专业技术职务的，要求具备相应的专业技术知识和从事专业技术工作的能力。

按照《公务员法》的规定，公务员晋升领导职务，应当具备拟任职务所要求的政治素质、工作能力、文化程度和任职经历等方面的条件和资格。公务员领导职务应当逐级晋升。特别优秀的或者工作特殊需要的，可以按照规定破格或者越级晋升。

### 7.1.3 职务晋升的程序

根据《党政领导干部选拔任用工作条例》规定，组织部门综合有关建议和平时掌握的情况，对领导班子和干部进行动议分析，对选拔任用的职位、条件、范围、程序、方式及人选意向等初步提出建议。而后，继续进行民主推荐、组织考察、讨论决定、任职等环节。

#### 1. 分析研判和动议

党委（党组）或者组织（人事）部门根据工作需要和领导班子建设实际，根据日常了解情况，对领导班子和领导干部进行综合分析研判，而后提出启动干部选拔任用工作意见并形成工作方案。

#### 2. 民主推荐，确定考察对象

按照《党政领导干部选拔任用工作条例》规定，民主推荐包括会议投票推荐和个别谈话推荐。领导班子换届或个别提拔任职时，要按照下列步骤进行推荐：（1）召开推荐会，公布推荐职务、任职条件、推荐范围。（2）填写推荐票，进行个别谈话。（3）对不同职务层次人员的推荐票分别统计，综合分析。（4）向上级党委汇报推荐情况。根据民主推荐的结果，有理有据地确定考察对象。

确定考察对象后，需要根据干部管理权限，来进行严格考察。考察必须依据干部选拔条件和不同职务的职责要求，全面考察其德、能、勤、绩、廉，注重考察工作实绩，考察工作一般按下列步骤进行：（1）组建考察组，制定考察工作方案。（2）同考察对象呈报单位或者所在单位的党委（党组）主要领导成员就考察工作方案沟通情况，征求意见。（3）根据考察对象的不同情况，通过适当方式在一定范围内发布干部考察预告。（4）采取个别谈话、发放征求意见表、民主测评、实地考察、查阅资料、专项调查、同考察对象面谈等方法，广泛深入地了解情况。同考察对象面谈，进一步了解其政治立场、思想品质、生活作风、价值取向、性格心理等情况。（5）综合分析考察情况，同考察对象呈报单位或者所在单位的党委（党组）主要领导成员交换意见。（6）考察组根据考察情况，研究提出任用建议，向派出考察组的组织（人事）部门汇报，经组织（人事）部门集体研究提出任用建议方案，向本级党委（党组）报告。对拟晋升人选，在考察、讨论决定或决定呈报前，要根据需要在一定范围内考量人选，听取各方面的意见，沟通协调好结果。

#### 3. 按照干部管理权限集中讨论决定

按照干部管理权限由党委（党组）集体讨论作出任职决定，或者决定提出推荐、提名的意见。属于上级党委（党组）管理的，本级党委（党组）可以提出选拔任用建议。市（地）、县（市）党委、政府领导班子正职的拟任人选和推荐人选，由上级党委常委会提名，党的委员会全体会议审议，进行无记名投票表决。全体会议闭会期间，由党委常委会作出决定，决定前应征求党委委员的意见。

#### 4. 按照规定履行任职手续

委任制职务，由任免机关依法任命。选任制职务，进行依法推荐和民主协商，由选举机关选举产生。综合管理类公务员总体上应按照领导职务的主要晋升程序进行，但具体环节可以根据具体情况适当简化。

### 7.1.4　职务晋升的意义

#### 1. 保证各级机关职位获得合适人选、合理调度公务员的主要方式

正确的人员在正确的位置上做正确的事情，是保证任何工作都可以顺利进行的必要条件。不论是因为机构单位内部调整出现的职位空缺，还是因为与时俱进的工作需要而增设的工作岗位，一般情况下采取聘任录用的方式来进行增补，除此之外还需要通过职务升降的方式来让合适的人选留在合适的位置上，使工作顺利进行下去，这是因职务本身变化而产生的需求。当职务本身的工作需要发生新的变化、出现新的要求，对在岗人员的能力、技术、经验、素质等也提出新的要求时，原在岗人选如若不进行自我提升，是不适宜继续留在原岗位工作的。此外，有公务人员会不断提升自己，使自己的素质达到或者超过原岗位要求，这是因人选本身变化而产生的需求。这些情况就使得公务人员的能力与职务之间存在偏差，需要进行职务升降的调整，才能让各机关单位中的人事问题得到解决，各职务有合适人选在岗。

#### 2. 形成竞争激励机制、保持公务员队伍生机和活力的重要手段

从实际意义上来说，职务升降就是择优贬劣的手段，是一种竞争择优机制。公务员在工作上的态度和能力会直接影响到工作绩效。任何机关内部都存在工作积极、态度端正的人员和工作懈怠、不思进取的人员，为有效督促激励公务员勤勉认真工作，在机关内部形成奋发图强的良好风气，应建立起科学合理的职务升降制度，对公务员队伍产生外部压力，同时也增强其内部动力，促进公务员努力提高工作水平和自身综

合素质，从而提高机关的运作效率和服务质量。这样不仅能完善内部制度，同时也能激励公务员爱岗敬业、努力进取、不断学习新的知识、积累工作经验来提升自我。

**3. 有利于优化公务员队伍和机关内部整体结构**

职务升降制度有利于优化公务员队伍，提高公务员队伍的整体素养和工作水平。能够将政治素养强、管理水平高、工作能力佳的一批公务员晋升到合适的职位来发光发热，同时也将各方面相对平庸且不适合当前职务的公务员，降到与其对等的、适宜的岗位上去，形成能者上、平者让、庸者下的择优模式，实现公务员的“能上能下”，使机关组织内部整体结构得以优化和完善。

**4. 避免本单位人才流失和吸引外部优秀人员的重要手段，是稳定公务员队伍的重要保障**

国家公务员，尤其是基层公务员，需要公平合理的职务升降制度，来保障自身的职务晋升渠道和空间。职务升降制度的合理公正，可以规避人员管理中的暗箱操作，遏制歪风邪气。有这样的制度保障，公务员就会保持工作热忱和爱岗敬业的热情，更加勤勉工作，既会使在岗人员安心工作，也会吸引外部优秀人才。

## 7.2 公务员职级晋升制度

### 7.2.1 职级晋升的含义

职级，是公务员的等级序列，是与领导职务并行的晋升通道，体现公务员政治素质、业务能力、资历贡献，是确定工资、住房、医疗等待遇的重要依据，不具有领导职责。公务员职级晋升是公务员从较低的职级晋升到较高的职级，对于建设一支“信念坚定、为民服务、勤政务实、敢于担当、清正廉洁”的高素质、专业化的公务员队伍发挥着重要作用。

### 7.2.2 职级晋升的条件与资格

公务员职级晋升，应当在职级职数内逐级晋升，要根据工作需要、德才表现、职责轻重、工作实绩和资历等因素综合考虑，并非达到最低任职年限就必须晋升，同时也不能简单按照任职年限论资排辈，应当体现正确的用人导向，并且具备下列基本条件：

（1）政治素质好，拥护中国共产党的领导和社会主义制度，坚决维护习近平总书记党中央的核心、全党的核心地位，坚决维护党中央权威和集中统一领导；

（2）具备职位要求的工作能力和专业知识，忠于职守，勤勉尽责，勇于担当，工作实绩较好；

（3）群众公认度较高；

（4）符合拟晋升职级所要求的任职年限和资历；

（5）作风品行好，遵纪守法，自觉践行社会主义核心价值观，清正廉洁。

根据我国相关法律规定，公务员晋升综合管理类职级，还应当具备下列基本资格：晋升一级巡视员，应当任厅局级副职或者二级巡视员4年以上；晋升二级巡视员，应当任一级调研员4年以上；晋升一级调研员，应当任县处级正职或者二级调研员3年以上；晋升二级调研员，应当任三级调研员2年以上；晋升三级调研员，应当任县处级副职或者四级调研员2年以上；晋升四级调研员，应当任一级主任科员2年以上；晋升一级主任科员，应当任乡科级正职或者二级主任科员2年以上；晋升二级主任科员，应当任三级主任科员2年以上；晋升三级主任科员，应当任乡科级副职或者四级主任科员2年以上；晋升四级主任科员，应当任一级科员2年以上；晋升一级科员，应当任二级科员2年以上。公务员晋升职级所要求任职年限的年度考核结果均应为称职以上等次，其间每有1个年度考核结果为优秀等次的，任职年限缩短半年；每有1个年度考核结果为基本称职等次或者不定等次的，该年度不计算为晋升职级的任职年限。晋升行政执法类、专业技术类职级，由各级党委（党组）及其组织（人事）部门按照干部管理权限，严格依照《行政执法类公务员职级设置管理办法（试行）》《专业技术类公务员职级设置管理办法（试行）》等规章制度制定的条件和程序进行。

### 7.2.3　职级晋升的程序

根据《公务员职务与职级并行规定》，公务员职级晋升程序为：首先由党委或组织部门提出工作方案，对符合条件的人员进行民主推荐或民主测评，提出初步人选，而后考察了解，确定拟晋升职级人选，并进行公示，最终交由相关部门审批。

#### 1. 提出工作方案

党委（党组）或者组织（人事）部门根据工作需要，综合各方面建议，研究提出公务员职级晋升具体工作方案。

#### 2. 民主推荐或测评，提出初步人选

按照《公务员职务与职级并行规定》，对符合晋升职级资格条件的人员进行民主推荐或者民主测评，根据民主推荐或测评的结果，提出初步人选。

#### 3. 考察了解，确定拟晋升职级人选

确定考察对象后，需要根据相关规定对其进行考察了解，不同等级的公务员考察

情况不同。中央机关公务员晋升一级、二级巡视员，应当对其进行考察；晋升其他职级可以综合考虑民主推荐、民主测评与平时考核、年度考核、一贯表现等情况确定人选；省级以下机关公务员晋升职级的考察了解方式，由省级公务员主管部门结合实际情况研究确定。

4. 公示

拟晋升职级人选确定后，需要对人选名单进行公示，公示期不得少于5个工作日。

5. 审批

公示结束后，需交由相关主管部门审批确定。中央机关公务员晋升职级由本机关党组（党委）及其组织（人事）部门审批，一级、二级巡视员职级职数使用等情况按年度报中央公务员主管部门备案。省级以下机关公务员晋升职级的审批权限，由省级公务员主管部门提出意见，报省、自治区、直辖市党委审定。

### 7. 2. 4 职务与职级晋升的区别

职级是与领导职务并行的晋升通道，但是二者在晋升规则、晋升序列以及晋升待遇等方面存在着区别。

1. 晋升规则不同

职务与职级并行，遵循各自的晋升规则，同时也存在着交叉晋升的情况。晋升领导职务要遵循《党政领导干部选拔任用工作条例》，晋升职级则要遵循《公务员职务与职级并行规定》。

2. 晋升序列不同

职务晋升与职级晋升是两种不同的公务员晋升渠道，各自对应着不同的晋升序列。职务晋升对应的是领导职务等级序列，如乡科级正职、县处级副职等。职级晋升对应的是职级等级序列，如一级调研员、二级巡视员等，并且只在厅局级以下设置。

3. 晋升待遇不同

公务员的领导职务与职级是确定公务员待遇的重要依据。根据《公务员职务与职级并行规定》第二十四条，公务员根据所任职级执行相应的工资标准，享受所在地区（部门）相应职务层次的住房、医疗、交通补贴、社会保险等待遇。并且公务员晋升职级，不改变工作职位和领导指挥关系，不享受相应职务层次的政治待遇、工作待遇。可见，职级晋升与过去的非领导职务一样，只影响经济待遇水平，不涉及领导职责。

而职务晋升不仅包含经济待遇，而且与政治待遇挂钩，担任领导职务的公务员必须履行领导职责。

## 7.3　任职前公示制与任职试用期制

### 7.3.1　任职前公示制

任职前公示制是指将党委（党组）集体讨论研究后，确定拟提拔、调整公务员的相关信息，通过一定的方式，利用有效的方法，在规定的期限内和一定的范围内进行公示，广泛收集和听取群众的建议，再正式实施对公务员任职的制度。实施任职前公示制度可以将晋升行为向全社会公开，增加干部选拔任用工作的透明度、民主程度和群众参与程度，有利于群众对拟晋升人员进行监督，补充和完善组织人事部门对公务员的考察，从而可以减少用人失察失误以及防止和纠正用人不正之风与腐败现象。《党政领导干部选拔任用工作条例》和《关于推行党政领导干部任前公示制的意见》，都对任职前公示制作了明确规定。

（1）公示对象。提拔担任地（厅）级以下（含地厅级）委任制领导职务的拟任人选，除特殊岗位外，都应列为公示对象。选任制干部的推荐提名人选、综合管理类公务员改任同级领导职务的人选、平级转任重要职务的人选，根据实际情况，也可以列为公示对象。

（2）公示范围。党政领导班子及党政工作部门领导成员的选拔任用应向社会公示；部门内设机构中层领导干部的选拔任用，原则上在其所在的工作部门（单位）或系统内进行公示，也可根据岗位特点在更大范围内公示；易地交流提拔任职的干部，在原工作所在地或单位公示。

（3）公示内容。一般包括公示对象的姓名、性别、出生年月、籍贯、学历学位、政治面貌、现任职务等自然情况和工作简历。

（4）公示方式。需要向社会公示的，一般通过报纸、电视、广播等新闻媒体发布公告，在部门（单位）或系统内公示的，可以采取发公示通知或会议公布、张榜公告等形式进行。

（5）公示时间。公示期不少于五个工作日，一般以七至十五天为宜。在实际操作中，确定公示时间的原则是既要有利于群众反映意见，又要有利于提高工作效率。

（6）公示程序。公示程序一般分为四个步骤：① 党委（党组）研究确定拟任人选后，以一定方式予以公示。② 以组织（人事）部门为主受理群众意见。③ 调查核实群众反映的问题，并向署名或当面反映问题的群众反馈调查核实结果。④ 根据调查核实情况提出处理意见，决定是否实施对干部的任用，并予以公布。

### 7.3.2 任职试用期制

任职试用期制度是对任职前考察程序的有益补充，目的是为了进一步考察晋升对象是否满足新任职务的要求。实行任职试用期制度，可以在较长时间的实际工作中更全面客观地考察晋升对象，有利于提高干部选拔任用工作的准确性。对于不能胜任新任职务的公务员，通过及时撤换，可以避免工作上更大的损失。《党政领导干部选拔任用工作条例》和《党政领导干部任职试用期暂行规定》对任职试用期制度作了具体的规定：

（1）适用范围和试用期限。试用期制度主要适用于提拔担任下列非选举产生的司厅局级以下（含司厅局级）领导职务的干部：党委、政府工作部门（含派出机构）的副职和内设机构的领导职务；人大、政协工作机构（含派出机构）的副职和内设机构的领导职务；纪委内设机构的领导职务；法院、检察院内设机构的非国家权力机关依法任命的领导职务。此外，由综合管理类公务员转任上述同级领导职务的，也可以实行任职试用期制度。领导干部任职试用期为一年。

（2）试用期间的管理。党委（党组）及组织（人事）部门按照干部管理权限，履行领导干部试用期间的教育、管理和监督职责。领导干部在试用期间工作出现重大失误或犯有严重错误，不宜继续试用的，按干部管理权限审批或备案后，提前结束试用期，并按有关规定予以处理。

（3）试用期满的考核。领导干部试用期满，组织（人事）部门按照干部管理权限对领导干部进行考核。经考核合格的，由组织（人事）部门办理正式任职手续。正式任职的，试用期计入任职时间。经考核不合格的，按干部管理权限审批或备案后，免去试任职务，一般按试用前原职级安排适当工作。

## 7.4 公务员降职、降低职级制度

### 7.4.1 降职、降低职级的含义

公务员降职，是指由党政机关，按照国家有关法律、法规的规定，根据工作需要和量才适用原则，将由于各种原因不能胜任现职又不宜转任同级其他职务的公务员，改任一种较低的职务。一般而言，公务员降职意味着公务员所处地位的降低，职权和责任范围的缩小，以及工资、福利等方面待遇的相应减少。

降低职级是公务员由较高的职级改任为较低的职级，公务员的德才表现、工作实绩和资历是公务员职级升降的依据。公务员职级按照能上能下的规定，当出现不能胜任职位职责要求、年度考核被确定为不称职等次、受到降职处理或者撤职处分或法律

法规和党内法规规定的其他情形则应该按照规定降低职级。应注意的是，降低职级是合理的人事调整方式，并非惩戒，与公务员惩戒中的降级、撤职具有本质区别。

### 7.4.2 降职、降低职级的条件

公务员降职、降低职级的条件是指依据法律条文，在相应的情况下必须做出公务员降职、降低职级的决定，即为降职、降低职级的条件。《公务员法》规定，公务员在年度考核中被确定为不称职的，按照规定程序降低一个职务或者职级层次任职。在实际工作中，公务员不称职或不胜任现职大致分为两种情况：一是本人不思进取，思想作风比较差，不认真履行自身职责。在这种情况下，必须对其实施降职、降低职级。二是本人缺乏履行现职的条件和能力。对于这种情况，要在认真分析原因的情况下，尽可能让公务员转任同级其他职务，在同级其他职位没有空缺时，也应实施降职、降低职级。

对公务员不称职或不胜任现职的确认，一般可以通过两种途径：一是定期考核。在定期考核中，被评为不称职者，就应当降职、降低职级。二是在平时考核的基础上组织专门的任职考核。在平时考核中如果发现公务员不称职，可由人事部门机关来进行任职考核，如考核结果仍确认为不称职的，将依法实施降职、降低职级处理。从实践来看，公务员在考核中被认定为不称职的，一般是因公务员在思想觉悟、工作能力、领导作用、个人作风、政治实绩等方面有不同程度的缺失，达不到所任职务的基本要求。

公务员降职、降低职级的原因是多方面的。一般来说，出现下列情况之一者，都应该考虑予以降职、降低职级：（1）经过全面考核，确认为不胜任本职工作的。（年度考核确认为不称职的）（2）本人不努力，不认真履行职责的。（3）本人要求降职、降低职级，其理由充足的。（4）由于机构调整，原工作单位撤销，或精减领导人员的职数，对某些人员须降职、降低职级使用的。

### 7.4.3 降职、降低职级的程序

公务员降职、降低职级的程序指的是在实施降职、降低职级的过程中，所要遵循的工作规程。降职、降低职级不同于处分，但不可否认的是，降职、降低职级对于公务员今后的发展有着不可忽视的影响。因此应当慎重使用，并严格按照法定程序进行。我国公务员降职、降低职级一般来说按照以下程序来进行：

（1）所在机关或单位提出降职、降低职级安排意见。在年度考核或平时考核的基础上，实施专门组织的任职考核，来认定当事人是否符合降职、降低职级条件。降职、降低职级条件认定后，所在机关单位应提出降职、降低职级安排意见。

（2）对降职、降低职级事由进行审核并听取拟降职人、降低职级人的意见。所在

单位向主管部门提出降职、降低职级安排意见，提请主管部门审核。主管部门应本着认真负责的态度，对当事人的降职、降低职级事由进行审核。审核通过后，由主管部门和所在单位的领导向拟降职、降低职级公务员说明情况，征求本人意见，允许本人提出申辩理由，从而确保降职、降低职级决定的准确、可靠。征求本人意见是必不可少的环节，但并非本人不同意就不能实施降职、降低职级，降职、降低职级决定是任免机关的人事行政行为。

（3）按照干部管理权限由任免机关领导集体研究决定，依法办理。任免机关应根据拟降职、降低职级公务员所在单位提出的降职、降低职级安排意见、拟降职、降低职级公务员本人的意见等材料，经集体研究讨论，作出是否降职、降低职级的决定。降职、降低职级决定作出后，应依照有关规定，办理降职、降低职级手续。

（4）公务员本人如果对降职、降低职级决定不服，可在接到降职、降低职级决定之日起30日内向原处理机关申请复核，也可在接到降职、降低职级决定之日起30日内或者接到复核决定之日起15日内向同级人民政府主管部门提出申诉。受理公务员申诉的部门必须按照有关规定作出处理。复核和申诉期间，不停止对公务员降职、降低职级决定的执行。依照《公务员职务任免与职务升降规定（试行）》，公务员降职、降低职级一般每次只降低一级职务。公务员被降职、降低职级的，其级别超过新任职务对应的最高级别的，应当同时降至新任职务对应的最高级别。降职、降低职级的公务员，在新的职位工作一年以上，德才表现和工作实绩突出，经考察符合晋升职务条件的，可晋升职务。其中，降职、降低职级时降低级别的，其级别按照规定晋升；降职、降低职级时未降低级别的，晋升到降职、降低职级前职务层次的职务时，其级别不随职务晋升。

## 7.5　竞争上岗与公开遴选

为拓宽选人视野和渠道，优化公务员队伍结构，规范公务员选拔任用工作，建设信念坚定、为民服务、勤政务实、敢于担当、清正廉洁的高素质专业化公务员队伍，必须要有公平公正公开的公务员选拔任用制度。

选拔任用公务员，使用竞争上岗和公开遴选的形式来实现，是公务员职务晋升的重要方法和对领导干部选拔任用的一种改革创举。《公务员职务任免与职务升降规定（试行）》第二十三条规定，机关内设机构厅局级正职以下领导职务出现空缺时，可以在本机关或者本系统内通过竞争上岗的方式，产生任职人选；厅局级正职以下领导职务或者副调研员以上及其他相当职务层次的非领导职务出现空缺，可以面向社会公开选拔，产生任职人选。

### 7.5.1　竞争上岗

根据《党政机关竞争上岗工作暂行规定》，竞争上岗主要适用于选拔任用中央、国家机关内设的司局级、处级机构领导成员，县级以上地方各级党委、人大常委会、政府、政协、纪委、人民法院、人民检察院机关或者工作部门的内设机构领导成员。竞争上岗适用于厅局级正职以下领导职务，并在本单位或本系统进行。对某些关乎国家机密，甚至关系到国家安全的职务，我国的法律规定，并不适合进行公平竞争，所以这些职位不列入竞争上岗的考虑范围。根据《党政领导干部选拔任用工作条例》（以下简称《条例》）的规定，竞争上岗适用于领导职位出现空缺，本单位本系统符合资格条件人数较多且人选需要进一步择优的情况，同时竞争上岗应当结合岗位特点，坚持组织把关，突出政治素质、专业素养、工作实绩和一贯表现，防止简单以分数、票数取人。竞争上岗设置的资格条件突破规定的，应当事先报上级组织（人事）部门审核同意。党政领导干部必须信念坚定、为民服务、勤政务实、敢于担当、清正廉洁，同时具备下列基本条件：

（1）自觉坚持以马克思列宁主义、毛泽东思想、邓小平理论、“三个代表”重要思想、科学发展观、习近平新时代中国特色社会主义思想为指导，努力用马克思主义立场、观点、方法分析和解决实际问题，坚持讲学习、讲政治、讲正气，牢固树立政治意识、大局意识、核心意识、看齐意识，坚决维护习近平总书记党中央的核心、全党的核心地位，坚决维护党中央权威和集中统一领导，自觉在思想上、政治上、行动上同党中央保持高度一致，经得起各种风浪考验。

（2）具有共产主义远大理想和中国特色社会主义坚定信念，坚持道路自信、理论自信、制度自信、文化自信，坚决贯彻执行党的理论和路线方针政策，立志改革开放，献身现代化事业，在社会主义建设中艰苦创业，树立正确政绩观，做出经得起实践、经得起人民、经得起历史检验的实绩。

（3）坚持解放思想，实事求是，与时俱进，求真务实，认真调查研究，能够把党的方针政策同本地区本部门实际相结合，卓有成效地开展工作，落实“三严三实”，主动担当作为，真抓实干，讲实话，办实事，求实效。

（4）有强烈的革命事业心、政治责任感和历史使命感，有斗争精神和斗争本领，有实践经验，有胜任领导工作的组织能力、文化水平和专业素养。

（5）正确行使人民赋予的权力，坚持原则，敢抓敢管，依法办事，以身作则，艰苦朴素，勤俭节约，密切联系群众，坚持党的群众路线，自觉接受党和群众批评和监督。加强道德修养，讲党性、重品行、作表率，带头践行社会主义核心价值观，廉洁从政、廉洁用权、廉洁修身、廉洁齐家，做到自重自省自警自励，反对形式主义、官僚主义、享乐主义和奢靡之风，反对任何滥用职权、谋求私利的行为。

（6）坚持和维护党的民主集中制，有民主作风，有全局观念，善于团结同志，包括团结同自己有不同意见的同志一道工作。

此外，《条例》还明确了竞争上岗的流程，应当坚持认真执行，主要内容有：

（1）制定并公布实施方案。实施方案在确定完善后，在有关单位和相关部门都需进行公示。

（2）报名与资格审查。所有参加的人员都遵循自愿填报职位的原则，报名进行竞争上岗，再由相关单位的组织人事部门按照之前制定的实施方案来进行资格审查，结束后公示结果。

（3）相关测试比评。根据每个单位自身属性和要求，设置相关测试，包括笔试、面试等，特殊部门还应设置例如体检等需要考察的素质测试，用于综合评价参与人员。

（4）民主测评与组织考察。规定要对所有参与竞争上岗的人员进行民主测评，制定相关的测评方式并量化成分数用于比选，对其工作实绩、与竞争职位的适应程度及德、能、勤、绩、廉等方面进行综合考察。

（5）党委（党组）讨论决定。党委（党组）根据之前的相关测试比评、民主测评以及组织考察的结果，进行讨论并决定最终结果。

（6）办理任职手续。

### 7.5.2 公开遴选

2013 年 1 月 24 日，中共中央组织部、人力资源和社会保障部制定，2021 年 8 月 25 日中共中央组织部修订并于 2021 年 9 月 17 日发布的《公务员公开遴选办法》规定，公开遴选，是指“市（地）级以上机关从下级机关公开择优选拔任用内设机构公务员”。公开遴选是公务员转任方式之一。中央机关公开遴选的对象主要是省级及以下机关中已进行公务员登记备案且在编在岗的公务员。

公开遴选坚持党管干部原则，突出政治标准，坚持德才兼备、以德为先、任人唯贤，坚持事业为上、人岗相适、人事相宜，坚持公道正派、注重实绩、群众公认，坚持依法依规办事。并按照下列程序进行：（1）发布公告；（2）报名与资格审查；（3）考试；（4）考察；（5）决定与任职。报名参加公开遴选的公务员，应当具备下列资格条件：一是政治立场坚定、政治素质过硬，增强“四个意识”、坚定“四个自信”、做到“两个维护”；二是具有良好的业务素质，品行端正，实绩突出，群众公认；三是一般应当具有 2 年以上基层工作经历；四是一般应当在本级机关工作 2 年以上，年度考核没有基本称职以下等次；五是具有公开遴选职位要求的工作能力和任职经历；六是报名参加中央机关、省级机关公开遴选的一般应当具有大学本科以上文化程度，报名参加市（地）级机关公开遴选的一般应当具有大学专科以上文化程度；七是具有正常履行职责的身体条件和心理素质；八是公务员主管部门规定的其他资格条件；九是法律法规规定的其他条件。其中第三、四、六项所列条件，根据需要，经省级以上公务员主管部门批准，可以适当调整。报考行政机关中行政处罚决定审核、行政复议、行政裁决、法律顾问等职位的，应当取得法律职业资格。公务员主管部门和公开遴选机关不得设置与职位要求无关的报名资格条件。

公开遴选是上级机关面向下级机关选拔公务员的一种重要方式和途径，是深化干部人事制度改革、树立重视基层导向的有益实践，是从公务员队伍结构上保持领导机关和基层密切联系的重要举措。

## 7.6　国外公务员的晋升和降职

### 7.6.1　英国公务员的晋升和降职

英国公职人员职务晋升的标准，主要是依据资历、考核功绩和文官升等的考试成绩（文官的升等考试主要采取内部限制性考试，仅限于机关内部低级文官参加）而确定。英国公务员的职务晋升，通常需要具有以下资格条件：（1）具有一定的任职年资。如书记官晋升执行官须任书记官三年。（2）具备好的或较好的考绩等次。考绩等次主要是指《官员年终考核报告》中的 A、B、C、D、E 等次。考绩的主要内容包括 10 个方面：观察和分析问题能力；沟通与交流能力；崇尚客户的意识能力；宏观决策能力；处理人际关系能力；领导管理能力；高效率工作能力等。按照这 10 项内容，评估机构对公务员实行年度分项评分，每项评分最低 0 分，最高 20 分，将各项内容的得分累加起来，便是这名公务员的年度总得分。考核成绩分为 A、B、C、D、E 五等，A 等 140 分以上，B 等为 125 分，C 等为 100 分，D 等为 85 分，E 等为 60 分。一般来说，A 等为杰出，B 等为优良，C 等为满意，D 等为尚可，E 等为欠佳。是否适宜提升，要根据年度考绩报告作出结论性的评价。如果年度评估得分在 125 分以上，还有升迁的机会和可能；如果得分在 85 分，不能升迁；如果得分在 60 分，那便只好下岗“另谋高就”了。（3）面试合格。晋升候选人经审核考绩结果后，认为可以考虑晋升者，由晋升委员会主持面试，面试合格方能决定晋升。公务员晋升通常采用逐级递升的方法，每 4 ~ 6 年晋升一级，一个普通公务员要晋升到高级公务员的职位，一般需要 25 ~ 30 年的时间。

### 7.6.2　美国公务员的晋升与降职

美国公务员的晋升遵循公开竞争、公平对待、保持公德、富有效率、根据工作成绩决定去留等九项功绩制原则。美国在公务员晋升中，重视“专才”标准，注重选拔和提升具有拟任职务所需的专业知识和技能的人，但近年来也逐渐注重“通才”的作用。

美国公务员晋升的资格条件，与职位分类的要求相一致。具体的资格条件需经由工作分析而决定，并以所需的专门知识、能力表示。美国公务员的晋升普遍采用功绩晋升制，公务员的晋升同其工作考核结果、培训结果有直接关系。美国《文官制度法》规定一般公务员应参与晋升考试来获取晋升资格，在实践中主要采用的晋升手段为以下四种：一是委任晋升制，指的是由当地或当局的行政长官委任新职务来实现晋升。二是年资晋升制，指的是在工作两年后如任期内没有过失可自动晋升。三是考核晋升制，一般采用的以考核考试的成绩来决定晋升资格。四是混合晋升制，这一种是将年资晋升和考核晋升相结合的产物。美国公职人员经过考核考试，如果被视为“不满意者”，则要按其情况分别予以减薪、免职等处分。对担任高级行政职务的人员，如果总评为“不满意者”或五年中两次被评为“不满意者”，将依法解除其高级行政职务，由行政长官决定是否执行。任何人在三年中如果没有一次“满意”的评价，则强制解除高级行政职务。

### 7.6.3　日本公务员的晋升与降职

日本公务员的晋升一般遵循成绩主义的原则，也就是年功晋升原则。年功晋升原则看中的是其资历和功绩。日本《国家公务员法》规定，所有职员的任用都应按法律及人事院规则的规定。任用的唯一依据即是公务员的考试成绩和工作成绩，竞争上岗。但在实际操作中，主要依据的是资历，再参考考试成绩与工作绩效相结合的数据来作为人员晋升依据。

日本公务员职务升降，主要是关于工资待遇的升降，在实际管理中，职务升降的资格条件一般等同于工资的升降。这些有资格条件的公务员的升降必须在各职务等级定额的范围内进行；升级对象应具有一年以上现职务等级的工作年限；升级对象的工作成绩良好，通过勤务评定，优秀者的职务可以得到提升，差的降职或采取其他措施。

日本公职人员的晋升方式主要有三种：一是考试晋升制，通过公开竞争考试或选考来进行。二是选拔晋升制。人事院也可以选择依据公职人员的工作成绩来实现晋升，不单纯的依据考试成绩。这种方式一般运用于中央机关的公务员晋升。三是登用晋升制，实际上属于破格录用的晋升制度。公职人员的工作成绩特别优异，有三名规定范围内的人员进行推荐，经过“登用委员会”审核同意，即便没有参加公职人员高级录用考试，也可以视为通过高级录用考试，获取晋升职务资格。日本采取定期晋升的制度，一般来说每工作四年左右就可有一次晋升的机会。

**【理论前沿】**

[1] 李学明. 激励视角下的公务员职级晋升制度研究 [J]. 中国行政管理，2019

(10)：101－104.
［2］吕维霞，贺天．公务员职务与职级并行制对基层公务员激励效果的实证研究［J］．东北大学学报（社会科学版），2019（3）：251－260.
［3］刘俊生．公务员晋升中的职级晋升［J］．中国党政干部论坛，2019（5）：26－29.

## 【本章小结】

本章主要阐述了公务员职务晋升制度，职级晋升制度，任职前公示制与任职试用期制，公务员降职、降低职级制度，竞争上岗与公开遴选以及国外公务员晋升和降职制度。我国《公务员法》和有关法规对公务员职务、职级升降的条件和程序，有着具体的规定和要求。国外公务员晋升和降职制度对我国的公务员制度有着借鉴意义。

## 【关键术语】

公务员职务晋升制度　公务员职级晋升制度　竞争上岗　公开遴选
任职前公示制　任职试用期制度　公务员降职、降低职级
国外公务员晋升和降职制度

## 【复习思考题】

1. 试述公务员职务升降的含义与意义。
2. 公务员职务晋升的条件和程序有哪些？
3. 竞争上岗和公开遴选的适用范围有哪些？
4. 试述公务员任职前公示制与任职试用期制。
5. 公务员降职、降低职级的条件与程序有哪些？
6. 试比较我国与国外公务员晋升制度的差异。
7. 公务员职务晋升制度存在哪些问题？应如何改进？
8. 公务员降职与降低职级的区别有哪些？

# 第 8 章　公务员奖励

【本章知识架构】

- 公务员奖励
  - 公务员奖励概述
    - 公务员奖励的含义及特点
    - 奖励制度的历史沿革
    - 建立公务员奖励制度的意义
  - 公务员奖励的基本原则
    - 以德为先,突出功绩导向
    - 依法依规,做到公开、公平、公正
    - 发扬民主,注重群众公认
    - 定期奖励与及时奖励相结合，精神奖励与物质奖励相结合、以精神奖励为主
  - 公务员奖励的条件、种类和程序
    - 公务员奖励的条件
    - 公务员奖励的种类
    - 公务员奖励的程序
    - 公务员奖励的审批
    - 公务员奖励的撤销
  - 国外公务员奖励制度
    - 美国公务员奖励制度
    - 日本公务员奖励制度
    - 德国公务员奖励制度

【案例导入】

> 某省环保局和财政厅为推进该省重点城市空气质量改善工作，联合制定出一项具体的奖励办法，主要内容如下：
>
> 奖励金额：省级考核的 10 个城市及 120 个县（区），退出全省大气污染最严重城市排名前 5 名的，各奖励100 万元；空气质量指数位次前移10 位的，奖励200 万元。
>
> 奖励对象：以个人奖励为主，主要为各重点城市的市县（区）委和市县（区）政府的主要负责人、分管领导、环保部门领导及有关人员。
>
> **思考：该省环保局和财政厅的做法是否符合公务员奖励制度规定？为什么？**

公务员奖励是公务员管理中不可缺少的一种手段，在人事管理中具有重要地位和作用，对社会主义物质文明和精神文明建设，对提升公务员的综合素质和能力，对增强公务员的工作热情和积极性具有重要意义。

## 8.1　公务员奖励概述

《公务员奖励规定》第一条提到，该规定是为加强和规范公务员奖励工作，建设信念坚定、为民服务、勤政务实、敢于担当、清正廉洁的高素质专业化公务员队伍而制定的。可见，公务员奖励不但是对公务员工作的认可，还是促进公务员队伍高质量建设和发展的有效手段。

### 8.1.1　公务员奖励的含义及特点

公务员奖励，是指对政治素质过硬，工作表现突出，有显著成绩和贡献，或者有其他突出事迹的公务员、公务员集体，依据《公务员奖励规定》给予的奖励。公务员集体的奖励适用于按照编制序列设置的机构或者为完成专项任务组成的工作集体。

公务员奖励具有以下基本特点：（1）奖励的主体是公务员所在的各类机关，包括依法享有奖励权限的中央人民政府和地方各级人民政府及其工作部门。（2）奖励的对象是公务员或公务员集体。（3）奖励的条件是工作表现突出，有显著成绩与贡献，或者有其他突出事迹的公务员。（4）奖励要依法进行，因为奖励的程序、条件、种类都是依法制定的，因此必须按照法律法规的要求来实施奖励。

### 8.1.2　奖励制度的历史沿革

我国历来十分重视干部奖励工作，早在新民主主义革命时期，革命根据地和解放区就根据详细工作情况制定过相应的奖惩规定，如中共中央发布了《对新收复区某些人员赏罚问题的指示》《陕甘宁边区各级政府干部奖励暂行条例》，但当时并没有形成一套比较完善的奖惩措施。

新中国成立后，为了保证党政机关工作人员的廉洁奉公，中共中央制定了宪法性文件《中国人民政治协商会议共同纲领》，对党政机关工作人员的奖惩问题作了原则性规定。此后，国家又陆续制定了一些关于奖惩工作的单项法规，主要包括《保守党和国家机密的奖惩暂行办法》《关于国家机关工作人员行政处分批准程序的规定》《国家机关工作人员奖惩暂行条例》《国务院关于国家行政机关工作人员的奖惩暂行规定》等，这些法规奠定了我国干部奖惩制度的基础。其中，1952 年 8 月，政务院颁布的《国家机关工作人员奖惩暂行条例》，是我国第一个比较系统的奖惩法规，共 6 章 42 条。1957 年 10 月，由国务院颁布的《国务院关于国家行政机关工作人员的奖惩暂行规定》共 17 条，内容包括立法的目的，奖惩的条件、种类、工作的程序等，其适用范围只包括国家行政机关工作人员，不包括其他国家机关工作人员。实际上，其他国家机关也一直参照执行这个暂行规定。在公务员奖惩制度建立之前，它是各级机关开展奖惩工作的主要法律依据。

1982 年 9 月，国家发布了《关于各级人民法院、人民检察院工作人员奖惩工作参照〈国务院关于国家行政机关工作人员的奖惩暂行规定〉办理的通知》。根据我国国情和现实情况，相关部门还先后发出了《关于国家行政机关工作人员奖励经费开支问题的通知》《国家行政机关工作人员升级奖励试行办法》等文件，为实行公务员的奖励制度打下了坚实的基础。

党的十三大提出建立国家公务员制度。奖励制度是公务员制度的一个重要组成部分。此后，人事部在对我国历史奖励条例推陈出新、对国外奖励条例取长补短的基础上，于 1995 年 7 月发布了《国家公务员奖励暂行规定》，共 15 条，其对公务员应受奖励的情况如奖励原则、奖励条件、奖励种类等做了较为详细的规定，并确定了公务员应获得奖励的两种条件。2005 年 4 月，全国人大常委会通过的《公务员法》第四十八条规定："对工作表现突出，有显著成绩和贡献，或者有其他突出事迹的公务员或者公务员集体，给予奖励。"2008 年 12 月，国家公务员局发布了《公务员奖励规定（试行）》，对公务员奖励的目的、条件和种类、权限和程序、实施和监督等相关问题作出了详尽的规定，对发挥公务员奖励制度的作用和实行依法奖励有着重要意义。2011 年，中组部颁发《关于开展带头创先争优，争做人民满意公务员活动的意见》。2018 年，中共中央办公厅印发《关于进一步激励广大干部新时代新担当新作为的意见》，对深入贯彻习近平新时代中国特色社会主义思想和党的十九大精神，对建立激励机制和容错纠错机制，进一步激励广大干部新时代新担当新作为提出明确要求。为充分调动和激发公务员队伍的积极性、主动性、创造性，2020 年 12 月，中共中央组织部发布了经过修订的《公务员奖励规定》，对荣誉称号、奖励周期、奖励结果的运用等内容进行了部分修改，赋予了公务员奖励制度全新的时代意义。

### 8.1.3　建立公务员奖励制度的意义

（1）公务员奖励制度是公务员制度的重要组成部分。作为由许多个不同环节构成的整体，公务员制度具有规范性、整体性、严格性。奖励制度作为公务员制度体系中的重要一环，与其他管理制度相辅相成，共同作用，从而发挥公务员制度的整体作用。

（2）公务员奖励制度是实现对公务员有效管理的科学方法。公务员奖励制度不仅能对被奖励方产生激励效果，对奖励方来说也是极其有益的。通过奖励的实施，调动公务员积极性和创造性，促进公务员队伍整体素质的提高，从而增强机关的生机和活力，保证机关高效运转，使得组织和组织内部成员共同进步，一起实现共同目标。

（3）公务员奖励制度具有示范和导向作用。对公务员的奖励不仅能进一步发挥公务员个体的潜能，而且还能在整个公务员队伍中树立榜样，明确目标，从而使整个团队置身于一种目标明确、积极向上的氛围中，使其向正面、健康的方向发展，有利于机关形成良好的工作氛围和有效的竞争机制。

（4）公务员奖励制度具有激励和约束作用。通过奖励公务员，使其获得物质上和荣誉上的利益，从而进一步激发和调动其积极性、主动性和创造性，通过建立健全相关法规，以一种确定的预期和信号引导公务员朝正确的方向行使行为，正确的行为可以得到奖励，反之则可能受到惩罚。从而促使其能严格要求自己，积极工作，努力向上。

**【阅读材料】**

2020 年 6 月，陇西县为不断激发广大公务员推动发展、服务群众的热情，坚持把工作业绩作为公务员选拔任用、培养教育、职务职级晋升的重要依据，先后对工作业绩突出、精准扶贫成效明显、作风务实的 298 名优秀公务员提拔重用，对 380 名公务员晋升职级。对予以嘉奖和记三等功的 458 名公务员及时按照标准发放一次性奖金。

## 8.2　公务员奖励的基本原则

《公务员奖励规定》第三条明确规定，公务员奖励工作坚持以马克思列宁主义、毛泽东思想、邓小平理论、“三个代表”重要思想、科学发展观、习近平新时代中国特色社会主义思想为指导，贯彻新时代党的组织路线和干部工作方针政策，适应推进国家治理体系和治理能力现代化需要，服务党和国家工作大局，把政治标准放在首位，强化正向激励，弘扬奋斗精神，发挥先进典型引领作用，坚持以下基本原则。

### 8.2.1 以德为先，突出功绩导向

所谓德，主要指公务员的政治素质和道德品行，包括政治忠诚、政治定力、政治担当、政治能力、政治自律和职业道德、社会公德、家庭美德、个人品德等。只有真正让那些政治坚定、品德高尚、品行端正、能干事又不出事的公务员受到褒奖、得到重用，才能树立正确的选人用人导向，促进公务员全面发展、健康成长，确保党的事业薪火相传。突出功绩导向，是指以工作实绩作为公务员奖励评定的主要依据之一，不以年资高低、亲疏关系、家庭背景等作为标准。

### 8.2.2 依法依规，做到公开、公平、公正

公务员的奖励工作必须在既定的法律和规定下开展，依法依规是进行和规范奖励工作的基础条件。公务员奖励制度的“三公”原则主要体现在：公开，公务员奖励必须保持程序和执行上的公开透明性，接受社会各界和机关内部人员监督。如果公务员获得奖励，则应在做出正式决定之前，对拟接受奖励的个人或集体进行公示，以示对公务员的奖励公平合理，奖励恰当和程序公开。公正，就是指党政机关在进行公务员奖励时，要按照相关法律条例贯彻执行，奖励实施的对象、条件和过程都应公开透明、客观公正。公平，就是指在奖励实施过程中，对所有公务员的奖励条件、标准及奖励的种类要相同，一视同仁，不能因人而异，符合奖励条件的予以奖励，不符合奖励条件的坚决不予以奖励。

### 8.2.3 发扬民主，注重群众公认

《公务员奖励规定》明确指出给予公务员、公务员集体奖励的首要程序就是由所在机关（部门）在征求群众意见的基础上，提出奖励建议，此后才可以进行上报、审批等流程。发扬民主，坚持群众公认原则，是党的群众路线和群众观点在公务员奖励工作中的生动体现，也是我们党代表中国最广大人民根本利益的必然要求。在公务员奖励工作中坚持群众公认，就是要在奖励对象的评选和确定中充分相信和依靠群众，扩大奖励评选中的民主，落实群众对评选工作的知情权、参与权、选择权和监督权。要把人民群众是否满意作为衡量奖励工作的根本标准。让公务员或公务员集体在群众评价的平台上公平、公正、公开地进行竞争，既看工作实绩，更看群众公认，让真正政绩突出、群众公认的优秀公务员或公务员集体获得奖励。

### 8.2.4 定期奖励与及时奖励相结合，精神奖励与物质奖励相结合、以精神奖励为主

公务员的精神奖励，是指对受奖的公务员给予精神方面的表彰，包括嘉奖，记功，

授予荣誉证书、荣誉称号等。进行精神奖励的目的是满足公务员自身的精神需要，增加公务员的自我认可度，激发工作热情。公务员的物质奖励，是指对受奖的公务员给予适当的物质形式的奖励，包括发给奖金、奖品、工资晋级等。其目的是提高公务员的物质生活水平，增加他们的经济收入，同时对他们付出的努力与做出的贡献表示赞赏。公务员奖励需要物质奖励与精神奖励相结合，同时以精神奖励为主，形成良好的示范效应。

【阅读材料】

2019 年 6 月 25 日，第九届全国“人民满意的公务员”和“人民满意的公务员集体”表彰大会在北京人民大会堂召开，江苏共有 6 人和 4 个集体在会上获得表彰。江苏省获表彰的 6 位全国“人民满意的公务员”和 4 个“人民满意的公务员集体”都来自基层，是公务员队伍的优秀代表，他们在各自的平凡岗位上做出了不平凡的成绩，展现了公仆本色，赢得了人民信赖。

## 8.3　公务员奖励的条件、种类和程序

公务员奖励条件是公务员规范自己行为的标准向导，公务员可以根据奖励条件来激励自己不断向组织机构鼓励的行为靠拢。奖励的种类是指给予公务员奖励的方式，一般包括物质奖励、精神奖励与晋升奖励等。奖励程序指的是对公务员实施奖励时，法律所规定的必要过程，奖励程序都要在不违背法律条例的前提下进行。

### 8.3.1　公务员奖励的条件

公务员奖励的条件是指公务员必须在满足法律条例规定的标准前提下或者做出某些贡献之后才能获得相应奖励，是公务员是否能获得奖励的参考标准。

2020 年修订的《公务员奖励规定》对奖励情形做出了如下规定，公务员或公务员集体有下列情形之一的，给予奖励：（1）忠于职守，积极工作，勇于担当，工作实绩显著的；（2）遵纪守法，廉洁奉公，作风正派，办事公道，模范作用突出的；（3）在工作中有发明创造或者提出合理化建议，取得显著经济效益或者社会效益的；（4）为增进民族团结、维护社会稳定做出突出贡献的；（5）爱护公共财产，节约国家资财有突出成绩的；（6）防止或者消除事故有功，使国家和人民群众利益免受或者减少损失的；（7）在抢险、救灾等特定环境中做出突出贡献的；（8）同违法违纪行为作斗争有功绩的；（9）在对外交往中为国家争得荣誉和利益的；（10）有其他突出功绩的。

### 8.3.2 公务员奖励的种类

公务员奖励的种类是根据公务员及集体做出的工作成绩和对社会贡献大小划分奖励类型。公职人员的奖励制度需有层次性和实用性。层次性就是按工作的成绩大小按相应的实用性奖励起到激励的作用。

物质奖励是通过增加公务员的物质利益，对公务员的工作表现和成绩给予肯定、鼓励和表扬的奖励措施，其主要包括颁发奖金、工资晋级等形式。精神奖励，也称“荣誉奖励”，是指以授予名誉的方式对公务员的工作表现和成绩给予肯定、鼓励和宣扬的奖励措施。晋升奖励是以提高公务员职位等级的方式对公务员的工作表现和成绩给予肯定、鼓励和宣扬的奖励措施。大多数国家把这几种奖励方式结合使用，以最大限度地激发公职人员的工作热情和积极性。

具体而言，我国《公务员奖励规定》将公务员、公务员集体的奖励分为五种：嘉奖、记三等功、记二等功、记一等功、授予称号。对表现突出的，给予嘉奖；对做出较大贡献的，记三等功；对做出重大贡献的，记二等功；对做出杰出贡献的，记一等功；对功绩卓著的，授予“人民满意的公务员”“人民满意的公务员集体”等荣誉称号。《公务员法》第五十三条也规定对受奖励的公务员或者公务员集体予以表彰，并对受奖励的个人给予一次性奖金或者其他待遇，贯彻物质奖励与精神奖励相结合的原则。

### 8.3.3 公务员奖励的程序

公务员奖励程序是指党政机关对公务员实施具体奖励时必须遵循的工作程序和工作步骤，公务员奖励制度的施行要按照法律规定的程序来进行。给予公务员、公务员集体奖励，一般按下列程序进行：

（1）公务员、公务员集体做出显著成绩和贡献需要奖励的，由所在机关（部门）在征求群众意见的基础上，提出奖励建议；（2）按照规定的奖励审批权限上报；（3）审核机关（部门）审核后，在一定范围内公示不少于5个工作日。如涉及国家秘密不宜公示的，按照有关规定不予公示；（4）审批机关批准，并予以公布。

此外，奖励工作的审批材料也应进行归档。《公务员奖励审批表》应存入公务员本人干部人事档案；《公务员集体奖励审批表》应存入获奖集体所在机关文书档案。对于及时奖励，《公务员奖励规定》新增内容明确规定：开展及时奖励可以适当简化程序，必要时由审批机关直接确定奖励对象。

### 8.3.4 公务员奖励的审批

《公务员法》规定：“给予公务员或者公务员集体奖励，按照规定的权限和程序决定或者审批。”《公务员奖励规定》明确规定，给予公务员、公务员集体的奖励，经同级公务员主管部门或者市（地）级以上机关干部人事部门审核后，按照下列权限审批：

（1）嘉奖、记三等功，由县级以上党委和政府或者市（地）级以上机关批准。（2）记二等功，由市（地）级以上党委和政府或者省级以上机关批准。（3）记一等功，由省级党委和政府或者中央和国家机关批准。经省委同意，副省级城市党委和政府可以对本地区公务员、公务员集体给予记一等功奖励。（4）授予称号，由省级以上党委和政府批准。

对下级单位实行垂直管理或者实行双重领导并以上级单位领导为主的机关，可以按照奖励权限，对本系统公务员、公务员集体给予奖励。市（地）级以上机关可以按照奖励权限，对本系统公务员、公务员集体开展及时奖励。由市（地）级以上机关审批的奖励，应当事先将奖励实施方案报同级公务员主管部门审核。

### 8.3.5　公务员奖励的撤销

《公务员奖励规定》指出公务员、公务员集体因涉嫌违纪违法正在接受组织调查的，暂停实施奖励。具有下列情形之一的，应当撤销奖励：（1）弄虚作假，骗取奖励的；（2）申报奖励时隐瞒严重错误或者严重违反规定程序的；（3）有严重违纪违法等行为，影响称号声誉的；（4）有法律、法规规定应当撤销奖励的其他情形的。

撤销奖励，由原申报机关按程序报审批机关批准，由审批机关作出撤销决定，并在一定范围内通报。必要时，审批机关可以直接撤销奖励。公务员、公务员集体获得的奖励被撤销后，审批机关应当收回并注销奖励证书、奖章或者奖牌，停止其享受的有关待遇。撤销奖励的决定存入公务员本人干部人事档案或者公务员集体所在机关文书档案。

## 8.4　国外公务员奖励制度

国外对奖励制度的重要作用十分重视，往往通过不同形式的绩效奖励制度，加强公务员薪酬与表现的联系。各国公务员奖励都是依据各国法律法规，对表现优秀的公务员给予精神或者物质的鼓励。各国公务员奖励制度内容不同，规定不一，甚至有较大差异，但都是要通过各种不同的制度要素或者管理环节达到激励公务员的目的，以鼓励先进，鞭策后进，加强公务员素质和能力建设，提高政府工作效能。西方国家公务员的奖励制度总的来说有以下相同之处：公务员一般通过上级考核或在某种情况下做出特殊贡献获得奖励；奖励的种类一般都是精神奖励、物质奖励和晋升奖励三种；奖励的授予一般由公务员所在机关单位的领导人员进行，并且所实施的奖励一般与所做出的贡献成正比；奖励一般由专门的审批部门进行审批；奖励过程一般遵守切实有效、及时、奖绩相当、形式多样等原则。

### 8.4.1 美国公务员奖励制度

美国政府认为对满足条件的公务员进行奖励是非常重要的。美国公务员平时不会得到什么奖金，但在年末总结的时候机关单位会在内部评选出“年度杰出工作者”，获得该称号的公务员就会得到数千美元的物质奖励。美国大多数机关单位实行绩效制，会与公务员签订绩效合同，考核之后如果评定公务员所完成的工作达到了绩效标准，则会给予奖励，这一点可以保证公务员奖励制度的公平性，防止机关单位内部“设租－寻租”现象的发生。而且美国公务员奖励条件和类型灵活多变，有特殊成绩奖、质量优秀奖、节约奖、建议奖、考绩奖等。奖励的标准不尽相同，如质量优秀奖规定公务员应该有积极认真的工作态度，最后出色地完成既定任务。

在美国高级行政官员中，凡能获得“优秀行政官员”荣誉称号的，可获奖金 10000 美元；获得“卓越行政官员”荣誉称号的，可获奖金 20000 美元。凡能通过定期政绩考核者，其中约一半人员可获得相当于其工资额 20% 的考绩奖金。

### 8.4.2 日本公务员奖励制度

日本对于遵纪守法、成绩优秀的公务员，经工作评定以后，根据评定成绩的等次，分别给予以下几类荣誉奖励：总理表彰、大臣表彰、部门长官表彰、业务成绩表彰或者授予功劳勋章等。总理表彰奖由各部厅局长官推荐，总理确定；大臣表彰奖，由下一级行政长官推荐，由大臣确定；部门长官表彰，由各部门长官确定。而对高级公务员的奖励又有三种方式：一是职务晋升，二是薪资晋升，三是缩短本应晋升职务的年限。在日本公务员中，工作成绩特别优异者，除了可以获得荣誉证书或奖章，还可能得到职务晋升奖励。日本还设计了具有国家特色的奖励徽章，比如菊花徽章等，只有对日本做出了重大贡献的公务人员或者普通民众才有机会获得。日本政府单位对于公务员是否能获得奖励一般以其工作成绩、工作能力、适应性与个人性格这四个方面为标准。

日本的中央公务员获得的年终奖励比地方公务员获得的略微多一些，一般可达到六十万日元（约四万人民币）以上，奖励力度十分大。此外，日本很多企业除每 6 个月发半年奖、年终奖外，每年 4 月还会再发一次奖金，但不发给员工本人，而是发给员工的太太，被称为“太太奖金”。

### 8.4.3 德国公务员奖励制度

和中国不同，德国没有设置独立的公务员奖励法规，但是德国公务员的福利制度很好，奖励一般直接和工资福利挂钩，这样公务员会对工作保持积极心态。公务员在完成比较艰苦的工作任务、加班、出国等工作的时候都会获得补助奖金，结婚时也会获得结婚补贴。德国公务员获得奖励一般可以通过两种方式，一是通过公务员考核制度。德国公务员的考核比较特殊，是由公务员的上级主管与公务员本人进行谈话，在这一过程中公务员需要做这一年的工作总结与自我评价，接下来上级主管会写一份考核评价表交予专门负责考核的上级，两人必须全部通过对该公务员的考核才能算该公务员通过考核，如果主管认为该公务员可以通过考核，而考核负责人却认为不能通过，则也算该公务员考核不通过。此外，德国公务员的职务与学历直接挂钩，可以通过提高学历来获得较高的职位。二是公务员做出了突出贡献，对社会和单位产生了积极影响的情况。德国对工作突出、成绩显著者，一是给予提前晋升级别或职务；二是对特殊贡献者授予荣誉称号。

**【理论前沿】**


[1] 薛立强，李德伟．中国公务员激励问题研究述评：现状、问题与展望［J］．公共管理与政策评论，2019，8（4）：81－96.

[2] 张玉磊．公务员激励失灵及其制度矫正［J］．长白学刊，2018（4）：73－78.


**【关键术语】**

奖励制度　奖励意义　奖励原则　公平、公正和公开　奖励条件　奖励种类　物质奖励　精神奖励　晋升奖励　奖励程序

**【复习思考题】**

1. 公务员奖励的含义是什么？
2. 公务员奖励有什么意义？
3. 公务员奖励应遵循哪几个基本原则？
4. 公务员奖励的种类有哪些？
5. 你认为公务员奖励存在哪些问题？应该如何改进？

# 第 9 章　公务员的纪律、监督和惩戒

【本章知识架构】

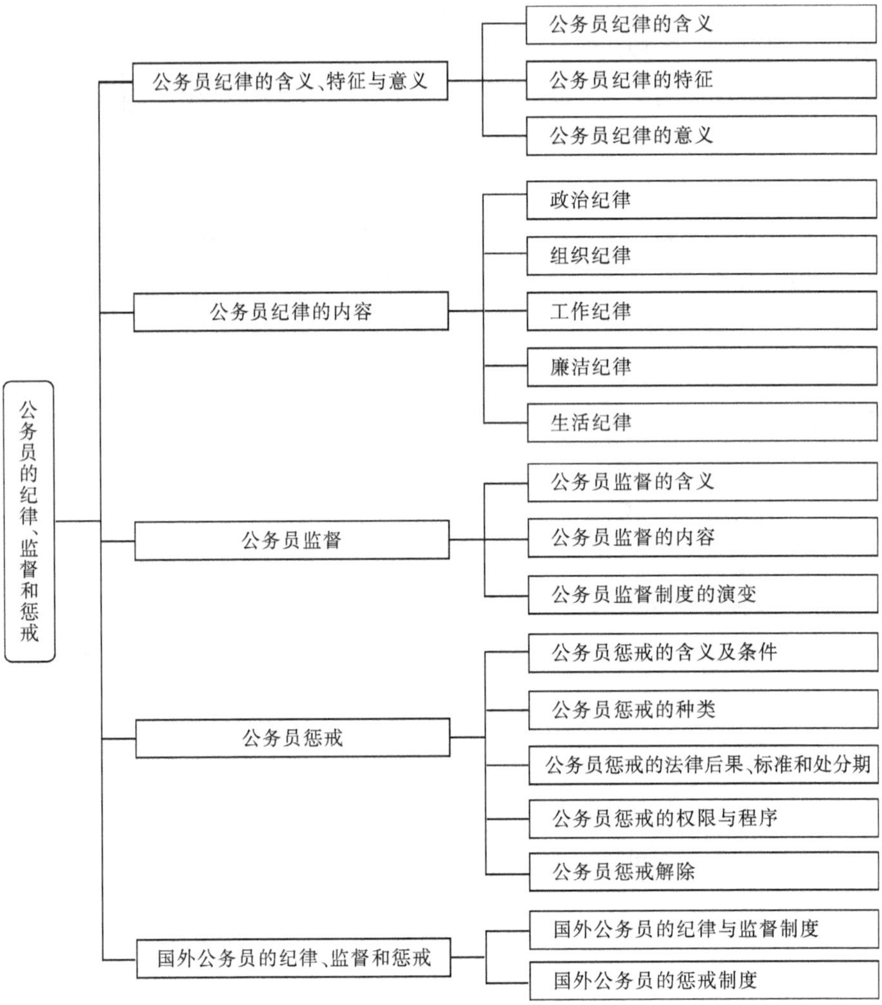

【案例导入】

某县发生了一起重大凶杀案，县公安局局长刘某根据上级公安机关的指示，负责侦察破案。因急于破案，刘某默许有关干警对嫌疑人逼供，结果致使2人无辜被判刑。后来，该县公安局在侦破另一起案件中，才抓获真凶，使该案件真相大白。此案使县公安局形象大受影响。

为消除不良影响，严明赏罚，上级公安局领导主持召开了该县公安局党委会和局领导联席会议，会上对刘某作了严厉的批评，并决定对其进行惩戒。会议结束后，将处分决定归入刘某的档案。

**思考：案例中对刘某的处理合理吗？为什么？**

古人云："凡善怕者，必身有所正、言有所规、行有所止。"有所惧怕，才能约束言行，规范行事。纪律的初衷便在于此，它是对人们的警示，是一种刚性的约束，违反了纪律就应受到相应的惩罚。因此，无论何行何业，都将纪律放在首位。公务员也是如此，履行公职要受到纪律的约束，违反纪律会受到相应的惩戒。

## 9.1　公务员纪律的含义、特征与意义

"守纪律、讲规矩"是全面从严治党思想在党的作风建设上的重要体现，在十八届中央纪委五次全会上，习近平总书记强调"加强纪律建设，把守纪律、讲规矩摆在更加重要的位置"。公务员作为依法履行公职、行使社会管理和提供公共服务的人员，其自身纪律与规矩意识水平的高低，直接关系到党和国家事业的兴衰成败。

### 9.1.1　公务员纪律的含义

纪律是特定组织为了维护自身的利益和形象并保证其职能的正常运行而要求该组织成员必须遵守的行为准则。公务员纪律是指党政机关为了保障实现其职能和正常运转，实现公共利益而制定的，并要求公务员严格遵守的行为规范和行为准则。具体而言，公务员纪律是以法律形式规定的指导、调整、约束、规范公务员行为的准则，是公务员的行为规范，用于保障公务员按其职责履行公务，保障行政工作的正常进行。

### 9.1.2　公务员纪律的特征

公务员纪律源于纪律，既有纪律的一般特征，又有其自身的特点，具体体现在以下四个方面：一是法定性。公务员纪律的内容是法定的，处理程序是法律化的。"公务

员非因法定事由，非经法定程序，不被免职、降职、辞退或者处分。”二是普遍性。法律规定的纪律制度和纪律措施在全体公务员中普遍适用，纪律面前人人平等。三是强制性。公务员纪律具有强制性，它以国家权力为后盾，对全体公务员起到约束作用，并以国家强制力作为保障。四是全面性。公务员纪律覆盖面广，涉及政治纪律、组织纪律、工作纪律、廉洁纪律和生活纪律等多个方面。

公务员纪律与义务既有共性也有差异。公务员的义务是为了保证公务员能在国家法律规定的范围内准确行使国家权力和执行国家公务，是公务员必须约束并强制执行的行为，而公务员的纪律是公务员所必须遵守的行为规范与准则，一旦公务员违反了某项规定，就必须承受相应后果与责任。其共性体现在两个方面：一是公务员义务和纪律都是公务员必须服从和遵守的，对公务员起到约束作用。二是在国家强制力保障的前提下，无论违反义务还是违反纪律，公务员都要被惩戒，受到处分。公务员纪律与义务的区别体现在两个方面：一是侧重点不同。公务员义务强调“你必须这样做”，而且做好，才能成为合格的公务员；公务员纪律却是“你不能这样做”，否则就要被惩戒，承担相应责任。二是权利不同。通常而言，义务跟权利是相对的，不存在无权利的义务，也不存在无义务的权利，即享受权利就要执行义务。而公务员纪律则不存在这样的对应关系。

### 9.1.3 公务员纪律的意义

规范公务员纪律，不仅对完善公务员管理制度和规范公务员行为具有重要意义，也有助于打造信念坚定、为民服务、勤政务实、敢于担当、清正廉洁的公务员队伍。公务员纪律具有以下意义：其一，公务员纪律是保证机关正常运转，维护机关正常工作秩序的重要手段和方式。其二，公务员纪律是提高公务员素质的外在动力，也是加强公务员勤政廉政建设，提高工作效率的重要保障。其三，公务员纪律是实现依法治国方略和依法行政目标的必然要求。其四，公务员纪律是提升政府公信力的重要基础。

## 9.2 公务员纪律的内容

《公务员法》第五十九条规定，公务员应当遵守的纪律包括政治纪律、组织纪律、工作纪律、廉洁纪律、生活纪律等。这些规定有利于教育和引导广大公务员强化“四个意识”，坚定“四个自信”，对党绝对忠诚，提高政治能力。

### 9.2.1 政治纪律

政治纪律，是指公务员在政治方向、政治立场、政治言论和政治行为方面应当遵守的行为规范。政治纪律是所有纪律要求中最重要、最根本、最关键的纪律。公务员是干部队伍的重要组成部分，必须旗帜鲜明讲政治，增强“四个意识”、坚定“四个自信”、做到“两个维护”，自觉坚持党的领导，自觉同以习近平同志为核心的党中央保持高度一致，党中央提倡的坚决响应，党中央决定的坚决照办，党中央禁止的坚决杜绝，决不允许上有政策、下有对策，决不允许有令不行、有禁不止，决不允许在贯彻党中央决策部署上打折扣。遵守政治纪律包括：

**1. 不得散布有损宪法权威、中国共产党和国家声誉的言论，组织或者参加旨在反对宪法、中国共产党和国家的集会、游行、示威等活动**

散布有损宪法权威、中国共产党和国家声誉的言论，是指公务员采用非法方式当众诋毁或者攻击国家方针政策，并造成影响。集会指聚集于露天场所，发表意见、表达意愿的活动；游行指在公共道路、露天场所结队而行、表达共同意愿的活动；示威指在露天公共场所聚会、游行，其目的是要做到抗议，以达到某种目的。绝不允许公务员有任何超越政治行为规范的集会、游行行为。

**2. 不得组织或者参加非法组织，组织或者参加罢工**

《公务员法》明确规定，公务员不得组织或者参加非法组织，组织或者参加罢工。

**3. 不得挑拨、破坏民族关系，参加民族分裂活动或者组织、利用宗教活动破坏民族团结和社会稳定**

我国是统一的多民族国家，民族团结事关社会稳定和国家命运，公务员应该带头遵守、执行和维护各民族团结，不得挑拨、破坏民族关系。

**【阅读材料】**

吴某是某市公安局副局长，在浏览微信朋友圈时看到一篇关于“一国两制”的文章，觉得“甚好”，便轻点手机屏幕进行转发，并罔顾“一国两制”政策制定时的背景和党中央推动政策出台和落地的艰苦努力，无视“一国两制”作为推进祖国统一伟大创举的成功实践，发表评论大肆抨击、公然否定。由于吴某社会关系广、朋友杂，其观点被广泛点击和阅读，造成恶劣影响。吴某身为担任领导职务的国家公务员，不顾“一国两制”基本国策出台的历史背景和实践意义，大肆抨击、公然否定，显然属于妄议中央大政方针，散布有损宪法权威、中国共产党和国家声誉的言论。

### 9.2.2　组织纪律

组织纪律，是指党政机关为维护组织上的团结和政令畅通而规定的公务员必须遵守的行为规范。遵守组织纪律的行为包括：

**1. 不得违反组织原则，个人或者少数人决定重大事项，或者改变集体作出的重大决定**

“重大决定”，主要是指党组织按照议事规则和决策程序作出的有关工作任务部署，干部任免、调整和处理等决定，对党组织成员具有约束力，必须服从和执行。对于党组织作出的重大决定，不论是拒不执行，还是擅自改变，只要有其中任何一种情形，均构成违纪。

**2. 不得压制批评、申诉、控告、检举或者打击报复，扣压、销毁举报信件，或者向被举报人透露举报情况**

该规定进一步完善了公务员申诉控告条款，明确公务员不因申请复核、提出申诉而被加重处理，保障公务员提出批评、申诉、控告或者检举的权利。批评、申诉、控告、检举是公民行使监督权的具体形式、是宪法赋予公民的权利。对依法行使批评、申诉、控告、检举等权利的行为进行压制或者打击报复的公务员，予以从警告直至开除处分。因此，法律在赋予公民批评、申诉、控告、检举权利的同时，也规定了公民的义务，即行使该权利的公民亦不得捏造或者歪曲事实进行诬告陷害。也就是说，公民在行使这些权利时，必须实事求是，决不能捏造或者歪曲事实，有意诬告陷害他人。公民在享有批评权、申诉权、控告权、检举权时，也要承担如实陈述的义务。

**3. 不得拒不执行上级或者机关决定等**

下级服从上级的决议和命令是公务员必须遵守的最基本的工作纪律和要求，是保证党政机关系统正常运转的必然要求。上级依法做出的决定和命令，下级必须执行，否则会受到惩戒，但是上级的决定或命令违法时，下级该怎么办?《公务员法》第六十条专门对其进行了阐述：“公务员执行公务时，认为上级的决定或者命令有错误，可以向上级提出改正或者撤销该决定或者命令的意见；上级不改变该决定或者命令而要求立即执行，公务员应当执行该决定或者命令，执行的后果由上级负责，公务员不承担责任；但是，公务员执行明显违法的决定或者命令的，应当依法承担相应的责任。”这条规定是对公务员服从命令的义务和纪律的重要补充。

公务员在执行公务时怎样处理领导意见与法律程序的关系，是摆在公务员面前一个重要问题。“不得拒绝上级依法做出的决定和命令”这一条款，看起来很明确，但实际上很难操作，很容易让公务员在现实中左右为难。一方面是自身的法律安全与责任，另一方面是上级的指令和要求。拒绝执行上级的命令所带来的风险与代价，不仅仅是引起上级的恶感和影响职务升迁问题，而且关系到能否在公务员队伍中继续生存下去的问题。因此，要化解这种“不办不行，办了又违法”的困局，就应该追本溯源，找到问题的症结所在，即约束权力。如果不从约束领导权力入手，即便下属再懂得规避风险的艺术，也是防不胜防、避无可避。同时，应当建立强有力的保护制度，避免公务员因不执行上级违法命令而遭受打击报复的情况。

### 9.2.3　工作纪律

工作纪律，是指公务员在履行职责时应当遵守的行为规范。遵守工作纪律，是公务员有效执行公务、提高办事效率的保证。《关于进一步激励广大干部新时代新担当新作为的意见》明确提出，坚持严管和厚爱结合、激励和约束并重，对不担当不作为的公务员，根据具体情节该免职的免职、该调整的调整、该降职的降职，使能上能下成为常态。公务员法强化了对庸懒散拖、不担当不作为公务员严肃处理的要求。工作纪律的行为包括：

**1. 不得不担当、不作为，玩忽职守，贻误工作**

在现实中，一些党员干部抱着“不求有功，但求无过”“多一事不如少一事”的心态，庸政、怠政、懒政，对职责范围内的工作该拍板不拍板，“三重一大”事项议而不决……诸如此类，都是不担当、不作为的表现。随着《中国共产党纪律处分条例》的出台和《公务员法》的修订，国家大力鼓励坚定“四个自信”，敢于负责、勇于担当、善于作为、实绩突出的公务员。

**2. 不得弄虚作假，误导、欺骗领导和公众**

公务员弄虚作假，误导、欺骗领导和公众，会影响政府公信力，政府公信力的下降会引发社会诚信缺失、政府管理效率降低等问题。因此，要不断提升政府公信力，避免陷入“塔西佗陷阱”。作为公务员要依法行政，说老实话，办老实事，做老实人，不得弄虚作假，欺骗领导和公众。

**3. 不得滥用职权，侵害公民、法人或者其他组织的合法权益**

根据《刑法》有关规定，国家机关工作人员滥用职权或者玩忽职守，致使公共财产、国家和人民利益遭受重大损失的，处三年以下有期徒刑或者拘役；情节特别严重的，处三年以上七年以下有期徒刑。因此，公务员在行使职权时，要做到有法可依，不得滥用职权，侵害公民、法人或者其他组织的合法权益。

**4. 不得泄露国家秘密或者工作秘密**

“泄露”，是指把自己掌管的或者知道的不应该让其他人知道的国家秘密、工作秘密，或者因履行职责而掌握的商业秘密、个人隐私等内容让其他人知道了。泄露行为的方式可以是多种多样的，可以是故意泄露，也可以是意外丢失；可以是口头泄露，也可以是书面泄露；可以是用交付实物的方法泄露，也可以是用密写、影印、拍摄、复制等方法泄露。

《中国共产党纪律处分条例》第一百二十八条规定，泄露、扩散或者打探、窃取党组织关于干部选拔任用、纪律审查、巡视巡察等尚未公开事项或者其他应当保密的内容的，给予警告或者严重警告处分；情节较重的，给予撤销党内职务或者留党察看处分；情节严重的，给予开除党籍处分。

#### 5. 不得在对外交往中损害国家荣誉和利益

公务员在对外交往中，代表和捍卫的是14亿中国人民的利益和尊严，应当坚持和平共处五项原则，增强国家荣誉感和民族自豪感，切实维护和保障国家的荣誉和利益。

#### 6. 不得旷工或因公外出、请假期满无正当理由逾期不归

《公务员法》规定“旷工或者无正当理由逾期不归连续超过十五天，或者一年内累计超过三十天的”予以辞退。连续不足十五天或者累计不超过三十天的，按照有关规定给予处分。

### 9.2.4 廉洁纪律

党廉则政清，政清则国兴。清正廉洁是共产党人的基本底线。《党章》明确规定：党的各级领导干部必须信念坚定、为民服务、勤政务实、敢于担当、清正廉洁。廉洁纪律，是指公务员在廉洁从政方面应当遵守的行为规范。公务员必须正确行使人民赋予的权力，廉洁从政，绝不与民争利，绝不以权谋私。廉洁纪律内容包括：

#### 1. 不得贪污受贿，利用职务之便为自己或他人谋取私利

《刑法》第三百八十二条规定，国家工作人员利用职务上的便利，侵吞、窃取、骗取或者以其他手段非法占有公共财物的，是贪污罪。受国家机关、国有公司、企业、事业单位、人民团体委托管理、经营国有财产的人员，利用职务上的便利，侵吞、窃取、骗取或者以其他手段非法占有国有财物的，以贪污论。

《刑法》第三百八十五条规定，国家工作人员利用职务上的便利，索取他人财物的，或者非法收受他人财物，为他人谋取利益的，是受贿罪。国家工作人员在经济往来中，违反国家规定，收受各种名义的回扣、手续费，归个人所有的，以受贿论处。受贿罪在主观方面表现为故意，目的是非法占有公私财物，在客观方面表现为利用职务便利，索取他人财物，或非法收受他人财物为他人谋取利益。

2. **不得违反财经纪律，浪费国家资财**

国家的国有资产和财政资金属于公共财物。作为公务员，理应遵守国家法定的相关制度，不仅不能浪费国家的公共财物，还应对其节约。此外，相关法律法规规定了公务员使用公款公物的行为要求：一是公务员不得借用公款逾期不还、借用公款进行营利活动、借用公款进行非法活动。二是公务员不得违反规定将公款借给私人。三是公务员不得违反公共财物管理和使用规定，利用职务上的便利占用公物归个人使用，用公物进行营利活动，或占用公物进行非法活动。四是公务员不得接受可能影响公正履行职责的私人资助旅游。五是公务员不得利用职务或者工作上的便利，以购买物品时象征性支付少量钱款等方式非法占有公私财物或者罚没物品，无偿或者象征性支付少量报酬使用劳动力，或以前款规定的手段购买房屋。六是公务员不得违反国家规定，将应当上缴国家的罚没财物以单位名义私分或者变相私分给个人。七是公务员不得有其他利用公款、公物进行以权谋私的行为。

3. **公务员不得违反有关规定参与从事或者参与营利性活动，在企业或者其他营利性组织中兼任职务**

营利性活动指的是为获取一定的利益而从事的一系列经营活动。相关法律法规规定了公务员集体及公务员应遵守的行为：一是国家行政机关及其内设机构、派驻机构不得违反规定经商、办企业。二是公务员不得经商、办企业或者参与其他经营活动。三是公务员不得兼职领取报酬或者违反规定在经济实体中兼职（包括名誉职务）。四是公务员不得从事有偿中介活动。五是公务员不得违反规定从事个人证券投资。六是公务员不得在国外、境外注册公司或者投资入股。七是公务员不得有其他经商办企业等以权谋私的行为。八是公务员不得在其配偶、子女及其配偶经营的企业、营利性组织的行业监管或主管部门担任领导成员。

《公务员法》禁止公务员违反有关规定兼任企业或营利性组织的职务，但并不禁止公务员的经济行为，而是严格限制公务员参与经营活动。比如，公务员可以依照规定在证券市场上申购、购买股票等有价证券，但是不准其参与上市企业的日常经营管理活动。

### 9.2.5　生活纪律

生活纪律，是指公务员在日常生活和社会交往中应当遵守的行为规范，涉及公务员社会公德和家庭美德。违反生活纪律的行为包括：违反社会公德，参与或者支持色情、吸毒、赌博、迷信等活动；违反家庭美德，拒不承担赡养、抚养、扶养义务，虐待、遗弃家庭成员，包养情人。一般公民有这些行为但未达到违法犯罪程度的，不追究法律责任，只受道德谴责。公务员必须具有良好的道德品行，模范遵守公共道德，如果有这些行为，不仅受道德谴责，还要受到处分。

**1. 不得违反社会公德，参与或者支持色情、吸毒、赌博、迷信等活动**

公务员是人民的公仆，其行为将会对整个社会产生重要影响和示范作用。色情、吸毒、赌博、迷信等活动，严重败坏社会风气，扰乱社会治安，危及社会稳定。作为公务员应当洁身自爱，率先垂范，坚决抵制攀比风、赌博风、封建迷信风等不良风气，不得参与或者支持色情、吸毒、赌博、迷信等活动。

**2. 不得违反家庭美德，拒不承担赡养、抚养、扶养义务，虐待、遗弃家庭成员，包养情人等**

任何职业都需要具有相应的职业道德，公务员在行使公共权力的过程中也应遵守相应的行为准则。要积极倡导公务员“爱岗敬业、诚实守信、办事公道、服务群众、奉献社会、廉洁奉公、遵纪守法”，打造一支忠诚干净担当的高素质公务员队伍。同时，公务员还应积极培育和践行社会主义核心价值观，力争成为有社会责任感的模范公民。

## 9.3 公务员监督

党的十九大报告强调，要“构建党统一指挥、全面覆盖、权威高效的监督体系，把党内监督同国家机关监督、民主监督、司法监督、群众监督、舆论监督贯通起来，增强监督合力”。2018 年，十三届全国人民代表大会第一次会议审议通过《中华人民共和国监察法》，强调要“构建集中统一、权威高效的中国特色国家监察体制”。公务员监督是反腐倡廉的重要举措，是推进国家治理体系和治理能力现代化的必然要求。作为人民的公仆，公务员应遵纪守法，严于律己，以身作则，全心全意为人民服务，自觉接受监督。

### 9.3.1 公务员监督的含义

公务员监督，是指依法享有监督权的监督主体，通过法定方式和程序对公务员行为的合法性、合规性、合理性进行监察、察看和督导，以规范、约束公务员的公共管理行为及其言行举止行为。我国公务员监督的主体包括政党、国家机关、社会群众团体与公民个人等，监督的客体是公务员从事的公务行为。

### 9.3.2　公务员监督的内容

《公务员法》明确规定，机关应当对公务员的思想政治、履行职责、作风表现、遵纪守法等情况进行监督，开展勤政廉政教育，建立日常管理监督制度。对公务员监督发现问题的，应当区分不同情况，予以谈话提醒、批评教育、责令检查、诫勉、组织调整、处分。对公务员涉嫌职务违法和职务犯罪的，应当依法移送监察机关处理。

公务员应当自觉接受监督，按照规定请示报告工作、报告个人有关事项。

《监察法》规定，对有职务违法行为但情节较轻的公职人员，按照管理权限，直接或者委托有关机关、人员进行谈话提醒、批评教育、责令检查，或者予以诫勉；对违法的公职人员依照法定程序作出警告、记过、记大过、降级、撤职、开除等政务处分决定。根据《中国共产党问责条例》等有关规定，这里的组织调整，一般包括停职检查、调整职务、责令辞职、免职、降职等。组织调整可以单独使用，也可以与处分同时使用。

### 9.3.3　公务员监督制度的演变

我国监督制度经历了一个循序渐进的过程。1997 年，第八届全国人民代表大会常务委员会第二十五次会议审议通过《中华人民共和国行政监察法》；2014 年，国务院第六十三次常务会议审议通过《中华人民共和国行政监察法实施条例》。《中国共产党党章》规定：要不断完善监督体系，深入推进党风廉政建设和反腐败斗争，以零容忍态度惩治腐败，构建不敢腐、不能腐、不想腐的有效机制。党员干部要严格遵守《中国共产党党章》《中国共产党廉洁自律准则》《中国共产党纪律处分条例》《新形势下党内政治生活的若干准则》等党内法规。此外，《中国共产党问责条例》《中国共产党党内监督条例》《中国共产党纪律检查机关监督执纪工作规则》等对党内监督的规定进一步细化。

2018 年，第十三届人大第一次会议表决通过《中华人民共和国监察法》，以期加强对所有行使公共权力的公职人员的监督，实现国家监察全面覆盖，深入开展反腐败工作，推进国家治理体系和治理能力现代化的实现。2018 年，中共中央纪律检查委员会、国家监察委员会印发《公职人员政务处分暂行规定》，以规范监察机关的政务处分工作。2019 年，印发的《中共中央关于加强党的政治建设的意见》强调，要扎紧不能腐的笼子，健全党和国家的监督体系。此外，《法治政府建设与责任落实督察工作规定》《中国共产党党内法规执行责任制规定（试行）》等也对公务员监督尤其是党政领导干部监督工作提出了相应的要求。2020 年实施的《中华人民共和国公职人员政务处分法》旨在规范政务处分，强化对行使公权力的公职人员的监督，实现党纪与国法的有效衔接，推进政务处分法制化与规范化。

# 9.4 公务员惩戒

## 9.4.1 公务员惩戒的含义及条件

### 1. 惩戒的含义

惩戒即惩治过错，警戒将来，旨在制止和预防行政人员和管理相对人违法乱纪行为的发生。公务员惩戒又称作公务员的处分，就是对违反纪律的公务员按照有关规定进行惩治，警示公务员不要违反纪律。

### 2. 惩戒的条件

对公务员惩戒应当具备一定的条件，主要包括以下两点内容：一是公务员有违法或者违纪的行为。“违法”就是指违反现行法律，给社会造成某种危害的、有过错的行为。“违纪”既包括了违反《公务员法》的相关纪律，也包括了其他法律、法规专门为某些特殊职位、工作性质特殊的公务员做出的特殊纪律规定等。二是按照法律规定，违法行为必须承担相应责任，且不存在免予处分的情况。免予处分是指公务员有违纪行为（非违法），且违纪行为显著轻微，经批评教育后已经认识到了错误并能够及时改正。

## 9.4.2 公务员惩戒的种类

惩戒种类即处分种类，即根据公务员违法违纪行为的严重程度而区分的处分类型。1952 年，《国家机关工作人员奖惩暂行条例》将惩戒分为六类：警告、记过、降级、降职、撤职、开除。1957 年，《关于国家行政机关工作人员的奖惩暂行规定》增加了记大过和开除留用察看两类惩戒种类，使行政惩戒由六种变为八种：警告、记过、记大过、降级、降职、撤职、开除留用察看、开除。2018 年修订的《公务员法》将处分的种类确定为：警告、记过、记大过、降级、撤职和开除六种。

警戒性惩戒分为警告、记过及记大过，属于声誉惩戒或称精神惩罚（不涉及公务员的实际利益，更多体现的是精神性惩戒）。声誉惩戒一般用于不严重的违纪，主要体现在公务员名誉上的责罚，由相关部门对其发出警告。

降级是指降低公务员的级别，同时暗含着降低工资档次；撤职是指撤销公务员所担任的职务、职级，同时暗含着降职、降级和降低工资档次。降级和撤职涉及公务员的实际利益，都属于实质性惩戒。

开除是严厉的惩处，意味着被处分公务员已解除公职关系。根据《公务员法》的规定，公务员被开除后将不再具有公务员身份，也不能再被录用为公务员。

### 9.4.3　公务员惩戒的法律后果、标准和处分期

惩戒的法律后果也是处分的法律后果，是指公务员在处分期间承受的法律规定的不利于自己的结果，主要是在晋升工资档次、级别、职务、职级等方面受到的不利影响，具体如表 9－1 所示。

**表 9－1　公务员惩戒的法律后果**

| 处分种类 | 晋升职务 | 晋升级别 | 晋升工资 | 解除期限（月） | 惩戒标准 |
|---|---|---|---|---|---|
| 警告 | × | × | √ | 6 | 轻微的违法违纪行为 |
| 记过 | × | × | × | 12 | 违反行政法规定，造成一定损失 |
| 记大过 | × | × | × | 18 | 违反行政法规定，造成较大损失 |
| 降级 | × | × | × | 24 | 严重违反纪律，造成严重损失 |
| 撤职 | × | × | × | 24 | 严重违反纪律，该公务员已不适合继续担任现任职务 |
| 开除 | 解除人事关系，丧失公务员身份，永远不能再被录用为公务员 | | | 终身 | 严重违法乱纪，已不适于继续在党政机关担任公务员 |

### 9.4.4　公务员惩戒的权限与程序

#### 1. 惩戒的权限

惩戒权限通常由任免机关或监察机关决定。惩戒权限设置应该坚持三项原则：一是惩戒权与任免权保持一致，即任免机关享有对其任免人员的惩戒权；二是惩戒权与监督权保持一致，即监督机关享有对其监督对象的惩戒权；三是惩戒权与干部管理权保持一致，即享有干部管理权的党委与享有惩戒权的机关在惩戒公务员的过程中保持协调。惩戒的批准权限是惩戒制度的重要环节，一般而言，由任免机关批准。开除是最严厉的惩戒，须报上级主管部门批准或备案。县或市以上党政机关有权开除公务员，而县或市以下的党政机关无权开除公务员。在监察范围内，各监察部门可以直接给予该范围内公务员“撤职”以下处分。

#### 2. 惩戒的程序

任免机关给予公务员处分，一般的程序是：（1）经任免机关负责人同意，由任免机关有关部门对需要调查处理的事项进行初步调查。（2）任免机关有关部门经初步调查认为该公务员涉嫌违纪违法，需要进一步查证的，报任免机关负责人批准后立案。

(3) 任免机关有关部门负责对该公务员违纪违法事实做进一步调查，形成书面调查材料，向任免机关负责人报告。(4) 任免机关有关部门将调查认定的事实及拟给予处分的依据告知被调查的公务员本人，听取其陈述和申辩，被调查的公务员提出的事实、理由和证据成立的，应予采信。(5) 经任免机关领导成员集体研究，作出对该公务员给予处分、免予处分或者撤销案件的决定。(6) 将处分决定以书面形式通知受处分的公务员本人，并在一定范围内宣布。(7) 将处分决定归入受处分的公务员本人档案，同时形成该处分案件的工作档案。任免机关给予公务员处分，应当自批准立案之日起6个月内作出决定；案情复杂或者遇有其他特殊情形的，办案期限可以延长，但是最长不得超过12个月。监察机关给予公务员政务处分，按照监察法等有关法律法规规定办理。

#### 3. 惩戒的基本原则

《公务员法》第六十三条规定，对公务员的处分，应当事实清楚、证据确凿、定性准确、处理恰当、程序合法、手续完备。

事实清楚，是指违纪违法行为发生的时间、地点、动机、目的、手段、后果以及其他有关情况必须清楚，这是对违纪违法行为正确定性量纪的客观基础。

证据确凿，是指认定违纪违法行为和给予违纪违法行为人处分的证据，必须能够充分证明违纪违法行为的存在以及违纪违法行为的性质、程度，不能够充分证明违纪违法行为客观情况的，则不能采信。

定性准确，是指在事实清楚、证据确凿的基础上，对违纪违法人员或者违纪违法单位所犯错误事实性质的认定确定无疑。准确判定案件的性质，是正确处理案件的重要前提，直接关系纪律能够正确执行。

处理恰当，是指根据违纪违法行为的性质、情节、后果和违纪违法行为人对错误的认识和态度、一贯工作表现等，依法给予违纪违法行为人恰当的处理，轻重适度，不枉不纵。

程序合法，是指调查处理违纪违法案件的整个过程必须符合法律、法规、规章规定的程序，程序不合法也会使处分无效。

手续完备，是指案件查处过程中必须具备的书面材料要完整、全面和准确，这是程序合法的一部分，也是公务员处分工作公正、公平原则的体现。

### 9.4.5 公务员惩戒解除

惩戒解除也即处分解除，是指除开除以外的处分，在处分期间有悔改表现，并且没有再发生违纪行为的，处分期满后，原处分单位解除处分的行为。解除处分要注意的问题：

（1）在解除处分的适用范围上，被警告、记过、记大过、降级、撤职行政处分的公务员，可以解除处分；受开除行政处分的公务员，不存在解除处分问题。

（2）解除处分包括三个条件：一是有悔改的意愿和行为，二是没有再次违纪违法行为，三是处分期满。提前解除处分必须在处分期间有重大贡献。

（3）解除降级、撤职处分时不恢复原级别、原职务，而是根据公务员自身素质和实际表现及职位空缺情况，按照任用程序任命新职务和确定新级别。

（4）解除处分后，原处分不再影响其晋升职务、级别和工资档次。

（5）解除处分必须手续齐全，程序合法。

## 9.5　国外公务员的纪律、监督和惩戒

### 9.5.1　国外公务员的纪律与监督制度

西方国家对公务员的纪律规定不仅对公务员的公务行为有约束力，还对公务员个人道德品质提出要求，涵盖范围广泛。因为国情、社会制度、政治体制、历史传统、政府管理模式不同，各国对于公务员行政纪律的规定既体现了彼此的差异性，也有其共同性。

#### 1. 国外公务员纪律的特点

（1）纪律严明，明令禁止某些行为。约束公务员个人行为，需要严明的纪律。它有效防范或者避免滥用公共权力。在西方国家里，如英、法、德、日、加拿大、澳大利亚等，都严格规定了公务员纪律。其中包括了“政治纪律”“工作纪律”“廉政纪律”“道德纪律”等方面，明确了公务员的公共权力。这就成为公务员的行动方向，且约束着公务员，告诉他们可行及不可行。如《澳大利亚公务人员行为准则》关于道德行为的14条规定里，有4条可行性条款，剩下的均为不可行性条款。公务员必须严格遵守。

（2）公务员纪律与法律相辅相成，形成制度合力。公务员纪律与管理法律之间的关系，是相辅相成，互相补充。其中公务员管理法律高于公务员纪律，公务员纪律是公务员管理法律的前提和基础。在相关程序下优秀的公务员条款可以成为管理法律。美国的《政府道德改革法》、法国的《政治生活资金透明法》《预防腐败和经济生活与公共秩序透明法》、英国的《联邦政府关于在联邦行政机构防范腐败行为的条例》都在管理法规中指出，除了公务员纪律之外，还要反腐败、反贪污，让官员财产公开，以便公众监督，加强公务员自身道德建设。

（3）在纪律面前人人平等，违纪者必究。规范公务员行为的相关规章制度是公务

员纪律。在西方国家，相关规章制度对公务员纪律做出明确阐述。在执行相关公共权力时，公务员的一言一行都受到公务员纪律的约束，这就是其约束性。没有人可以享有公务员纪律的特权，只要是违反公务员纪律，都将根据情节严重情况受到惩戒。其中包括行政惩戒与司法惩戒。在法国，《公务员权利和义务总章程》指出，在职期间或担任公共职务，公务员自身错误都会有相应职务惩处，在必要时候，将会受到刑事处分。德国《联邦公务员法》规定，公务犯罪是指，公务员因个人过失而使其应履行的公务义务受到损害的行为。在工作以外的行动，如果是在特殊情况下，使公务员自身职务名声或威望受损，就是公务犯罪，必然要让相应公务员受到法律制裁，承担该有的责任。日本《国家公务员法》规定，公务员违反本法或基于本法的命令或渎职或消极怠工，另外作为国民服务者有不当行为时，都将受到严惩。

**2. 国外公务员纪律与监督**

（1）政治纪律与监督。①保持政治中立，不为党派谋私。在西方国家中，英国、美国、日本、法国、瑞士都要求公务员不是为哪个党派服务，而是必须全心全意为国民服务。英国《公务员管理法》规定，英国大臣应保持政治中立，不为党派目的使用公共资源，公务员不得参与任何有损于当今政府或未来政府所实施的公正无私的服务的政治活动或公共活动。在美国，公务员不得参加政治党派竞争，不能参加政治竞选活动，且不能成为政党候选人，不能以政治目的为借口收取钱财，更不能煽动劳动阶级，联合其采取集体行动。日本《国家公务员法》规定，公务员不得为政党或政治目的接受捐款或其他利益，不得以任何形式参与这些行为。公务员除了选举权，不能参与人事院禁止的任何政治行为，不得成为公选的公职候选人，不能为其他政党或政治团体担任官员顾问，更不能成为其他政党管理人员。②不能组织或参与非法组织，不得组织或参与非法罢工。一些西方国家已经通过立法形式，在一定程度上约束限制公务员的结社自由权。规定公务员不能组织或参与组织罢工。例如在英国，大约有 20% 的公务员的结社权遭受限制。日本《国家公务员法》规定，公务员不得合谋、唆使、煽动、图谋与公众罢工、怠工，更不可参与其他争议性的活动怠慢工作，降低政府工作效率。1947 年，美国出台了《塔夫特—哈特莱法》，其中规定对罢工的公务员严处，所有参加罢工的人员会被即刻辞退，甚至三年内没有任职资格。

（2）工作纪律与监督。①杜绝玩忽职守贻误工作。在西方发达国家，规定公务员应当恪尽职守，勤奋工作，杜绝玩忽职守贻误工作。例如英国《公务员管理法》规定，所有公务员应当忠于所在政府部门，并需要承担法律合理履行公务的责任。而法国《公务员权利和义务总章程》指出，所有公务员，不论级别高低，都要履行相应工作职责。日本《国家公务员法》规定，公务员应将其工作时间和职务上的注意力全部用于履行职责。②不能滥用职权、徇私舞弊，损害公共利益。英国《公务员管理法》规定，公务员不得滥用其职务上的便利或利用在执行公务中所获得的信息，为自己或他人谋取私利。德国《联邦公务员法》规定，公务员不得滥用职权的法令仍然有效。美国《行政部门雇员道德行为准则》则要求雇员保证公务履行中的公正性，不准滥用公共权力谋求私利。日本《国家公务员伦理法》规定，公职人员要公私分辨，不能投机取巧，利用职务之便为自己或自己所属的组织谋求不正当利益。③上级根据法律做出的决定和命令，不能违抗。英国《公务员管理法》规定，公务员不能放弃或拒绝执行由国民大会、秘书长以及各位领导做出的决议和行动方案，从而破坏政府部门的各项政策、决策和行动方案。法国《公务员权利和义务总章程》规定，公务员需无条件遵守和服从上一级领导的安排和指示。④严禁泄露工作秘密及国家机密。英国《公务员管理法》规定，在没有授权的前提下，公务员严禁在部门间泄露机密信息或来自外部的机密信息，公务员在离开王室职务后，应继续履行保密义务。法国《公务员权利和义务总章程》规定，在刑法所明确规定的准则范围内，公务员必须严守职业机密。日本《国家公务员法》规定，公务员不得泄露工作上所知的机密，离职后也不能泄露。⑤不得弄虚作假，欺骗公众和领导。英国《公务员管理法》指出公务员在履行职责时，应时刻本着公平、公正和诚实的原则，不能有意误导或欺骗各位大臣、议会、国民大会或公众。美国相关法规规定，公务员不得弄虚作假，不得欺骗上级和公众。

（3）廉政纪律与监督。①不得贪污、行贿与受贿。英国《公务员管理法》规定“公务员不得接受任何来自第三方的可能损害其个人的公正判断力和诚实性的礼品、款待、恩惠或其他形式的好处”，“各内阁部和政府机构应当告知其职员，在哪些情况下，必须将其收到的礼品、款待、奖赏、勋章和其他收益进行报告，或在接受前必须经过批准”。美国《行政部门雇员道德行为准则》禁止职员索取或者接受来自被禁止途径的礼物，并对职员之间的礼物进行限制；美国《法典》第十八篇“犯罪与刑事诉讼程序”中，严格规定了贪污、贿赂以及利益冲突情形。在德国，公务员每年都要与所在单位签订“廉政合约”，承诺廉洁奉公。②不得从事或者参与营利性活动。在美国，《政府道德改革法》规定，政府工作人员不得在营利性的组织或集团中任职。美国《行政部门雇员道德行为准则》第四部分明确规定，在具有冲突的经济利益中，公务员必须回避经济利益和被禁止的经济利益，并要求政府人员不得从事与政府公职冲突的兼职。法国《公务员权利和义务总章程》规定：公务员不能通过或借助职务之便，谋得任何具有营利性的个人活动。公务员更不得通过自己或中间人，在其负责或相关的行政检查的企业中索要或收取任何性质的好处。日本《国家公务员法》规定，公务员只能从事由政府负责的职务，应当与私营企业隔离，不得兼任商业、工业、金融业等以营利为目的的私营企业或其他团体的官员、顾问或理事等职务，或自办营利性企业。③不可违反财经纪律，浪费公共财物。英国《公务员管理法》规定，公务员应尽力保证公共资金使用的适当性、有效性和效率性。美国《行政部门雇员道德行为准则》规定，雇员具有积极保护和保全政府财产，以及仅为经认可的目的使用政府财产的义务。

（4）道德纪律与监督。部分西方国家规定，公务员不得违反个人品德、职业道德和社会公德。美国《政府道德改革法》以及《行政部门雇员道德行为准则》是公务员应遵守的与职业道德有关的法律法规。公务员必须偿还私人债务，私生活要检点，不得酗酒滋事，在服务期间不得从事赌博及其他有失身份的不道德行为。公务员不得轻视社会及职业道德，更不得违背个人品德。英国《公务员管理法》规定，公务员应当恪守特定专业领域的职业道德。日本《国家公务员法》规定，公务员不得有损害其职务信用或玷污全体职务名誉的行为。

## 9.5.2 国外公务员的惩戒制度

### 1. 国外公务员惩戒主管机构与权限

公务员惩戒主管机构掌握惩戒权力，按照公务员管理法规对公务员进行监督、行政处分。公务员惩戒权限是指主要主管机构及其领导人所掌握的对违纪公务员进行处罚的法定权力范围。西方国家对公务员惩戒主管机关分为三类：

（1）公务员所在政府部门或其主管行政首长。公务员所在的政府部门或其行政首长对本部门违纪情节轻微的公务员进行惩戒，其惩治权限包括：一是限制性惩戒权。法国、德国等国家规定，主管部门及其行政首长能实施训诫、警告、少量罚款、扣薪等在内的轻微惩戒；较重的惩戒权限主要由专职行政惩戒机构、司法机构掌握。二是非限制性行政惩戒权。英国、日本等国规定，行政首长可以直接决定各种轻重不同的惩戒形式，英国国务大臣、日本总理大臣享有各类轻重不一的公务员惩戒权。

（2）专职行政惩戒机构。专职行政惩戒机构是指在行政系统内部设立的专门实施公务员惩戒的纪检、监督机构，或综合性公务员管理机构。如法国公务员纪律委员会、法国行政对等委员会、日本人事院及美国人事联邦管理署等，在主管部门及其行政首长只能实施限制性惩戒权的国家，一般设立“惩戒委员会”“纪律委员会”等专职行政惩戒机构，负责处理包含撤职、停职、开除等在内的较重的公务员惩戒事宜。

（3）司法性公务员惩戒机构。西方国家司法机构保持相对独立，不干预行政权力运行。但部分西方国家的司法机构也间接参与公务员惩戒事宜，如德国公务员涉及减薪、停止晋升、降级、降职等处分时，必须移交联邦纪律法院处理。

### 2. 国外公务员惩戒条件

公务员惩戒条件是指公务员主管机关对公务员实施惩戒措施时所依据的标准和依

据，即公务员应受处分的法定情形。总体来说，西方公务员惩戒条件主要包括：一是公务员违反国家宪法、法律、法规、规章等。二是公务员不履行公务员管理法规所规定的义务、职责，违反公务员纪律或行为规范与准则。三是公务员主观上有过错。四是公务员的违法、违纪行为影响正常的公共组织运行秩序，损害公共利益，危及政府形象和公务员个人形象。

### 3. 国外公务员惩戒形式

国外公务员惩戒形式多样，一般而言，每种惩戒形式单独采用，但也不排除附加或重叠使用。具体采用何种形式，根据公务员违法违纪行为的情节轻重、损失大小、主观意识、悔改态度等，由主管机关酌情决定。

（1）按惩戒主管机关，分为司法惩戒、行政惩戒、政党惩戒。司法惩戒是指司法机关依法对触犯法律的公务员实施惩戒，追究其法定的刑事或民事责任。行政惩戒是指行政机关或其监督机构按照公务员管理规定对违反公务员纪律的公务员实施行政处分，追究其政纪责任。政党惩戒，是指政党或其纪检机构按照章程与纪律处分条例对违反党纪的公务员实施纪律处分，追究其党纪责任。

（2）按惩戒性质，分为精神惩戒、物质惩戒、职务惩戒。精神惩戒适用于轻微的违纪行为，通过申戒、警告、记过等方式对公务员进行名誉惩戒。物质惩戒适用于情节较重的违纪行为，通过罚款、减薪、取消加薪、取消养老金、停薪等方式，降低其物质待遇。职务惩戒适用于情节严重的违纪行为，通过降职、降级、取消晋升资格、撤职、停职、免职、开除等方式，使公务员的职务、级别或任用关系发生变动。

### 4. 国外公务员惩戒程序和权益保护

（1）国外公务员惩戒的程序。国外公务员惩戒一般包含以下阶段：第一，经初步调查，已确定存在违纪行为，并事实清楚。第二，经任免机关负责人批准立案。第三，形成惩戒决定，报上一级机关及其领导审批。第四，经审议通过后，正式公布公务员惩戒决定。第五，复核、申诉。被处分的公务员在规定的期限内，向有关部门提出复核、申诉。第六，复审、裁决。

（2）国外公务员在惩戒过程中的权益保护。在公务员惩戒过程中，美国、日本、法国等西方国家都采取适当措施，维护和保障公务员的合法权益。主要包括以下几个方面：一是依法保障公务员的知情权。二是依法保障公务员的申诉权。三是依法保障公务员身份及其经济权益。四是立法防范不当的行政惩戒。

### 5. 国外公务员行政惩戒

（1）法国公务员行政惩戒。法国《公务员总章程》规定，有四种公务员惩戒形式：

一是警告、教育或训诫。二是取消其晋升资格；降级；临时解除职务，期限最多15天；根据行政命令将其调离工作岗位。三是降职降级；临时解除职务，期限为3个月至2年。四是下达行政命令强制退休，撤职或罢免。其中，在第一类公务员惩戒中，只有训诫才存入公务员档案，三年之后若不再受处分，将自动从档案中撤销。若犯有第二类、第三类处分，可以取消公务员的职务晋升资格。临时解除公务员职务期间，剥夺公务员一切薪酬。

（2）瑞士公务员行政惩戒。《瑞士联邦公务员法》规定，公务员纪律处分包括：一是训诫。二是罚款（100法郎以内）。三是取消交通优惠。四是减少薪金和取消薪金性的暂时停职。五是在维持原薪或减少薪金的前提下强制调动工作。六是减少预先洽谈的薪金。七是减少甚至取消加薪。八是停职。九是撤职。

（3）美国公务员行政惩戒。"警告、调换工作、记过、减薪、停止晋升、停薪、降职、免职"是美国公务员行政惩戒形式。其中，免职是最严厉的行政处分，适用于17种法定违纪情形，如不遵守服务章程、破坏公务员法规、不服从长官指令或违抗命令、有欺骗行为、办事不力等。被提议降职、免职的公务员有4项权利：一是委托律师或其他代表进行维权。二是有权在机关讨论给予降职或免职处分的会议前三十天内收到关于降职或免职的书面通知。三是有权在适当时间内进行口头或书面答辩。四是有权收到说明处分事由的处分决定书。

（4）日本公务员行政惩戒。《日本公务员法》规定，公务员行政惩戒形式包括免职、停职、降薪和警告。其中，若公务员的停职期限不超过一年，由人事院规定；停职者保有公务员身份，但不任职，停职期间一般不领取报酬。人事院调查后，可对公务员实施惩戒程序，且直接由任命者执行。应实施惩戒的事件在刑事判决期间，人事院或任命者经人事院批准，可以对相同事件酌情实施惩戒程序，行政惩戒处分不影响刑事诉讼。

（5）德国公务员行政惩戒。德国公务员惩戒形式主要包括八大类：警告、减薪、罚款、降级、降职、停止晋升、削减退休金、取消退休金等。

**【理论前沿】**

[1] 朱福惠．国家监察法对公职人员纪律处分体制的重构［J］．行政法学研究，2018（04）：24－37.

[2] 刘畅．容错免责机制构建的逻辑与路径［J］．社会科学战线，2019（09）：203－210.

**【本章小结】**

本章首先对公务员纪律的含义、特征与意义做了阐述，认为公务员纪律区别于公务员的义务，是公务员必须遵守的行为规范。公务员纪律作为公务员制度的重要内容，能够维护机关工作的正常秩序，保证其正常运行。公务员纪律的内容包括政治纪律、组织纪律、工作纪律、廉洁纪律、生活纪律。本章还对公务员监督、公务员惩戒及国外公务员的纪律、监督和惩戒作了简要介绍。

**【关键术语】**

公务员纪律　公务员惩戒　公务员监督　记过　降级　撤职　开除　处分期
惩戒程序　解除处分

**【复习思考题】**

1. 简述公务员纪律的含义、特征与意义。
2. 试述公务员纪律的内容有哪些？
3. 公务员的惩戒程序有哪些？
4. 公务员解除处分需要注意哪几点？
5. 简述国外公务员纪律的内容。

# 第10章　公务员培训

【本章知识架构】

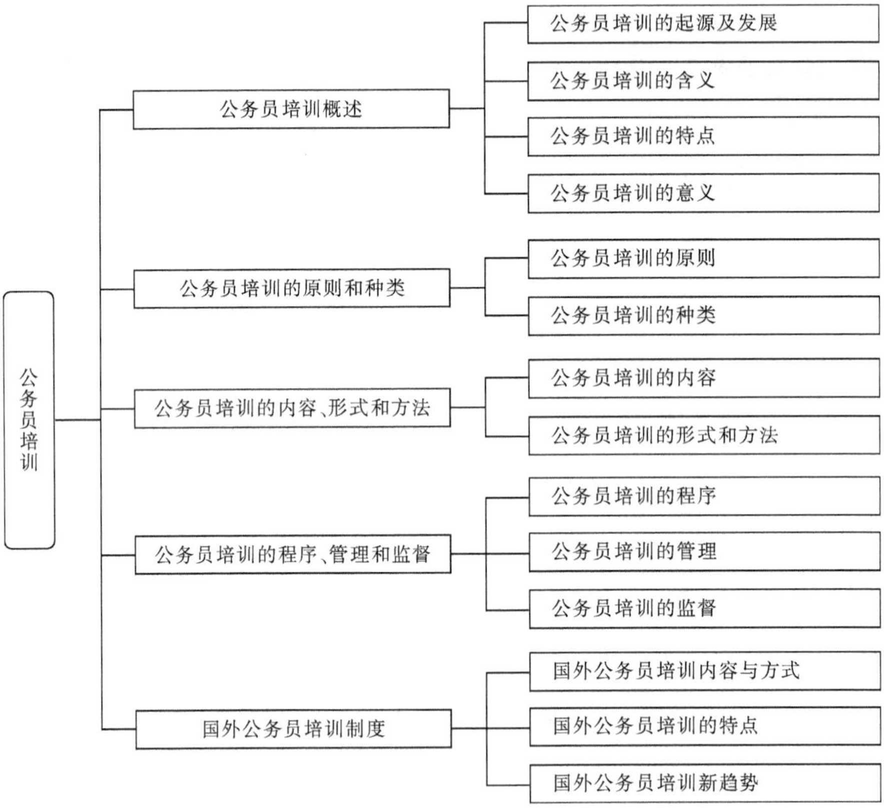

【案例导入】

4 月 12 日至 23 日，来自银川、中卫等市县的 272 名新录用公务员在宁夏区委党校（行政学院）开启为期两周的集中“充电”，参加全区统一招录公务员初任培训班。此次培训重点将业务能力提升与政治理论学习、良好作风养成和推动工作落实深度融合，突出培训的系统性、针对性和科学性，持续巩固深化培训效果。

培训结束后，参训学员纷纷表示，此次培训组织严密、管理严格，课程设置内容丰富、针对性强。学员代表蒋某在结业发言中说道：“通过这次学习更加坚定了理想信念、提升了理论素养、拓宽了工作视野、明确了责任使命，今后将不忘初心、牢记使命，勤勉工作，努力成为一名让党放心、让群众满意的优秀公务员。”

**思考：银川、中卫等市县为什么要大力开展公务员培训？结合学员的发言，谈谈自己对公务员培训的看法。**

实现中华民族伟大复兴，坚持和发展中国特色社会主义，关键在于培养一代又一代可靠的接班人。2019 年 7 月，中共中央办公厅印发《关于贯彻实施公务员法 建设高素质专业化公务员队伍的意见》，提出要坚持用习近平新时代中国特色社会主义思想来全面武装公务员队伍，同时将学习贯彻这一思想作为公务员培训的基础内容和首要内容，努力为新时代打造有责任、敢担当、讲实干的具有全新面貌的公务员队伍。

培训制度作为公务员制度中必不可少的一部分，是全面建设社会主义现代化国家的重要保障。建立公务员培训制度，一方面能挖掘公务员个人潜能，全面提高综合素质，提高工作效能；另一方面，能强有力地优化公务员队伍，加快建设一支信念坚定、为民服务、勤政务实、敢于担当、清正廉洁的高素质专业化公务员队伍，从而更好地服务于人民。

## 10.1　公务员培训概述

### 10.1.1　公务员培训的起源及发展

我国公务员培训制度源于干部教育培训制度，建立在我国干部培训工作经验的基础上。我国公务员培训制度的形成和发展，经历了一段循序渐进且漫长的历史进程。新中国成立后，为了尽快适应社会主义建设的需要，国家积极发展国民教育事业，倡导干部在职学习，创办了各级各类党校和干部管理学院。党的十一届三中全会以后，各级政府部门按照“革命化、年轻化、知识化、专业化”的干部标准，多渠道地开展干部培训活动，极大地推动了我国干部教育培训工作。

1993年8月发布的《国家公务员暂行条例》规定：国家行政学院、地方行政学院以及其他培训机构按照有关规定承担国家公务员的培训任务。该项条例对公务员培训做出专项规定，使得公务员培训工作大规模、普遍地开展起来。1995年，国家颁布实施《中华人民共和国法官法》和《中华人民共和国检察官法》，明确规定了对法官、检察官培训的原则、培训机构及培训结果的使用。1996年，人事部下发《公务员培训暂行规定》，进一步细化和完善公务员培训制度。2005年4月颁布的《公务员法》规定：国家机关根据公务员工作职责的要求和提高公务员素质的需要，对公务员进行分级分类培训。2006年3月，中央印发的《干部教育培训工作条例（试行）》规定：党校、行政学院和干部学院应当突出办学特色，按照职能分工开展干部教育培训工作。部门和行业的干部教育培训机构，应当按照各自职责，做好本部门和本行业的干部教育培训工作。高等学校、科研院所可以发挥自身优势，承担相关的干部教育培训任务。2008年3月，中组部、人力资源和社会保障部联合下发《公务员培训规定（试行）》，明确了公务员培训的类型、方式及培训保障、管理和纪律监督等，提高了公务员培训工作的科学化、制度化和规范化水平。至此，我国公务员培训制度的框架正式形成。2019年10月15日，中共中央再次修订《公务员培训规定》，于2019年11月26日发布，进一步完善了我国公务员培训制度的各项内容，有助于提升公务员培训质量，进而高水平服务于党和国家事业发展。随着我国公务员制度的建立和推行，公务员培训受到高度重视，培训质量也不断提高，目前已经构建起较为完备的公务员培训制度。

### 10.1.2　公务员培训的含义

公务员培训，是指公务员相关职能部门结合社会与个人发展需要，按照职位要求和有关规定，通过各种形式有计划地对公务员进行教育培训。培训内容主要包括理论和实践两个方面，如基础理论知识、实际工作操作等。公务员培训制度的建立，有助于国家建设一支信念坚定、为民服务、勤政务实、敢于担当、清正廉洁的高素质专业化公务员队伍。公务员培训具有权利、义务的统一性与对立性，是公务员管理中不可忽视的一项内容。

### 10.1.3　公务员培训的特点

#### 1. 从性质上看属于全员性终身教育

公务员培训的对象为全体公务员，具有普遍性。公务员培训贯穿于公务员职业生涯发展的全过程，接受教育培训是所有公务员的权利和义务，往往受益终生。

**2. 从内容上看具有实用性和针对性**

公务员培训专门服务于公务员群体，其培训内容十分广泛，包括道德素质的提高、政治理论的学习、法律意识的普及和专业技能的提升等，内容上具有较强实用性。在培训过程中，强调能力本位的思想理念，实行通才与专才相结合的培养方式，效能性较强。

**3. 从形式和方法上看具有灵活性和多样性**

不同的行政组织具有各自不同的行政目标，在具体开展公务员培训时，通常会根据其具体需求来灵活采用不同的培训形式和培训方法。

**4. 从机制上看具有正规性**

首先，从目前公务员培训现状来看，中央公务员主管部门负责全国公务员培训的综合管理工作。中央和国家机关各部门按照职责分工，负责相关的公务员培训工作，指导本行业本系统公务员培训。而地方各级公务员所在党政机关按照干部管理权限，负责组织实施本机关的公务员培训工作。其次，公务员培训机构正规合理、流程完整规范。一套完整的培训机制包括培训前的准备、培训中的教学管理和培训后的反馈与评估，所有环节缺一不可。

### 10.1.4　公务员培训的意义

**1. 有助于形成优质、高效、廉洁的公务员队伍**

通过加强公务员培训，对公务员进行思想道德教育、科学文化知识教育和专业技能培训，能极大提升公务员个人政治鉴别能力、依法行政能力、协调沟通能力等，同时促进公务员形成正确政绩观，增强成本意识和效率意识，助力建设信念坚定、为民服务、勤政务实、敢于担当、清正廉洁的高素质专业化公务员队伍。

**2. 有助于公务员更新履行职责的知识，促进公务员潜能的开发**

公务员培训不仅能及时更新工作所需的专业知识技能，提高公务员的科学文化素质，而且能充分挖掘潜能，提升各项公共管理技能，促使公务员实现全面发展。

**3. 有助于加速我国公共管理科学化进程，实现国家长治久安**

公务员队伍是社会主义现代化建设的中坚力量，是国家长治久安的重要保障。通过公务员培训，提高公务员政治素质、业务能力和工作绩效，提升公务员队伍整体素质和公共管理能力，能加快推动我国公共事业发展，推进公共管理科学化进程。因此，公务员培训是新时代社会发展的需要，加强公务员培训至关重要。

## 10.2 公务员培训的原则和种类

### 10.2.1 公务员培训的原则

公务员培训坚持以马克思列宁主义、毛泽东思想、邓小平理论、“三个代表”重要思想、科学发展观、习近平新时代中国特色社会主义思想为指导，贯彻新时代中国共产党的组织路线，坚持下列原则：

#### 1. 党管干部

党管干部是公务员培训工作遵循的根本原则，是党的领导在公务员管理工作中的重要体现，是巩固党的执政地位、夯实党的执政基础的重要保证。将党的领导贯穿公务员培训工作始终，由党制定公务员培训工作的路线、方针、政策，统筹管理各级各类公务员培训工作，是加强和改进公务员培训工作，实现公务员培训制度化、规范化、科学化的必然要求。

#### 2. 政治统领，服务大局

坚持政治统领，把树牢政治意识和政治规矩作为公务员培训工作的基本要求，把学习贯彻习近平新时代中国特色社会主义思想作为公务员培训工作的首要任务，使公务员进一步掌握马克思主义的立场、观点和方法，并切实具备运用其解决实际问题的能力。公务员培训工作要履行好服务公务员队伍建设全局的基本职责，通过课程体系设计的优化与更新，教育引导公务员必须牢固树立大局意识，为服务党和国家中心工作大局提供高素质干部队伍。

#### 3. 以德为先，从严管理

“德为善治”，公务员培训要把“德”作为衡量公务员素质的首要标准，教育引导公务员时刻牢记责任在肩，警钟长鸣，做到明大德、守私德。对于公务员培训工作必须始终坚持严的主基调，对公务员培训的授课内容、授课方式和授课主体从严把握，确保符合新时代干部队伍建设的基本要求，同时要对公务员接受培训的过程从严管理，严格执行纪律和规矩。

#### 4. 突出重点，注重实效

公务员培训应坚持突出重点、示范引领、注重实效的原则，在深刻把握公务员队伍普遍问题和受训对象突出问题的基础上，突出"关键少数"，聚焦解决当前突出问题，注重建立长效机制，通过培训过程督导和结果反馈等形式确保培训工作取得实效。

#### 5. 分类分级，精准科学

公务员培训体系的设计要与公务员分类分级管理的特点相适应，基于公务员的不同工作需求进行培训，建立起行之有效的覆盖全体、精准高效的培训体系。同时，应讲求实效，通过加强科学管理，降低公务员培训成本，从而精准提升公务员培训质量、效率和效能。

#### 6. 联系实际，改革创新

应根据经济社会发展需要，结合实际情况，遵循公务员成长规律和培训规律，坚持问题导向和目标导向，不断创新公务员培训内容、方法、形式、手段、技术，整合培训资源，优化培训队伍，进而推进公务员教育培训的制度创新、管理创新和实践创新。

### 10.2.2　公务员培训的种类

#### 1. 初任培训

初任培训又称为入门培训、职前培训或任前培训，是指对新录用公务员进行的培训，重点在于提高新公务员思想政治素质和依法依规办事等适应机关工作的能力。初任培训由公务员主管部门统一组织，主要采取公务员主管部门统一举办初任培训班和公务员所在机关结合实际开展入职培训的形式进行。专业性较强的机关按照公务员主管部门的统一要求，可自行举办初任培训。培训方式分为工作实习和集中培训两种，培训方法集中或分散，都在试用期内进行，并不少于 12 天。新录用公务员如果没有参加初任培训，或者初任培训考核不合格，则不能进行任职定级。并且，在初任培训中还应当组织新录用公务员公开进行宪法宣誓。

#### 2. 任职培训

任职培训也可称为晋升培训和资历培训，是指对晋升领导职务的在职公务员进行的培训，重点提高其胜任职务的政治能力和领导能力。培训内容是新领导职务要求具备的政策水平、组织领导能力和专业知识能力等，通过任职培训，即将晋升领导职务的公务员可以做好充分准备。整个培训应严格按照《党政领导干部选拔任用工作条例》和《国家公务员培训暂行规定》来执行，实行脱产培训。任职培训通常在公务员任职前或任职后一年内进行，担任县处级副职以上领导职务的公务员不少于 30 天；担任乡科级领导职务的公务员不少于15天。没有参加任职培训或者任职培训考核不合格的公务员，应当根据不同情况，按有关规定处理。

3. **专门业务培训**

专门业务培训是根据公务员从事专项工作的需要而进行的专业知识和技能培训，重点提高公务员的业务工作能力，也可称为专业知识和技能培训。培训对象为从事专门业务工作的公务员，目的是使受培训者具备拟从事的专门业务工作的基础知识和工作能力，以便更好地胜任工作。培训内容更加偏重于专门领域的知识和技能，针对性较强。同任职培训相比，专门业务培训也多属于脱产培训性质，但是其集中性、临时性的特点更加明显。此类培训的时间和方法都不固定，需要视工作情况而定。如专门业务培训考核不合格，该公务员将不得从事专门业务工作。

4. **在职培训**

在职培训也可称为更新知识培训或深造培训，根据已制定的培训计划，有针对性地对全体公务员进行培训，重点在于提高公务员的政治素质和工作能力。为达到理想效果，在职培训注重将培训和使用结合起来，根据公务员实际岗位需要来制定具体培训内容。严格按照国家有关政策和法律的规定，有计划有组织地分期分批进行培训。在职培训一般采用离职培训方式，既可以集中培训，也可以分散培训。具体培训时间由各级公务员主管部门和公务员所在机关根据需要来确定。

在职培训能使全体公务员紧跟时代发展步伐，不断更新公务员知识库、及时学习领会党中央决策部署，从而提高自身行政管理水平。如果公务员因故未按规定参加培训或者未达到培训要求的，应当及时补训。无正当理由不参加培训的公务员，根据情节轻重，给予批评教育、责令检查、诫勉、组织调整或者组织处理、处分。培训考核不合格的，年度考核不得确定为优秀等次。

## 10.3 公务员培训的内容、形式和方法

### 10.3.1 公务员培训的内容

1. **分级分类培训**

综合管理类公务员，强化公共管理和公共服务等培训。专业技术类公务员，强化专业知识和专业技能等培训。行政执法类公务员，强化法律法规和执法技能等培训。领导机关公务员，强化政策制定、调查研究等能力培训。基层公务员，强化社会治理、

联系服务群众等能力培训。

#### 2. 政治理论学习

突出政治素质，把深入学习贯彻习近平新时代中国特色社会主义思想作为公务员培训的重中之重，持续加强党的理论和路线方针政策、理想信念教育，强化党史、国史、改革开放史和社会主义发展史教育学习，引导公务员增强“四个意识”，坚定“四个自信”，做到“两个维护”，自觉在思想上政治上行动上同以习近平同志为核心的党中央保持高度一致。

#### 3. 能力素质培训

围绕中心，服务大局，培养公务员专业能力、专业精神，提高制度执行力和治理能力。加强形势任务教育，紧扣统筹推进“五位一体”总体布局和协调推进“四个全面”战略布局、贯彻落实新发展理念、深化供给侧结构性改革、实施七大战略、打赢三大攻坚战等党中央重大决策部署。

#### 4. 业务知识培训

根据岗位特点和工作要求，有针对性地开展履行岗位职责所必备的能力素质、知识体系培训和廉政警示、职业道德教育。

#### 5. 职业道德培训

引导公务员强化宗旨意识，发扬斗争精神，勇于担当作为，不断提高用习近平新时代中国特色社会主义思想指导分析和解决问题、适应新时代中国特色社会主义发展要求的能力。

### 10.3.2　公务员培训的形式和方法

公务员培训应当根据内容要求和公务员特点，综合运用讲授式、研讨式、案例式、模拟式、体验式等培训方法，实现教学相长、学学相长。引导和支持公务员培训方式方法创新。

公务员培训的方式主要分为部内培训、部际培训、交流培训、工作培训、学校培训、出国培训和网络培训。

#### 1. 部内培训

部内培训是指由各行政部门内部设立机构组织的培训。各有关部门内部可有针对性地按照具体的岗位和专业来商定培训的要求、时间、人员以及课程内容等，安排十分灵活。

### 2. 部际培训

部际培训是指由政府若干部门横向联合举办的培训。针对同一专业或者同一级别的公务员，由政府及有关部门协同组织，或者由学会、学校等协助组织来开设跨部门的公共课，费用由政府及有关部门承担。

### 3. 交流培训

交流培训是指通过人员的交流或学术的交流对公务员实施的培训。人员的交流培训是为了使各部门、各层级的公务员不断拓展知识面，面对各种问题都能灵活分析、处理，各政府部门、各地区、政企之间相互借调人才，以达到人员交流的目的。而学术的交流培训，就是通过各种学术交流、工作研讨、集会演讲乃至个别交谈，就行政管理的某些专题或专门技能进行切磋或商讨，不仅使水平得到提高，而且能使培训者扩大视野，最终达到提高公务员素质，指导实际工作的目的。

### 4. 工作培训

工作培训是指在实际工作中对公务员压担子，使其提高实际工作能力的培训。简言之，就是公务员在实际工作中的经验积累。在日常工作中，除了自身工作所得到的实际经验，具有多年行政经验的公务员也会对受训者有潜移默化的影响，从而提高其工作能力，增强其实践经验。这种培训的特点是有利于工作经验的传授和人际关系的维系。

### 5. 学校培训

学校培训是指公务员管理机构或各行政部门选送部分有培养前途的公务员，或者由公务员本人依据有关规定，到政府的中高级行政学院或国内外高等院校接受培训或进修。

### 6. 出国培训

为了更好促进我国经济政治建设以及行政体制改革，政府和有关部门定期派送公务员到国外培训，以借鉴国外先进的管理经验，培养优秀的公共行政人才。出国培训以“按需派遣、择优选派、学用一致、讲求实效”为原则；在培训对象上，以在职的各级公务员骨干为主；在培训方式上，分为短期培训和长期进修；培训内容根据各级政府业务部门的需要来确定；培训经费通常以国家财政拨款为主，争取国外资助和其他资金为辅。

### 7. 网络培训

网络培训可理解为“微培训”。“微时代”的到来给传统培训方式带来了极大的冲击。新媒体行业中如微博、微信等“微技术”深深影响着年轻公务员，“碎片化”的学习习惯在政府部门中开始盛行。这一新变化要求政府部门要与时俱进，根据培训对象思维方式的改变及时创新培训方式，重视“微培训”的作用。

随着社会科技的快速发展，新媒体的出现和普及也不断提高着非正式学习的地位。2004年，奥地利的林德纳教授率先提出“微学习”这一概念，他认为这是一种借助新媒体系统，对微型内容以微型媒体来进行学习的新型方式。而“微培训”就是借助微学习快速、简短地来传递知识、技能等，以最小的时间消耗来达到最大的实际效果。

**【阅读材料】**

**实施公务员网络培训应做到“四个坚持”**

目前，公务员网络培训正在如火如荼地开展，与“学习强国”一道，成为党员干部汲取精神营养、提升自身素质的重要平台和载体。网络学院成立后，强化培训运用是关键。各级公务员主管部门应坚持干什么学什么、缺什么补什么的原则，对公务员开展全覆盖、高质量的网络培训。办好干部网络学院，必须把握以下几个方面：

坚持“为党办学”，抓实政治建设首要任务。做好公务员网络培训，应坚持以习近平新时代中国特色社会主义思想为引领，牢固树立“四个意识”、增强“四个自信”，牢牢把握网络培训的话语权，唱响主旋律，彰显正能量。要深入学习贯彻习近平新时代中国特色社会主义思想和习近平总书记对培训工作系列重要指示精神，全面贯彻落实党的干部教育培训各项方针政策，网络学院一切的教学、科研和办学活动都必须坚持党性原则，坚持为党立言、为社会倡导正气、为干部补钙铸魂，自觉按全面从严治党的要求担负政治责任。

坚持“特色办学”，抓好网络课程开发设计。要着眼于提升干部的素质能力，强化干部培训需求导向，建立健全培训内容和课程资源更新机制。要加强培训需求调研，增强培训的针对性、实效性。要按照中央的要求，根据干部自身定位和发展方向，围绕学员最需要学的知识、最想知道的情况、最想解决的问题，完善课程设计和开发。要着眼于广大干部履行岗位职责的需要，有针对性地开展岗位必备知识和能力的培训，加强与业务工作密切相关的新理论、新知识、新规则、新技能的培训。自建一批本土特色课程，不断充实内容丰富、特色鲜明、科学实用的干部在线学习课程资源库，以满足学员的个性化、差异化的学习需求，不断提升领导干部抓经济社会发展的能力。

坚持“开放办学”，为干部教育培训工作改革创新勇于探路。要抓好对外开放合作，主动加强各干部网络学院的联系沟通、与高等院校的深度协作、与相关党政部门的互动联动、与其他干部培训机构的交流合作，架构起优质培训资源协作共享机制。要搞好对内改革创新，紧紧围绕本地经济社会发展的最新实践经验和典型案例，创新授课方式、课程设计和研讨互动等教学方式，不断提高干部网络培训工作的精准性和时效性，持续增强网络学院的吸引力。

坚持"科学办学"，严格培训管理。要建立科学的导学、助学和促学机制，切实加强干部在线学习管理制度的研究和创新，建立学习管理、平台运行维护、课件建设、督学促学等方面的规章制度，主动通过网络平台加强师生交流和学员间交流。积极探索班次设置方式，把全员培训同专题培训结合起来，把中长期学制同短期学制结合起来，最大程度发挥网络学院的功效。

## 10.4 公务员培训的程序、管理和监督

### 10.4.1 公务员培训的程序

#### 1. 公务员培训需求分析

在正式培训之前进行需求分析，是整个公务员培训过程的第一个环节，通过绩效评估法、面谈征询法、问卷调查法等方法来了解公务员对于培训的真实需求。公务员培训应始终坚持"服务大局，按需施教"原则，重点做好组织需求分析和岗位需求分析，把需求调研工作贯穿于培训全过程。

#### 2. 确定公务员培训目标

公务员培训目标是指整个培训活动的目的和预期成果，可分为长期目标、中期目标和短期目标。培训对象、主管部门、方式方法等因素不同，培训目标也有所区别。只有明确好公务员培训目标，才能顺利开展下一步的培训工作。《2018—2022 年全国干部教育培训规划》提出五个方面的主要目标：更加深入地学习以习近平新时代中国特色社会主义思想为中心内容的理论教育，更加扎实地开展党性教育，更加精准地进行专业化能力培训，更加有效地开展知识培训，更加深化地进行干部教育培训体系改革。

#### 3. 设计公务员培训方案、计划

各培训机构以培训需求分析的结果为依据，科学合理地制定公务员培训方案，包括培训大纲、培训具体内容、方式方法等，从而确保培训目标顺利实现。

#### 4. 健全公务员培训保障机制，实施培训方案

只有不断完善公务员培训保障体系，才能保证培训任务如期完成，并提升培训质量。公务员培训保障机制的内容十分广泛，包括教育机构保障、师资保障、教材保障和经费保障等。在解决好各方保障机制后，按照制定好的培训方案，有计划地进行公务员培训工作。

#### 5. 公务员培训评估

公务员培训的评估是贯穿于整个公务员培训过程的管理控制活动。它通过对培训规划、培训实施、培训成果等各个环节的检查和审定，及时反馈信息，发现培训中存在的问题，改进培训方案，提高培训效能。

### 10.4.2　公务员培训的管理

按照《公务员培训规定》《干部教育培训工作条例》的规定，全国公务员教育培训工作实行在党中央领导下，由中央组织部主管，中央和国家机关有关工作部门分工负责，中央和地方分级管理的体制。按照《2010—2020 年干部教育培训改革纲要》《公务员培训规定》《干部教育培训工作条例》，要从“强化管理职能”“改进管理方式”“加强和改进学风建设”“改革经费管理”等入手，加强公务员培训宏观管理改革。

公务员培训的主管机构是组织、协调、统筹公务员培训事宜的管理机构。我国公务员培训的主管机构有中国共产党各级党委组织部门、各级政府人力资源和社会保障部门、公务员局和各级政府工作部门内设的人事培训主管机构。

公务员培训的施教机构是指承担公务员培训任务的各级各类教学机构。它是实施公务员培训制度的载体与组织，受公务员主管部门指导，对培训对象实施既定培训计划，进行具体培训行为，以完成培训目标。我国公务员培训施教机构主要有中共中央党校（国家行政学院）和地方各级党校（行政学院）、管理干部院校、公务员培训中心、高等学校等其他具有相应资格的培训机构。

### 10.4.3　公务员培训的监督

中央公务员主管部门负责全国公务员培训的综合管理工作。中央和国家机关各部门按照职责分工，负责相关的公务员培训工作，指导本行业本系统公务员培训。地方各级公务员主管部门负责本辖区公务员培训的综合管理工作。地方各级公务员所在机关按照干部管理权限，负责组织实施本机关的公务员培训工作。

公务员主管部门应当会同有关部门对公务员培训工作进行监督检查，制止和纠正

违反《公务员培训规定》的行为，并对有关责任人员提出处理意见和建议。因故未按规定参加教育培训或者未达到教育培训要求的，应当及时补训。对无正当理由不参加教育培训的，给予批评教育直至组织处理。在参加教育培训期间违反有关规定和纪律的，视情节轻重，给予批评教育直至纪律处分。弄虚作假获取学历或者学位的，按照有关规定严肃处理。所在单位未按规定履行培训职责的，由培训管理部门责令其限期整改，并在一定范围内给予通报批评。

## 10.5 国外公务员培训制度

### 10.5.1 国外公务员培训内容与方式

国外公务员培训起步较早，培训体系相对比较成熟和完善，多数国家都十分重视公务员培训工作，普遍把培训作为适应经济社会发展需要的一项战略任务，逐步建立完善的公务员培训制度。

国外公务员培训的原则有：适应性原则、分级分类原则、联系工作实际原则。培训机构主要有：行政学院（或公务员主管部门所设置的培训机构），各地区各部门设置的公务员培训机构，代办公务员培训的政府或民间的学术机构。国外公务员培训的种类虽各有差异，但总体来说可分为以下三类：任前培训，指针对新被录用、刚刚迈入文官系统尚未正式任职的人员的预备训练。任后培训，指对已有一定工作经验的公务员进行更高层次的学习和教育，以此来促进公务员自身知识库的更新，不断提高管理水平，培养出更高资格的高级公务员。高级文官培训，指对具有培训前途的官员所进行的培训，使其具备担任高级职位所需的知识、技能和才干。

不同的国家采用的培训方式有所不同。美国培训方式大致可分为四种，一是各地方政府人事培训机构举办培训班，也即部门培训；二是联邦政府或市政联盟组织部际培训，对各部门的官员和职员进行培训；三是政府部门同大学合作，选派公务员到大学进修；四是在职培训，包括任职前培训、任职后培训、实习培训等。近年来，美国在培训方式上不断创新，日渐兴起公务员在线培训模式，通过互联网等线上技术，培训对象利用电脑终端等电子设备完成培训计划。在法国，由所在部门和有关高等院校签订合同，有计划地送公务员去大学接受培训；由公务员自己提出培训要求，获得所在部门同意后，可申请不超过三年的培训假期，到有关院校接受培训；经公务员本人申请，可在单位批准脱离现职后接受离职培训。在日本，主要有初任进修、行政进修、管理者研究会等培训形式。同时，日本还十分重视派出培训项目，如行政官驻外国研究员培训制度、行政官国内研究员培训制度等。“行政官驻外国研究员培训制度”即到外国的研究机构去研究两年，或到外国政府机构和国际机构进行考察研究；“行政官国内研究员培训制度”即工作三年以上六年以下者到有关大学进修两年，完成行政学的硕士课程，学习各国的行政管理经验和理论。

在培训的内容方面：西方国家注重职业培训，强调与实际相结合。一般文官培训的内容，以培训目的以及职务、形势对文官素质要求为依据，进行专业训练、管理训练和组织训练。如英国，文官学院开设了 150 多种课程和研究班，其行政学员则需要学习统计、经济、法律、公共行政、人事管理、政策研究、财务管理、社会政策等课程。如美国，公务员培训内容大致可以分为三类，分别是基础培训课程、职业培训课程和发展培训课程。基础培训课程是针对所有美国公务员的培训，包括基本的法律知识、基础技能、心理等方面的培训。职业培训课程是根据不同部门职位而设置的培训，以提升部门技能。发展培训课程是针对高级公务员的培训，包括领导力、工作计划等能力培训。美国公务员的培训机构有政府部门，也有大学或专门的培训机构。

在法律保障方面：美国在 1958 年通过《政府雇员培训法》，正式将公务员培训内容列入法定范围。英国在 1958 年通过《雇员培训法令》，把公务员培训制度正式列入法律范畴；1964 年英国政府颁布了《工业培训法》，详细规定了公务员培训的机构、培训的网络、培训的方式、培训的分类等相关内容，这为公务员培训制度的完善提供了重要的法律依据。法国在 1946 年《国家公务员总章程》中规定：公务员享有职业培训的权利。日本依据《国家公务员法》《地方公务员法》和《职员的教育训练》进行公务员培训。具体如表 10－1 所示。

**表 10－1 英美等西方国家公务员培训机构及培训对象**

| 国家 | 培训机构 | 组织性质 | 隶属单位 | 培训对象 |
|---|---|---|---|---|
| 英国 | 政府国家学院 | 政府机关 | 直属“管理及政策研究中心” | 中央政府中、高级公务员 |
| 美国 | 联邦行政主管研究院 | 政府机关 | 人事管理局 | 联邦高级行政主管人员 |
| 法国 | 国家行政学院 | 机关型学校 | 直属内阁总理 | 国家高级行政主管人员、欧盟高级公务员 |
| 德国 | 联邦公共行政学院 | 政府机关 | 联邦内政部 | 中、高级公务员 |
| 日本 | 公务人员研修所 | 行政机关 | 直属内阁府的人事院 | 一般职国家公务员、课长级官员、研究员 |
| 新加坡 | 公务员学院 | 半官方组织 | 总理办公室公共服务署下的法定机构 | 中央公务员、民间企业人士、外国公务员 |

## 10.5.2 国外公务员培训的特点

### 1. 将公务员培训纳入法律规定

西方国家普遍都颁布了相应的法律法规保障其公务员培训工作，认为公务员培训是公务员本身应当享受的权利和应尽的义务，并且已经逐步走上了制度化、法制化的道路。如美国的《政府雇员培训法》、法国的《公务员总章程》等，都明确将公务员培训纳入法律规定中，对公务员培训的各个方面做出具体规定。

#### 2. 强调“实践”，紧密联系工作实际开展培训

西方国家在开展公务员培训工作时，更加注重“实用”原则，着重加强公务员能力的培养。始终以适应政府改革需要为要义，在培训内容上紧密联系政府工作的现实问题，多强调在实践中进行培训教学，实效性较强。

#### 3. 以“择优”为培养高级国家公务员的首要前提

西方公务员培训坚持将为国家培养高素质综合人才为首要目标，一切培训活动都围绕此目的展开。公务员培训工作不仅是个人职业发展的需要，而且还是国家长治久安、蓬勃发展的必需。因此，西方各国择优培养公务员，首要目标便是为本国培养一批高级国家公务员。

#### 4. 形式、方法灵活，日趋科学化、多样化

西方国家的公务员培训内容中既有各种理论知识，也有实践过程。随着培训内容的不断改变，各国在培训形式和方法上也不断创新，实现传统形式与现代手段的相结合，注重现代培训方法，追求培训形式多样化和培训方式的灵活性。针对不同层次和不同职位的公务员群体，注重培训的个性化，有针对性地采用案例教学、情景模拟等教学方式，同时强调培训中的教学互动，积极发挥学员主体性作用。

#### 5. 公务员培训的网络化、系统化趋势

随着公务员人数的增长、政府职能的增加，仅依靠政府组织的培训机构已经不能满足需求，于是一些西方国家开始尝试在市场中寻求质量高、声誉好的培训机构为其承担培训任务，推动培训机构不断市场化、多元化。同时建立从国家到地方的培训网络，建立多层级行政学院与培训中心。而且利用互联网、电子科技等辅助培训工作，不断推动公务员培训体系网络化、系统化。

### 10.5.3 国外公务员培训新趋势

尽管各国的具体国情不同，各国公务员培训制度的细节也不尽相同，但随着形势的发展和变化，各国公务员培训制度也在不断调整，呈现出新趋势。具体有如下方面：培训机构从单一功能向多功能转变，政府导向与市场导向相结合；专职教师与兼职教师相结合；培训对象多元化；在职培训与学位教育相结合；公务员个人培训计划由本

人与领导协商确定；培训方式更加注重提升素质的能力本位培训；政府培训项目运作市场化；公务员培训的信息化、网络化；公务员培训的国际化等。

【理论前沿】

[1] 蒋元涛．需求导向的干部教育培训内容生成模式探析［J］．行政管理改革，2019（10）：85－91.

[2] 胡登良．公务员分类培训：制度基础和实施机制［J］．行政管理改革，2018（12）：87－93.

【本章小结】

本章主要阐述了我国公务员培训的历史发展、特点、原则、种类、形式、程序、管理、监督等。国民经济和社会的不断发展要求公务员也要以各种形式来加强培训，对公务员进行基础政治理论、科学文化常识、业务能力等各领域全方位的培养与训练。培训起源于干部培训工作，发展过程中在内容、形式上都形成了自身的新特点，它能及时对公务员的知识面进行更新，对公务员队伍进行整顿优化，促进我国的行政管理朝着科学化的方向前进。本章还简要介绍了国外公务员的培训制度。

【关键术语】

公务员培训　培训机构　培训种类　业务培训　培训网络　国家行政学院　管理干部院校

【复习思考题】

1. 我国公务员培训制度有哪些特点？
2. 我国公务员培训的原则有哪些？
3. 我国公务员培训的方式有哪些？
4. 论述国外公务员培训制度的特点以及给我国完善公务员培训制度带来的启示。
5. 结合本章所学，谈谈我国现阶段的公务员培训应注意哪些方面。
6. 根据所学知识，分析我国公务员制度目前存在哪些问题，应如何完善。

# 第 11 章　公务员交流与回避制度

【本章知识架构】

- 公务员交流与回避制度
  - 公务员交流制度概述
    - 公务员交流的含义
    - 公务员交流的范围
    - 公务员交流的特点
    - 公务员交流的原则
    - 公务员交流制度的意义
    - 公务员交流制度的演进历程
  - 公务员交流的方式
    - 公务员调任
    - 公务员转任
    - 公务员挂职
  - 公务员回避制度概述
    - 公务员回避的含义与特征
    - 公务员回避的原则
    - 公务员回避的意义
  - 公务员回避的种类
    - 公务员任职回避
    - 公务员公务回避
    - 公务员地域回避
  - 国外公务员交流与回避制度
    - 国外公务员交流制度
    - 国外公务员回避制度

**【案例导入】**

耿某是一位在某省政府办公厅工作、担任领导职务的公务员，因其妻博士毕业后留在北京某大学任教，夫妻分居两地，给工作、生活造成困难。于是，他申请调动，并通过中央政府机关的公开招聘考试，被调进了国务院办公厅某部门工作，担任调研员。

**思考：请问他的调动符合转任条件吗？为什么？**

公务员交流，是一种法定事项，是指各级党政机关根据工作需要或公务员个人的意愿，通过调任、转任以及挂职等法定形式，在机关内部变换公务员的工作职位，或者把公务员调出机关任职，或者将机关以外的工作人员调入机关担任公务员职务，从而产生变更或消除公务员职务关系或工作关系的一种人事管理活动。这种表现为党政机关内部或党政机关与企事业单位之间的人员交互流动，统称为交流。将公务员交流的有关事项用法律法规形式确定下来，就形成公务员交流的法律制度，从而保证了公务员交流的贯彻执行。

公务员回避是以亲属回避为中心，包括任职回避、公务回避、地域回避。它可有效地防止亲属关系给公务员管理所带来的种种弊端，为公务员公正廉洁、依法执行公务创造条件。回避要求主要是对具有某种亲属关系的公务员而言。亲属关系是自然关系，也是一种社会关系。根据亲属关系远近程度不同，公务员法律法规对公务员的回避范围做出了相应的规定，重点对与公务员比较密切的亲属关系做出了限定规定，主要是夫妻关系、直系血亲关系、三代以内旁系血亲以及近姻亲关系。

## 11.1　公务员交流制度概述

### 11.1.1　公务员交流的含义

公务员交流，是指各级党政机关根据工作需要或者公务员个人的意愿，通过调任、转任以及挂职等法定形式，在机关内部变换公务员的工作职位，或者把公务员调出机关任职，或者将机关以外的工作人员调入机关担任公务员职务，从而产生变更或消除公务员职务关系或工作关系的一种人事管理活动。

总的来说，公务员交流的原因包含两个方面：一是根据党政机关工作需要，二是照顾公务员个人的需求和愿望。其中，工作需要是首要的，但是也要兼顾个人愿望。在实际情况中，应以个人愿望的照顾不与工作的需求冲突为原则。

### 11.1.2 公务员交流的范围

公务员交流大致分为公务员队伍内部的交流以及公务员队伍与其他行业、单位、系统的交流。总体上包括：公务员在党政机关内部跨职位、跨部门、跨区域的交流，也包括公务员调出党政机关任职和其他单位工作人员调进党政机关担任公务员职务。党政机关内部的交流，不涉及公务员身份的变动，只是工作职位和行政隶属关系发生变化。在与外部的交流中，公务员被调出机关，就不再保留公务员身份，与党政机关之间原有的人事行政关系随之消除；而党政机关以外的工作人员调入党政机关担任公务员职务，与党政机关发生了人事行政关系，并由此获得公务员身份。公务员交流一般为同级或者相当职务的平调，如果涉及职务的升降则需要按照公务员职务升降的有关要求进行。

### 11.1.3 公务员交流的特点

#### 1. 一种横向的平行调动

公务员交流不得上升为公务员的职务或级别的升降问题；不得以交流程序代替公务员的职务升降程序；不得以交流为手段，变相地晋升或降低公务员的职务或级别，破坏公务员职务、职级升降秩序。

#### 2. 交流形式多样

根据《公务员法》的规定，交流的方式一般有调任、转任。另外根据工作需要，机关可以采取挂职方式选派公务员承担重大工程、重大项目、重点任务或者其他专项工作。

#### 3. 交流的范围是内外相互的

既包括公务员在机关内部跨地区、跨部门、跨职位的交流，也包括公务员调出党政机关任职和党政机关以外的工作人员调入党政机关担任公务员职务。

#### 4. 交流具有法定的程序

每一种交流形式都有其特定的目的、范围、对象及其相应的条件和程序要求。

### 11.1.4 公务员交流的原则

#### 1. 依法进行

在公务员交流制度中，对交流的各种形式及其适用的情况、程序、条件及要求等都有明确、具体的规定。公务员交流工作必须按照法律规定进行，不得随意变更。如转任的公务员必须要符合拟任职位要求和资格条件以及符合编制员额等条件。

2. **适才适用**

适才适用是交流工作的出发点和归宿点。交流调配的目的是人事合一，发挥高效能作用，同时实现组织优化配置人才资源与公务员个人最大化施展才干的有机统一，推动公共部门人力资源管理的进步与发展。因此，交流应根据工作职位合理配置的需要，将有专业特长和能力的公务员，调配到相应的工作岗位上，达到人事相宜的目标。

3. **个人服从组织**

公务员是国家公务的具体执行者，是为国家、社会和全体公民服务的，听从组织的安排是其应尽的义务。因而公务员必须服从组织上因工作需要而做出的各种交流安排。对于交流安排如有不同意见，可向组织提出，但不能借故拖延或拒不服从。

4. **优化队伍**

对于公务员本人来说，具体的交流安排，比如交流的岗位与时间等因素，都是其职业生涯中的一件大事，关系到他们的切身利益，如果处理不当，就会挫伤他们的积极性，反而对工作不利。因此，交流工作在充分考虑工作需要的前提下，应灵活处理各种问题，使他们能愉快地接受交流安排，投入到新的工作中去。

### 11.1.5　公务员交流制度的意义

1. **有助于提升公务员的素质**

通过交流可以增加公务员在不同地区、不同部门、不同职位上的任职机会，从而开阔视野，丰富公务员的实践经验，更新公务员的知识，保持公务员系统的活力。

2. **有助于提高工作质量和效率**

交流制度为人和事的良性配置提供了科学手段，党政机关可以根据实际工作的需要，不断调整人员结构，使公务员年龄结构梯次化，知识、性格具有互补性，使人事分类结构充实和丰满起来，达到人与事的最佳结合，以实现行政管理的准确化和高效化。

3. **有助于实行公务员回避制度，加强公务员廉政建设**

公务员的交流包括：调任、转任、挂职三种方式，这三种方式都可以防止公务员长期在一处任职而逐步形成关系网，产生腐败。还可以避免公务员长期在一处任职而易出现思想因循守旧、封闭僵化现象，有利于增强公务员的责任心、进取心，更好开创新的工作局面。

### 11.1.6 公务员交流制度的演进历程

公务员交流制度起源于干部交流制度，我国干部交流制度是在新民主主义革命和社会主义革命中建设和发展起来的，具体演进历程如表 11－1 所示。

**表 11－1 公务员交流制度演进历程**

| 时间 | 相关制度 |
| --- | --- |
| 1942 年 | 中央军委通过《关于干部交流的建议》 |
| 中华人民共和国成立后 | 个别地区和部门实行过党政领导干部交流制度 |
| 1962 年 9 月 | 通过《中共中央关于有计划有步骤地交流各级党政主要领导干部的决定》 |
| 党的十一届三中全会 | 干部人事制度改革深入发展，干部交流制度得到恢复发展 |
| 1990 年 | 中共中央下发了《关于实行党和国家机关领导干部交流制度的决定》 |
| 1993 年 | 颁布实施《国家公务员暂行条例》，将交流作为公务员管理制度的重要组成部分，纳入法制管理的轨道 |
| 1994 年 9 月 | 党的十四届四中全会通过《中共中央关于加强党的建设几个重大问题的决定》 |
| 1994 年 9 月 | 《国家公务员职位轮换（轮岗）暂行办法》《党政领导干部交流工作暂行规定》等文件出台 |
| 2002 年 8 月 | 中共中央印发《党政领导干部选拔任用工作条例》 |
| 2006 年 1 月 | 实施《公务员法》，推进实现了公务员交流的制度化和规范化 |
| 2006 年 8 月 | 中共中央下发《党政领导干部交流工作规定》 |
| 2009 年 10 月 | 中共中央印发《2009—2013 年全国党政领导班子建设规划纲要》，明确提出加大干部交流力度的举措 |
| 2009 年 12 月 | 中共中央印发《2010—2020 年深化干部人事制度改革规划纲要》，进一步明确了完善干部交流制度的主要任务 |
| 2019 年 3 月 | 中共中央颁布《党政领导干部选拔任用工作条例》，对党政干部交流做出了明确、具体的规定 |

## 11.2 公务员交流的方式

### 11.2.1 公务员调任

#### 1. 公务员调任的含义

公务员调任是我国公务员交流制度的重要组成部分，是指国有企业事业单位、人民团体和群众团体中从事公务的人员（党政机关以外的工作人员）调入党政机关担任领导职务或者四级调研员以上及其他相当职务层次的职级。公务员调任是双向的，包括调入党政机关和调出企事业单位。除上述情况外，公务员也可以调出党政机关到其他机关、企业事业单位。

**2. 公务员调任的原则**

（1）依法原则。公务员调任工作要依据公务员法律法规的有关规定进行，避免调任工作中的主观随意性，保证调任工作正常有序地展开。

（2）计划原则。调任工作要有一定的组织计划，严控从党政机关外调任人员。从党政机关以外调任人员可以用来弥补某些职位空缺，拓宽选人渠道，增强公务员队伍的活力。但对调任人员的数量要控制在合理的范围内，不能随意增加。根据有关规定，被调任的人员一般是担任领导职务或四级调研员以上及其他相当层次的职级，如果数量过多，涉及面过广，不但会影响公务员内部的正常升迁，而且会对公务员队伍的稳定性产生影响，对党政机关的正常工作产生负面作用。因此，在安排党政机关人员的编制和职位结构时，应每年按适当比例来保留相关职位，确定年度公务员调入计划。

（3）考试与考核相结合。公务员调任要按照考试与考核相结合的原则进行，在一定的范围内进行公开考试选拔，增强人员间的竞争力，优中选优，择优上岗，选拔出能力较强、素质较高的人才。通过考核环节，可以对其思想政治水平、组织协调能力、应急处理能力等综合素质进行全面了解，保证调任人员具备拟任领导职务或四级调研员以上及其他相当层次的职级所要求的特殊资历、能力和素质。

**3. 调入公务员队伍的条件和程序**

调入党政机关必须具备下列条件：

（1）有国家规定的编制空额。拟调入的机关必须有相应的职位空缺，调任必须在国家规定的编制员额内进行，不能违背职位分类的要求，不能超编接收。

（2）符合回避规定。拟调入的人员要遵循公务员任职回避的各项规定，需要回避的都必须采取相应的措施，可以更换调入人员，或是调换所任职务。

（3）调入人员必须具备拟任职务所要求达到的政治思想水平、相应的工作能力和任职资格。

（4）调入人员只限于担任领导职务或是四级调研员以上及其他相当层次的职级。因为一级主任科员以下及其他相当职级层次的公务员采取的是公开考试、择优录取的办法，因此，不能从机关外部调入人员担任一级主任科员以下及其他相当职级层次的公务员，以免冲击正常的考试录用和晋升制度。

调任必须符合法定程序：① 根据工作和队伍建设需要确定调任职位及调任条件；

② 提出调任人选；③ 征求调出单位意见；④ 组织考察；⑤ 集体讨论决定；⑥ 调任公示；⑦ 报批或者备案；⑧ 办理调动、任职和公务员登记手续。

4. **调出公务员队伍的条件和程序**

国家公务员调出党政机关，如属党政机关主动提出，应事先征得当事人同意，办理调出手续；如属国家公务员主动提出调离党政机关，应提前一定时间向其所在单位提出调离申请，按国家公务员管理权限报请任免机构批准。经批准同意的，办理调出手续。这两种方式离开国家公务员队伍均不再保留其国家公务员身份。

### 11.2.2 公务员转任

1. **公务员转任的内涵**

转任是公务员在机关系统内转换职业任职。当国家公务员因工作需要或者其他正当理由需要转换职位时，可以在国家党政机关内部进行平级调动。它可以跨地区、跨部门，也可以在同一部门内的不同职位之间进行。公务员转任是实现公务员合理流动的有效途径。

2. **公务员转任的必备条件**

一是转任必须在法定的公务员系统内部进行，转任的对象必须具备公务员身份。

二是转任是在党政机关内部的一种平级调动，只能在相同级别的不同职位之间进行，不能通过转任提拔或降低公务员职务，也不能以转任代替公务员的职位升降。转任与晋升是公务员管理的两个不同环节，其在内容、程序、条件等方面都有较大差别。为了保证公务员制度的规范性和严肃性，不同的公务员管理行为都要依据各自的规定进行。

三是符合拟转任职务所要求的资格和条件。公务员实行职位分类管理制度，不同的岗位、不同的职务，其所要求的条件、任职资格也不尽相同。拟转任任职的公务员如果不具备相应的条件和要求，将很难胜任新的工作，不利于工作的正常运转，达不到转任的目的。

四是必须有编制空额和职位空缺，不能在满编或超编的情况下接收转任的人员。

五是必须按照规定办理公务员人事调动手续。公务员转任后仍然保有公务员身份，发生改变的只是其隶属关系。如果在同一部门内进行转任，也需要办理相应的人事调动手续，避免产生公务员管理混乱的局面。

3. **转任的原因**

一是因需要加强某一方面的工作，所以有组织、有目的地选调人员。党政机关在管理权限内，根据经济的发展和有关工作的需要，对公务员队伍结构进行必要的调整和组合，这种转任具有指令性色彩，要求公务员服从安排。

二是随着社会发展，因机构调整、撤销、合并而导致编制总额和职数的变更。随着机关管理内容的发展变化，机关的职能也会有所增减，相应地必然会引起机构的变动和职数的增减，这样就会导致有些单位出现职位空缺而需要补充人员，有些单位则可能出现编余人员的现象。因此，需要通过转任这种方式来调剂公务员队伍内部的人才余缺。

三是因个人原因的转任。有的公务员因所任职位要求与其所学专业不对口，用非所长，为合理配置人才，充分发挥公务员的专业特长，需要通过转任来促进人才的合理流动而达到目的。有些公务员则是由于在生活中存在一些实际困难，如夫妻两地分居、居家上班交通不便等，转任可为其提供一个解决实际困难的办法，能促使公务员安心工作，提高工作效率。

## 11.2.3　公务员挂职

### 1. 挂职的内涵

公务员挂职是指各级机关有计划地选派在职公务员在一定的时间内到下级或上级机关、其他机关以及国有企事业单位担任一定的职务，经受锻炼，丰富经验，增长才干。

### 2. 挂职的特点

（1）在编性：不改变公务员的身份和公务员的隶属关系，挂职人员不要办理任何的调动手续，在人事行政上仍然属于原单位管理，在业务工作上应归接收单位领导。挂职期间不占用接收单位任何的编制员额和职位。

（2）短期性：挂职是一种临时性的交流方式，不是长期的调动，挂职人员在挂职结束后仍回到原来单位，由原单位安排工作和职位。

（3）混合性：公务员的调任是一种外部交流方式，转任是单纯的内部交流形式，挂职既可以在公务员内部机关进行，也可以在党政机关外部的企事业单位进行，是一种内外混合的交流形式。

此外，挂职以较高层次的机关选派公务员到基层机关、企事业单位、人民团体和群众团体为主，同时也根据国家需要，选派少量的地方公务员到中央党政机关挂职。

三种不同的交流方式在其适用范围、适用对象、时限、人事关系等方面有所不同，具体如表 11 - 2 所示。

表 11－2　三种公务员交流方式的区别

| 区别方式 | 调任 | 转任 | 挂职 |
| --- | --- | --- | --- |
| 范围 | 中共机关、人民代表大会机构、行政机关、政协机关、审判机关、检察机关、民主党派机关以及国有企业事业单位、人民团体和群众团体 | 党政机关内各个不同的职位 | 上下级机关、其他地区机关以及国有企业事业单位 |
| 对象 | 拟担任领导职务或四级调研员以上及其他相当职级层次的人员 | 在职公务员 | 在职公务员 |
| 方向 | 双向交流 | 双向交流 | 单向交流 |
| 时限 | 无 | 无 | 有 |
| 人事关系 | 改变 | 改变 | 不改变 |
| 形式 | 外部交流形式 | 内部交流形式 | 内外混合性交流形式 |

## 11.3　公务员回避制度概述

### 11.3.1　公务员回避的含义与特征

公务员回避，是指通过对公务员的所任职务职级、执行公务和任职地区等方面进行限制，以预防、减少、消除亲属关系等人为因素对公共管理工作的干扰，让权力在阳光下运行，确保公务员依法任职，依法行政，促进反腐倡廉。

公务员回避具有以下特征：（1）回避是为了确保公务员在行使职权时能够公平公正，避免公务员滥用职权来谋求私利。（2）回避并不针对大多数公务人员，只有符合法律规定情况的个别公务员需要在行使权力时进行回避。（3）回避具有强制性，满足回避要求的事件或人员均需服从回避制度，党政机关需监督落实公务员履行相关的回避制度。

### 11.3.2　公务员回避的原则

#### 1. 政策配套原则

公务员回避工作的落实必须有其他的配套政策和措施做保证。加强回避制度配套措施以及实施回避的社会保障体系的建立，是完善回避制度、推进人事行政改革的重要一环。

#### 2. 依法回避原则

任何工作都必须在法律允许的情况下进行，公务员回避工作也不例外，必须严格按照法律规定来进行。需要回避的公务员必须严格按照法律规定进行回避。如有违反视情况给予相应的处分决定，依此来确保回避制度能够被严格执行。

#### 3. 内外监督原则

在执行回避政策时，要制定和完善回避监督的措施，通过群众和新闻媒体监督，发挥舆论作用，形成群众及舆论监督机制；要与组织内部的监督机制相结合，双管齐下做好监督工作；要增强回避制度执行的透明度，强化对回避实行情况的审查与追踪。

#### 4. 自我约束原则

在工作中，要使公务员明确回避制度的重要意义，自觉、主动地遵守有关回避的规定。如遇到需要任职回避的，应主动向主管部门提出；如在公务执行中需要回避的，也应主动回避。这也是考察公务员政治素质和职业道德的重要标准之一。

### 11.3.3　公务员回避的意义

#### 1. 回避制度的实行能促进党风廉政建设，确保行政的公平公正

根据“经济人”假设理论，当一个人在面临不同的选择时，往往会偏向于能够为自身带来更大利益的选择，这就是我们常说的自利性。公务员在行使行政权力时也会面临这个问题，复杂的社会关系会影响公务员做出正确的决断，要想让公务员的行政行为公正廉洁就必须隔绝种种社会关系所带来的利益纠葛。公务员回避制度就是为了规避这些复杂的社会关系，从根源上断绝这种不正之风，确保行政行为公平公正。公务员回避以及公务员岗位的轮换，能打破公务员思维僵化的工作状态，开阔公务员的视野，增强公务员队伍的活力，有效提高公务员的政治素养以及业务能力，对于公务员队伍的廉政建设具有重要意义。

#### 2. 回避制度的实行能进一步完善我国人事制度

要使我国公务员队伍充满活力就必须完善我国的人事制度。完善的人事制度需要以回避制度作为前提。如果不实行回避制度，那么在我国的党政机关就会出现各种因利益关系聚集在一起的小团体。这些小团体的成员如果互相提供便利，就会破坏行政的公平公正，不利于行政机关的组织管理。回避制度的实行对亲属及有利益关系的人进行回避，有效地避免了这种小团体的出现，能够做到真正意义上的选贤任能，能够有效地提高工作效率，能够保持公务员队伍时常输入新鲜血液，能够进一步完善我国的人事制度。

3. **回避制度的实行有利于加强党政机关的自我约束及管理，提高政府公信力**

回避制度的实行能够有效地回避地域、亲属之间的社会关系，使得政府在行使权力时能做到相对的公平公正，避免关系网的存在，能在政府机构间构建和谐的人际关系，加强党政机关的自我约束及管理，树立政府的良好形象，提高政府及行政人员的公信力。

## 11.4 公务员回避的种类

### 11.4.1 公务员任职回避

1. **公务员任职回避的内涵**

任职回避指的是当公务员之间存在着夫妻关系、直系或三代以内旁系血亲关系以及近姻亲关系时，不得在同一机关内担任双方直接隶属同一领导人员的职务或者有直接上下级领导关系的职务，当一方在其单位担任领导职务时，另一方不能在其单位担任财务、监察等工作。

2. **公务员任职回避的范围**

任职回避的亲属分为以下四种关系：夫妻关系、直系血亲关系、三代以内旁系血亲关系、近姻亲关系。其中三代以内旁系血亲指的是和自己同父母、同祖父母或同外祖父母的旁系血亲。最常见的旁系血亲关系主要有兄弟姐妹、表兄弟姐妹、伯叔姑姨舅等。

其他任职回避的情况有：双方在同一机关内隶属于同一领导；双方在同一机关内有直接上下级领导的关系；当一方在其单位担任领导职务时，另一方在其单位担任财务、监察等工作。

3. **任职回避的实施原则**

（1）低职回避原则：《公务员回避规定》明确规定，在实行任职回避时，要在保证不影响目前工作的前提下，尽量调整那些在部门中职务相对来说不高以及无需承担过多责任的人，最大程度上减轻对工作产生的不良影响。相对于职位低的公务员而言，职位高的公务员通常承担着更大的责任，拥有着更重要的地位。特殊情况也可以对职位高的公务员进行调整。

（2）自主权原则：为了确保任职回避可以顺利实施，同时又不会对其他工作的开展产生较大的影响，我国公务员回避制度明确规定，在职务相同的情况下，对任职回避人员的调整全权由该部门结合实际情况来自行决定，本部门拥有最大的自主权。

（3）综合治理原则：我国《公务员法》规定，必须加大对通过考试进入党政机关的人员的资格审查力度，尽量避免实施任职回避。在日常公务员相互交流学习的过程中，各级人事部门应对公务员的情况有最新、系统的了解，当出现新的回避关系如婚姻状况、职务等发生变化时，及时根据任职回避做出调整。

#### 4. 任职回避的程序

公务员任职回避主要包括以下程序：提出申请—进行审核提出意见—听取意见—报任免机关—做出决定。职务层次不同的，按照低职回避原则，由职务低的一方回避；当职务层次相同时，要结合实际工作需要来决定哪方需要回避。

### 11.4.2　公务员公务回避

#### 1. 公务回避的内涵

公务回避是指公务员在执行某一公务的过程中，所受理或处理的事件涉及本人或者与本人有某种亲属关系的人员时，自己应主动提出公务回避，并不得以任何方式对公务员的执行和处理施加影响。

#### 2. 公务员公务回避的特点

（1）具有一定时限性：公务回避要求的是暂时回避，在此期间公务员的任职关系保持现状，不会有任何的改变，公务回避针对的是某项公务所涉及的对象。

（2）范围更为广泛：只要某项公务与本人存在着利害关系时都应该进行回避，这种关系不仅包括任职回避中所强调的各种亲戚关系，还包括其他各种可能影响公务执行公正性的关系。

（3）涉及的人员更加普遍：公务员执行的公务活动，既涉及党政机关内部，比如它做出的某种行政行为，也涉及党政机关外的各个部门，涉及整个社会的方方面面。

#### 3. 公务回避的主要内容

（1）需要回避的公务类型。《公务员回避规定》明确规定：公务员从事监察、审计、仲裁、案件审理、税费稽征、项目资金审批、出国审批、人事考核、任免、奖惩、录用、调配等公务活动，涉及本人或者有本办法所列出亲属关系的人员的利害关系时，必须回避。不得参加有关调查、讨论、审核、决定，也不得以任何方式施加影响。

（2）明确应该回避的几种情况。与任职回避相比，公务回避的范围更为广泛：首先，在任职回避中所提及的四类亲戚关系都包含在公务回避中；其次，当事情是直接与自身相关的必须实行回避；再次，当情况不在上述所表达的范围内，但与公务有着密切的利害关系，极大程度上影响着公务的正常执行时应实施回避；最后，当执行者与公务的当事人存在着可能会对公务的顺利开展影响较大的关系时，也要实施回避。

(3) 公务回避的主要程序。《公务员回避规定》明确规定，公务员公务回避按以下程序进行：(1) 本人或者利害关系人及时提出回避申请，或者主管领导提出回避要求；(2) 所在机关及时进行审查作出是否回避的决定，并告知申请人；(3) 对需要回避的，由所在机关调整公务安排。特殊情况下，所在机关可以直接作出回避决定。法律对公务员回避另有规定的，从其规定。

## 11.4.3 公务员地域回避

### 1. 地域回避的含义

地域回避是对公务员原籍任职的限制规定。《公务员回避规定》明确规定：公务员担任乡（镇）党委和政府主要领导职务的，应当实行地域回避，一般不得在本人成长地担任市（地、盟）党委、政府主要领导职务。实行地域回避，可以避开本籍亲友对公务可能造成的干扰，为公务员创造一个良好的工作环境，以保证其秉公办事，廉洁奉公。

### 2. 地域回避的主要内容

《公务员法》规定：公务员担任乡级机关、县级机关及其有关部门主要领导职务的，应当地域回避，法律另有规定的除外；《党政领导干部选拔任用工作条例》规定：担任县（市）委书记、县（市）长职务以及县（市）纪检机关、组织部门、人民法院、人民检察院和公安部门主要领导职务的，一般不得在本人成长地任职。民族自治县另行规定。《党政领导干部任职回避暂行规定》规定：领导干部不得在本人成长地担任县（市）党委、政府以及纪检机关、组织部门、人民法院、人民检察院、公安部门正职领导成员，一般不得在本人成长地担任市（地、盟）党委、政府以及纪检机关、组织部门、人民法院、人民检察院、公安部门正职领导成员。

此外，地域回避也有例外。《宪法》规定：自治区、自治州、自治县的人民代表大会常务委员会中应当由实行区域自治的民族的公民担任主任或者副主任；自治区主席、自治州州长、自治县县长由实行区域自治的民族的公民担任。

### 3. 实行地域回避应注意的问题

(1) 要处理好与民族区域自治的关系。民族区域自治制度是我国基本政治制度之一，受到宪法的保护，区域自治能更好地保障少数民族的利益，促进我国民族融合与民族团结。地域回避必须考虑少数民族地区的特点，结合民族区域自治法，对地域回避的内容相应做出调整，使其能在少数民族地区推动管理工作的进行。

（2）要善于做好人员的调整工作。地域回避最先做出调整的就是现有公务员，同时由于地域回避必然会涉及不同地域工作的各个方面，因此，实施地域回避应提前做好计划、选出试点来按步骤进行，在实施过程中不断总结经验，以便更好地面对可能出现的问题。

## 11.5　国外公务员交流与回避制度

### 11.5.1　国外公务员交流制度

国外公务员交流的目的主要有两点：一是增加政府部门的灵活性，提高行政效率。二是培养公务员的技能、开阔视野、积累经验，进而更好地得到个体职业发展的机会。基于此，为了达到优化人力资源的使用和促进个体的职业发展的目的，各国政府都鼓励公务员进行交流。在国外，公务员交流的首要原则是要最大限度地考虑公共部门人力资源的富余情况、利益、公务员自身的需求等。由于各国的国情不同，为了适应国家公务员管理的需要，各国公务员交流的情况也各具特色。

#### 1. 公务员内部交流

公务员内部交流是指在公务员队伍中进行的交流，不仅可以在本部门、本单位内不同职位之间交流，还可以在跨地区、跨部门之间交流。公务员内部交流是外国公务员交流最主要的形式之一，不少国家通过专门法律法规对其进行了具体的规定。如英国政府规定，对于书记员以上的在职公务员，均要求在国内不同的政府部门之间流动任职，甚至外派至海外任职。法国则要求每年 3% 的公务员进行地域性流动。还规定在国家行政学院毕业的公务员在其现岗位工作四年后必须换岗；在新换的工作岗位上工作至少两年之后，则可以根据自己的意愿决定是否换岗。日本《人事院规则》规定每年 4 月进行公务员交流，具体采取“轮换工作法”，一般 3—4 年交流一次，定期改变公务员的工作岗位。交流的范围一般和其现行职务基本一致，如之前是课长，则是在课长一级调整。

西方公务员内部交流非常重视国家（联邦）公务员和地方公务员之间的纵向交流，以此加强不同层级政府之间的沟通和协调，有利于提升政府工作效率。如美国国会 1970 年颁布的《政府间人员交流法》规定了联邦政府及地方政府之间的人员交流具体方案。该法规定，交流时间可以为期 1 年或 1 年以上，通过这些交流方案计划为联邦政府在州和地方政府储备人才方面提供了良好的支撑。日本历来重视中央政府和地方政府之间的人员交流。具体做法是中央政府部门派遣人员到地方的都道府县、市及村进行定向“挂职锻炼”，积累地方工作经验。同时地方也派遣人员到中央政府部门进行“挂职学习”。公务员在挂职的时候要进行身份转换，如被派遣挂职锻炼的人员要从国家公务员的身份转变为地方公务员，反之亦然。

**2. 公务员外部交流**

国外政府部门和机构鼓励公共部门与其他外部非政府组织之间进行人员交流，并认为这种交流有利于相关人士获取更广泛的利益。如英国政府制定了一个在文官队伍与其他队伍之间交换工作人员的计划。其交流的对象主要是年龄在30—43岁、具有优秀潜力和能力的各级管理人员。美国1969年建立的总统人员交流委员会，主要任务是为联邦政府公务员与私人企业交流提供保障。政府与私人企业之间的交流，既有利于提升公务员的管理经验和能力水准，又有利于提高政府的管理水平。此外，这种交流还是培训公务员的一种方式。日本2000年制定的《国家政府与私营企业之间人才交流法》，其目的是加强私营部门和政府之间的相互了解，并促进人力资源的发展和组织的灵活性。根据该法规要求，将国家公务员选派到私营企业，按照劳动合同在私营企业中工作，原则上工作年限在3年到5年，在此期间保留国家公务员身份，但工资由企业提供。同样，企业员工也可以作为雇员借调到政府工作，工作年限也在3年到5年，其间工资由政府部门支付。此外，日本国家人事院还提出让外部门专业技术人员从事政府工作，这些专业人员包括律师、会计师、系统工程师、危机处理专家等，这些专业人士可被聘用5年以上。

**3. 公务员跨国交流**

全球化时代，政府部门要解决日益复杂的社会问题和国际问题，需要加强对区域问题的理解，提升协同治理的能力，以便在全球环境中有效工作，更好地应对全球性问题。因此，各国政府都越来越重视公务员的国际交流。如法国政府积极推动公务员在欧盟成员国家之间流动。英国政府部门和机构则鼓励员工考虑未来为欧洲政府机构服务，并将其当作公务员培训的发展方向。欧洲机构的交流会提供临时性和永久性就业机会。临时调动是指提供短期（5个月左右）借调工作机会，本国公务员在此期间可以获得第一手工作经验和与欧洲其他国家机构间的互动机会。此外，还有独立的国家专家策划为公务员提供借调到欧盟委员会工作的机会，其时限可以长达3年，以填补特定的职位。在此期间，参与交流的工作人员不必辞职，如果政府部门和机构对他们重新回到原来职位工作感到满意，将为他们提供停薪留职的机会。

## 11.5.2　国外公务员回避制度

### 1. 公务员任职回避

在加拿大、美国、英国、瑞士等西方国家，公务员任职回避主体为：夫妻，以及直系血亲、旁系血亲、近姻亲、干亲等；禁止有亲属或亲密关系的人在同一机关或者构成上下级关系的机关任职，并禁止其参加与其有亲属或亲密关系者的职务任免与升降、惩处、调动等事项。西方国家公务员任职回避程序一般包括：第一，本人提出回避申请，或任免机关提出回避要求。第二，按管理权限进行审核并做出回避决定；需要回避的，调整其公职，并办理任职手续。

### 2. 公务员公务回避

在葡萄牙、德国、美国、加拿大等西方国家，公务回避条件主要有：涉及本人利害关系的；涉及与本人有夫妻关系、直系血亲关系、旁系血亲关系、近姻亲关系、干亲关系等亲属关系人员利害关系的；涉及本人的雇主、合伙人、委托人、朋友利害关系的；其他可能影响公正执行公务的情况。公务回避程序：第一，公务员或当事人提出回避申请，或主管领导提出回避要求。第二，有关部门进行审核，并做出是否回避的决定。

## 【本章小结】

交流与回避制度的实施是完善我国公务员制度所迈出的重要一步，这是依法行政、建立责任政府的需要，是国家公务员制度建设与改革的重要环节。然而，交流与回避制度在实施的具体环节及本身的制度上还存在许多不足之处，这需要对公务员交流与回避制度进行更深层次的探讨研究。公务员对于自身要有清醒而深刻的认知，人民是国家的主人，是国家和人民赋予自身权利，要时刻牢记全心全意为人民服务，不断提升自身的知识水平、道德素养、服务态度、办事效率、沟通技能等，保证自身的清正廉洁，依法办事，从为民服务的过程中不断学习，使理论与实践相结合，进而提高自身行政能力。

## 【理论前沿】

[1] 刘军仪．国（境）外公务员交流的实践与发展研究［J］．中国党政干部论坛，2017（08）：30－33.

[2] 程萍．公务员回避制度无法回避的问题［J］．人民论坛，2012（4）：6－7.

[3] 张宝义．对公务员回避制度发展的回顾与评价［J］．人民论坛，2012（11）：8－10.

[4] 李丹阳，任建明．公务员回避制度执行力困局及解决对策［J］．人民论坛，2012 (11)：11－13.

**【关键术语】**

公务员交流制度　公务员调任　公务员转任　公务员挂职　公务员回避
地域回避　任职回避　公务回避

**【复习思考题】**

1. 如何理解公务员交流制度?
2. 公务员调任的含义与特征是什么?
3. 公务员调任的条件和程序是什么?
4. 公务员转任的含义与特征是什么?
5. 公务员挂职的含义与特征是什么?
6. 实行公务员挂职应注意哪些问题?
7. 我国公务员实行回避制度有什么意义?
8. 任职回避包括哪些类型?
9. 地域回避的目的和内容是什么?
10. 公务员交流制度存在哪些问题? 应如何解决?
11. 公务员回避制度存在哪些问题? 应如何解决?

# 第 12 章　公务员工资、福利与保险

【本章知识架构】

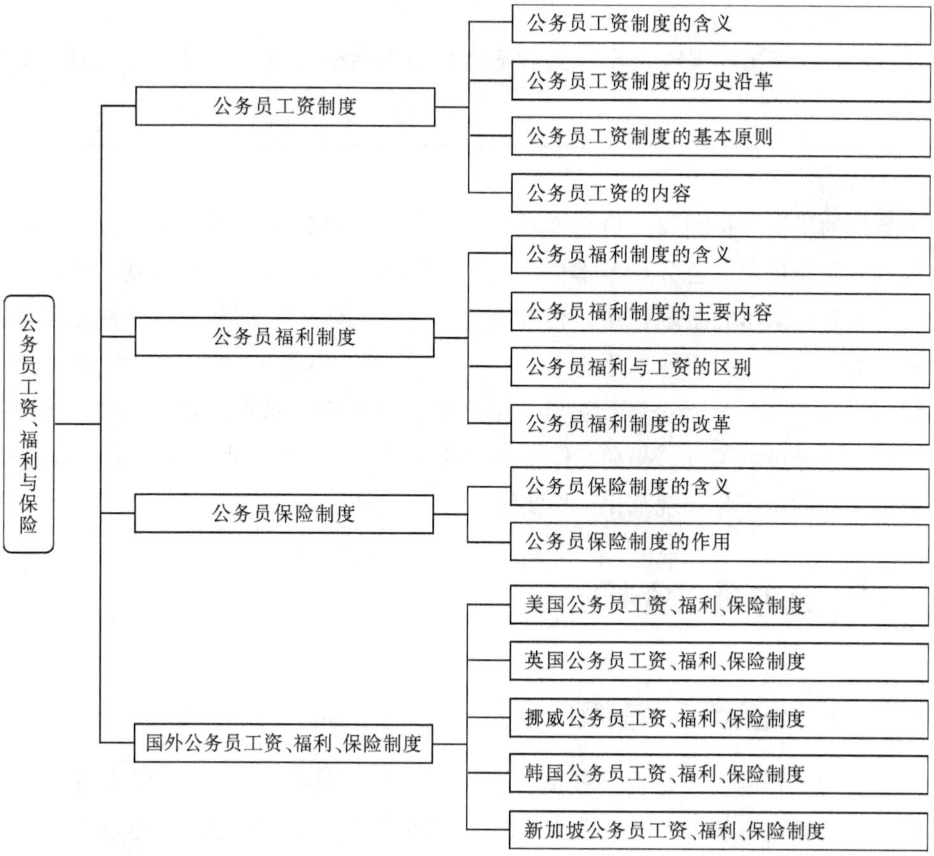

**【案例导入】**

青海省人力资源与社会保障厅、青海省财政厅联合印发《关于公务员参加工伤保险的通知》(青人社厅发〔2018〕114 号)(以下简称《通知》),决定从 2019 年 1 月 1 日起全面启动公务员参加工伤保险工作。《通知》规定,全省行政区域内党政机关和依照或者参照公务员制度进行人事管理的事业单位的工作人员(简称"公务员")全部纳入工伤保险保障范畴,公务员参加工伤保险所缴费用纳入同级财政预算,缴费费率为 0.2%,由用人单位按时足额缴纳,职工个人不缴纳。《通知》还明确了公务员参加工伤保险后待遇享受等相关内容。下一步,省人社厅将组织召开公务员参加工伤保险工作启动会,要求各地严格按照通知认真做好公务员参加工伤保险工作。同时,进一步加大工伤保险政策宣传力度,提高社会知晓度和用人单位参保意识,切实保障公务员因工作遭受事故伤害或患职业病依法享受工伤保险待遇。

**思考:除开工伤保险,我国公务员还享有哪些保险待遇?其保险制度是如何组成的?**

公务员的工资、福利与保险制度是我国公务员制度的重要组成部分。公务员的工资、福利和保险是保证公务员基本生活需要的基础,对公务员履职尽责,建设高素质专业化的公务员队伍起激励作用。合理制定公务员的工资、福利与保险制度可以促进人力资源的合理配置,引导人才的流动。

我国《公务员法》对公务员工资、福利和保险制度的基本原则和主要内容做了规定,保障了公务员的工资、福利、保险待遇的落实。这有利于促进公务员工资、福利、保险管理工作的制度化和规范化,切实维护公务员的合法权益。

## 12.1 公务员工资制度

### 12.1.1 公务员工资制度的含义

公务员的工资制度,是在公务员依法履行职责、完成本职工作后,国家以法定货币的形式支付给公务员个人劳动报酬的制度。《公务员法》明确指出,公务员实行国家统一规定的工资制度。

公务员工资制度与公务员管理过程紧密衔接,公务员工资制度不仅关系到公务员的积极性,而且直接影响公务员队伍的优化和稳定。因此,建立与公务员制度相匹配的科学合理的公务员工资制度，是推行公务员制度的一项重要任务，对于增强公务员制度的生机与活力，增加公务员队伍的吸引力，建设一支优化、精干、高效、廉洁的公务员队伍，具有重要意义。

### 12.1.2　公务员工资制度的历史沿革

回顾我国工资制度的发展历程，总结我国工资制度建设的基本经验，对于进一步完善公务员工资制度具有重要意义。新中国成立以来，我国工资制度经历了四次大的改革，具体如表 12－1 所示。

**表 12－1　工资制度改革**

| 次数 | 时间 | 颁布的政策法规 | 改革内容 | 改革成效 |
|---|---|---|---|---|
| 第一次改革 | 1956 年 | 《关于工资改革的决定》 | 将政府工作人员的工资分为 30 级，全国被分为 11 个工资区，第 11 类区工作人员工资比第 1 类区同级别人员工资高出 30% | 由于当时主流观念对于物质报酬持否定态度，此后的工资管理并没有完全按照上述“决定”进行，原定于 1957 年的工资升级也没有如期举行 |
| 第二次改革 | 1985 年 | 《国家机关和事业单位工作人员工资制度改革方案》 | 调整了 1956 年工资制度中不区分具体项目的做法，规定机关和事业单位人员工资由基础工资、职务工资、工龄工资和奖励工资四部分组成 | 开始实行“结构工资制”，解决了“职级不分”、政企不分的问题，厘清了内部工资关系 |
| 第三次改革 | 1993 年 | 《国务院关于机关和事业单位工作人员工资制度改革问题的通知》 | 对机关和事业单位工资制度实行脱钩管理，机关和事业单位实行不同的工资制度；建立工资正常增长机制，并且在处理地区工资关系上，建立了地区津贴制度；改革岗位津贴制度，明确机关工作人员岗位津贴项目和标准；对机关和事业单位实行不同奖金制度，改革高度集中和简单划一的工资管理体制 | 从多方面提出了创新性改革措施，如地区津贴制度、奖金制度等，这对现今仍有借鉴意义。但是，受到种种因素的制约，这次工资制度改革提出的很多设想没有得到实现 |
| 第四次改革 | 2006 年 | 《国务院关于改革公务员工资制度的通知》 | 完善津补贴发放制度；调整基本工资结构；基础工资和工龄工资不再保留，级别工资权重有所加大；建立了职务与职级并行的工资制度；优化公务员工资结构，建立了基本工资正常增长机制 | 有效调控了地区工资差距，逐步将地区工资差距控制在合理的范围内 |

### 12.1.3 公务员工资制度的基本原则

**1. 按劳分配原则**

《公务员法》第七十九条规定："公务员工资制度贯彻按劳分配的原则。"这一原则在公务员的工资分配中发挥着重要作用。贯彻落实按劳分配原则需要充分考虑机关单位的特殊性，根据公务员劳动支出的特点来确定工资分配的具体形式。同时强化考核制度，把工资分配与公务员的工作情况和实际贡献结合起来，使工资的高低真实反映劳动支出的多少。按劳分配原则可以最大限度地体现出公平公正，公务员的工资与自身工作量、工作的绩效挂钩，既能避免分配中的平均主义，又能实现多劳多得，使工作业绩优异者付出后得到应有的回报，同时还能激励公务员不断提高自己的服务水平，有利于营造良好的工作氛围。

**2. 正常增资原则**

《公务员法》第七十九条规定："国家建立公务员工资的正常增长机制。"增资途径有以下三个：一是与考核和工作年限相关的增资。公务员连续两年考核结果为称职及以上的增加一档职务工资；连续五年考核结果为称职及以上的增加一级级别工资。这是公务员增资最普遍、最稳定的一种增资途径。二是与升职相关的增资，公务员职务、职级晋升后，理所当然地应该得到该职务、职级所对应的工资，这种增资方式并不是每个公务员都能享有的，它是建立在升职的基础之上的。

**3. 平衡比较原则**

《公务员法》第八十一条规定："国家实行工资调查制度，定期进行公务员和企业相当人员工资水平的调查比较，并将工资调查比较结果作为调整公务员工资水平的依据。"工资调查制度的建立，首先，可以提高公务员对工资水平调整的满意度，工资调整建立在与企业的对比基础之上，更具有科学性。其次，不同地区之间由于经济发展水平存在明显差异，这就使得公务员工资不能一概而论，要符合当地实际。工资调查制度的建立，就为一些地区调整工资标准、增加津贴补助提供了依据。最后，可以对照企业不同职务、不同级别的工资标准，合理确定公务员系统不同职务、职级的工资标准。公务员工资制度实行平衡比较原则，也是我国现行经济体制对公务员工资分配的客观要求。

**【补充材料】**

确定工资的依据：

（1）职责。通常职务越高，其工作复杂困难程度和需要承担的责任越大，所需资格条件也越高，付出的劳动量也越多，得到的工资报酬也应更高。

(2) 贡献。就是公务员的实绩。通常把年度考核的结果，作为确定公务员工资或晋升工资级别的主要依据。对实绩突出的，可以破格晋升工资。

(3) 资历。资历包括工龄、连续工龄和工作经验等要素。工龄越长，工作经验越丰富，工资数额就越高。

(4) 学历。指受教育的程度。公务员受教育的程度越高，所定的工资级别和工资数额越高。担任同等职务、工龄相同的公务员，其工资数额因学历不同而有差别。

(5) 地区环境。由于经济发展的地区性差异，地区物价有差异，国家规定各地区公务员分别执行某种工资标准，以保证公务员在职务相当的情况下生活水平基本接近。对于边远、艰苦环境地区，实行较高的工资政策，鼓励他们去开发建设这些地区。

#### 4. 法律保障原则

《公务员法》第八十条规定：“公务员工资应当按时足额发放。”第八十四条规定：“任何机关不得违反国家规定自行更改公务员工资、福利、保险政策，擅自提高或者降低公务员的工资、福利、保险待遇。任何机关不得扣减或者拖欠公务员的工资。”

禁止任何单位和个人，以任何名义扣减和拖欠公务员工资，以维护公务员的经济权利。另外，任何机关和单位也不得擅自增加公务员的工资待遇。

### 12.1.4　公务员工资的内容

《公务员法》明确规定：“公务员工资包括基本工资、津贴、补贴和奖金。公务员按照国家规定享受地区附加津贴、艰苦边远地区津贴、岗位津贴等津贴。公务员按照国家规定享受住房、医疗等补贴、补助。公务员在定期考核中被确定为优秀、称职的，按照国家规定享受年终奖金。”并强调公务员工资应按时足额发放，任何机关不得扣减或者拖欠公务员工资。实行增长机制，应与国家经济发展相适应。

#### 1. 基本工资

基本工资即职务工资和级别工资，是工资结构的主体，是确定公务员退休金、抚恤金等项目的主要依据。职务工资是以公务员的职务、所负担的责任、所履行职能的重要性以及工作程度等为衡量标准的。级别工资则是以公务员资历、年功和业绩为标准。

#### 2. 津贴

津贴主要是指基于额外付出或与工作相关的特殊需要而得到的补助，是工资的一种补充形式和工资制度的重要组成部分。公务员津贴分为两类：一类是地区津贴，是根据我国不同地区的经济发展水平、物价水平以及地域自然环境等因素而设立的津贴，是公务员工资的一种补充形式。地区津贴又分为地区附加津贴和艰苦边远地区津贴两种。地区附加津贴是指，依据不同地区之间经济发展水平，各地平均工资水平、消费水平，结合各地实际消费水平以及企业员工的工资水平，合理设置地区附加津贴，使当地公务员的工资水平与经济发展相适应。艰苦边远地区津贴，是对公务员在艰苦边远工作环境下付出的额外劳动消耗和生活费支出所给予的适当补偿，这项津贴是为了鼓励公务员到边远地区工作，也是艰苦边远地区吸引人才的一个策略。另一类是岗位津贴，是与公务员所处的岗位密切相关的，是国家对工作条件较为艰苦、工作环境恶劣，或者工作性质较危险的公务员给予的额外劳动报酬，如人民警察的执勤岗位津贴、环保工作人员的环境保护监测津贴等，岗位津贴是与岗位绑定在一起的，而不是与公务员个人绑定，因此，当公务员离开该岗位后，就不再获得该项津贴。

3. 补贴

公务员补贴是《公务员法》明确规定的："公务员按照国家规定享受住房、医疗等补贴、补助。"国家对公务员的补贴，是为国家适应职务消费和公务员工资以及福利等改革的需要，是为提高公务员改革适应能力，对公务员进行适当弥补的措施。

4. 奖金

奖金是对工作表现突出、工作业绩优异，对组织和社会做出较大贡献的公务员的额外报酬。公务员在定期考核中被确定为优秀、称职的，按照国家规定享受年终奖金。奖金不仅是工资的一部分，更是一种激励手段。获得奖金的公务员不仅可以实现精神和物质上的双重满足，更能起到模范带头作用，激励其他公务员不断向其学习，提高自身工作能力。

## 12.2 公务员福利制度

### 12.2.1 公务员福利制度的含义

1. 公务员福利制度的含义

公务员福利制度是国家和单位为解决公务员工作、生活及家庭中的基本需要和特殊困难，在工资和保险之外给予经济帮助和生活照顾的一种保障制度。目前我国的公务员社会福利制度包含两个层次的内容：由国家或社会提供的福利和由单位提供的福利。无论哪种形式的福利，都有两个基本的特点：一是同类社会成员在享受同类福利待遇方面具有平等的权利即同工同福利；二是国家、社会或单位提供的福利是免费的或是减收费用的。

### 2. 公务员福利制度的作用

公务员的福利制度可以改善公务员的工作、生活条件，解决公务员的家庭困难，促进公务员身心健康，丰富公务员的业余文化生活等，从而起到稳定公务员队伍，调动公务员的积极性，提高工作效率的作用。具体来讲，公务员福利的作用体现在以下三个方面：

（1）对公务员的基本生活需要给予必要的保障。这种保障作用主要体现在两种情况下：一是当公务员个人的工资偏低，赡养家庭有一定困难时，可以从公务员福利中得到生活费补助；二是当公务员本人或其家庭面临困难时，可以通过公务员福利制度得到必要的资助。

（2）提高公务员的物质文化水平。如通过修建食堂、浴室、图书馆、文化活动站、公务员公寓等，改善公务员的生活条件。组织公务员度假、旅游、休养等，促进公务员的身心健康，满足公务员生活和发展的需要。

（3）增强公务员队伍的吸引力和凝聚力，激励他们更加努力地工作。合理的公务员福利制度一方面可以为组织吸纳更多的人才，提高公务员队伍的整体素质，增强公务员对组织的归属感；另一方面能够解决公务员的后顾之忧，使公务员更有效地服务人民、奉献社会。

## 12.2.2　公务员福利制度的主要内容

### 1. 工时制度

工时制度是国家为合理安排公务员的工作和休息时间、维护公务员的休息权利、调动公务员的积极性而制定的关于公务员工作时间的规定。公务员除法定节假日外，每天工作 8 小时，每周工作 40 小时，星期六和星期日为周休息日。关于工作时间的规定不是一成不变的，当遇到特殊情况，需要公务员延长或缩短工作时间时，则按照国家有关规定执行。

在出现下列情况时，不受工时制度的限制：一是当发生自然灾害、特大事故、恐怖袭击等阻碍社会经济发展、阻碍国家机构正常运转、对人民群众的生命财产安全构成威胁的重大事件时，可以打破工时限制，以事件的尽快解决为先；二是对于需要占用节假日来完成紧急任务的公务员，不严格按照工时制度执行，在紧急任务完成后，相关单位要根据实际情况给予加班公务员相应的补休。

### 2. 探亲制度

公务员工作满一年以上的，与配偶不住在一起，又不能在公休假日团聚的，每年给予一方探亲假一次，假期为30天；与父母都不住在一起的，又不能在公休假日团聚的，未婚者原则上可每年给予假一次，假期为20天，已婚者每四年给假一次，假期为20天。上述假期不包括路途时间。在规定的探亲假期和路程假期内，按本人标准工资发给工资。探望配偶和未婚者探望父母的，其往返路费，由所在单位负担；已婚者探望父母的往返路费，在本人标准工资30%以内的由本人处理，超出部分由所在单位负担。

### 3. 休假制度

公务员现行的休假有法定休假日、年休假、探亲假、产假、婚（丧）假、病事假等。法定节假日是国家为统一全国的年节及纪念日放假做出的规定。年休假制度是国家为保护公务员身体健康，每年安排公务员集中一段时间进行轮休的一种福利制度。公务员根据工作任务、岗位、资历等不同情况，每年可安排不超过两周的休假。各级党政机关、人民团体和事业单位职工休假的具体实施办法，由省、自治区、直辖市和各部门制定。工作年限10年以下的，休假7天；工作年限满10年不满20年的，休假10天；工作年限满20年以上的休假14天。

### 4. 福利补贴制度

福利补贴是为了满足公务员的日常不同生活需要，减轻公务员日常生活负担，保障生活困难的公务员而设立的。如冬季取暖补贴，是国家对居住在寒冷地区并且自行取暖的职工给予的物资补助；上下班交通费补贴，是国家为减轻公务员上下班的交通费用负担而设立的。还有租房补贴、防暑降温费、生活用品价格补贴和生活困难补助等。

### 5. 优抚制度

优抚制度是对公务员因公致残后以及因公牺牲、因公死亡或病故后的抚恤、优待等有关问题做出的规定，主要包括伤残抚恤标准、护理费标准以及死亡一次性抚恤金标准、丧葬费标准、遗属困难补助费标准等。

### 6. 其他福利制度

公务员还享受公费医疗待遇、福利住宅制度以及由所在单位提供的娱乐设施、食堂、卫生设施等集体性福利制度。

## 12.2.3　公务员福利与工资的区别

### 1. 工资按劳分配，福利则是按需提供

在公务员系统内部，只要具有公务员身份，并付出了劳动，就会得到相应的报酬，即工资，获得工资是每个公务员都具有的权利。福利是为了满足特殊需要或实际条件分配的，只有符合条件的公务员才能获得福利，例如东南沿海地区的公务员都有取得工资的权利，却没有享受冬季取暖补贴的权利，因为不满足获得冬季取暖补贴的条件。

### 2. 工资是公务员主要的收入形式，福利只是一种辅助性待遇

在公务员的收入中，工资是占绝对主导地位的，它是公务员劳动多少以及劳动质量的体现，公务员在日常生活中的消费都要靠工资来实现。福利只是各地区根据本地特有的情况，对公务员的某些方面给予的补充性帮助，不以按劳分配为原则，不具有全面性。

### 3. 工资以货币形式发放，福利则可采用多种形式

工资一般是以货币的形式实现的，工资发放到公务员手中后作何用途由公务员自己决定。但福利除了货币的形式之外，还通过多种形式体现，如提供某种方便、休假等，并且福利的发放是具有较强的针对性的，例如针对寒冷地区的公务员冬季取暖问题发放冬季取暖补贴，针对公务员与配偶或父母分居两地的问题设置探亲假等。

## 12.2.4　公务员福利制度的改革

### 1. 改革福利制度，最大程度地实现福利的“货币化”

目前我国公务员尤其是基层公务员工资水平较全社会而言是相对较低的，虽然有名目繁多的福利，但是福利发放的形式也是多种多样的。因此，国家可以将一些福利性补贴纳入工资范畴，既可以实现工资的增长，又能使发放的福利更加满足公务员的现实需要。

### 2. 努力实现福利工作“社会化”

政府下放权利，将福利的提供交由社会办理，这样既可以促进第三产业的发展，为市场经济的繁荣注入资金，又能实现多元协同治理。

### 3. 强化对公务员福利的监督

福利的发放是由各地区根据自身实际情况自行确定的，因此，国家并未对福利的

名目、发放的标准等作出统一明确的规定，这也给一些地区“大发福利财”创造了条件。因此，国家要制定完善的福利监督制度，规范福利名目，审核福利发放标准是否与当地经济发展水平、消费水平相适应，避免因福利造成的地区间公务员工资水平差距较大。

## 12.3 公务员保险制度

### 12.3.1 公务员保险制度的含义

公务员的保险制度，是指国家通过立法程序所建立的，对因生育、年老、疾病、伤残、死亡等原因，暂时或永久丧失劳动能力的公务员给予物质帮助的一种保障制度。公务员保险制度是社会保障制度的一个重要组成部分。《公务员法》规定：“公务员依法参加社会保险，按照国家规定享受保险待遇。公务员因公牺牲或者病故的，其亲属享受国家规定的抚恤和优待。”具体来说，公务员保险制度主要包括以下内容：

（1）基本医疗保险。是指公务员因患病暂时丧失劳动能力时国家和所有单位给予的一定医疗服务、假期和资金补偿。主要由患病期间的医疗待遇和治疗期间的生活待遇两部分组成。

（2）生育保险。是指国家对女性公务员在怀孕分娩时所给予的一定的照顾和物质帮助。

（3）养老保险。即公务员在退休之后，由国家给予其收入补偿，以确保其基本生活。养老保险是为解决公务员在达到国家规定的解除劳动义务的劳动年龄界限，或因年老丧失劳动能力退出劳动岗位后的基本生活而建立的一种社会保险项目。

（4）工伤保险。是指公务员在工作中或在规定的特殊情况下，因公负伤或患职业病导致暂时或永久丧失劳动能力以及死亡时，公务员或其遗属从国家和社会获得物质帮助的一种补偿。

（5）失业保险。即公务员由于非本人原因（如机构精简等法定原因）离开党政机关而丧失收入来源时，由国家依法保证其基本生活而给予的生活保障。

与公务员福利制度一样，公务员保险制度也是公务员所享有的一项权利，它们都是国家在工资以外，对公务员生活消费的补充。需要指出的是，公务员保险有其自身所独有的特点：一是公务员保险虽然是公务员享有的权利，但并不是每一种保险都会发放在每一个公务员身上，需要满足一定条件，例如，当公务员因病无法正常工作，或在工作期间受伤导致无法正常工作的，公务员本人或其供养的家属则可获得医疗待遇或生活补助；二是公务员保险并不是以增加公务员收入为目的的，而是为了保障公务员的基本生活需要；三是保险的组织与实施具有社会化特点。

## 12.3.2　公务员保险制度的作用

### 1. 保障生活

公务员保险制度为因病或工伤暂时丧失劳动能力的公务员提供必要的物质帮助，使他们在不能正常工作期间生活可以得到基本的保障，有助于其身心健康的发展，促使其尽快恢复身体，重返工作岗位。

### 2. 吸引人才

公务员保险制度的实施和逐步完善，也是吸引社会人才进入公务员队伍，不断提高公务员的整体水平和素质的有利条件。国家机构吸引人才的一个最大特点就是稳定，保险制度的实施为公务员解除了后顾之忧，使其可以全身心投入日常工作中，把全部精力放在为人民服务上。

### 3. 稳定队伍

健全的公务员制度还可以使公务员体会到社会主义制度的优越性，激发他们的自豪感和归属感，使他们更加积极自觉地为建设中国特色社会主义而努力工作，同时对稳定公务员队伍也有一定的作用。

**【阅读材料】**

**养老保险双轨制实现并轨**

国务院印发《关于机关事业单位工作人员养老保险制度改革的决定》（以下简称《决定》），决定从 2014 年 10 月 1 日起对机关事业单位工作人员养老保险制度进行改革；同时决定，统一提高全国城乡居民基本养老保险基础养老金最低标准，再次提高全国企业退休人员基本养老金标准。这一系列决定，是贯彻党的十八大和十八届三中、四中全会精神，全面深化改革的重要内容，是统筹推进社会保障体系建设，建立更加公平、可持续养老保险制度的又一重大举措。

《决定》指出，机关事业单位养老保险制度改革要坚持全覆盖、保基本、多层次、可持续方针，以增强公平性、适应流动性、保证可持续性为重点，改革现行机关事业单位工作人员的退休制度，逐步建立起独立于机关事业单位之外、资金来源多渠道、保障方式多层次、管理服务社会化的养老保险体系。

《决定》规定，机关事业单位实行社会统筹与个人账户相结合的基本养老保险制度，由单位和个人共同缴费；改革基本养老金计发办法，待遇水平与缴费相关联，建立多缴多得、长缴多得的激励机制；建立基本养老金正常调整机制，统筹考虑机关、企事业单位退休人员和城乡居民的基本养老金调整；加强养老保险基金管理和监督，确保基金安全；做好养老保险关系转移接续工作，促进人员合理流动；同步建立职业年金制度，形成多层次的养老保险体系；建立健全养老保险筹资机制，确保待遇发放；逐步实行社会化管理服务，不断提高管理服务水平。

《决定》强调，改革机关事业单位养老保险制度，调整企业退休人员和城乡居民基本养老金待遇，直接关系亿万群众的切身利益，涉及面广、政策性强。国务院要求各地区、各部门充分认识实施这一系列改革、政策的重要意义，从党和国家工作大局出发，切实加强领导，精心组织实施，确保改革顺利推进，更好地保障和改善民生，促进社会公平正义、稳定和谐。

在总结实践经验、深入研究论证的基础上，国务院决定在全国范围同步实施机关事业单位养老保险制度改革，有利于统筹推进城乡养老保障体系建设，促进人力资源合理流动和优化配置，建立与其他职工统一的、社会化的养老保险制度，逐步化解待遇差距大的矛盾。

## 12.4　国外公务员工资、福利、保险制度

公务员工资、福利和保险问题十分复杂，它不仅和国家经济状况有关，而且涉及公务员的切身利益，直接影响到社会的安定团结。设定科学规范、适合国情的公务员工资、福利和保险制度，对于地域发展的平衡、人才的合理流动、廉政建设的深化、和谐社会的建构有举足轻重的作用。借鉴国外公务员工资福利制度的优点和经验，有利于进一步完善我国公务员的薪酬制度。

### 12.4.1　美国公务员工资、福利、保险制度

在美国，公务员的基本工资包括了常规工资和弹性工资；津贴包含了制服津贴、住宅津贴、生活津贴、岗位津贴、危险薪金津贴等；补贴包括加班费、假期补助、购房补助等；奖金主要由工作成绩奖、政府推荐奖、高绩效提薪等部分组成。

美国公务员享有年休假、家庭与医疗假，以及出庭假、骨髓与器官捐赠假、紧急事件假、应征入伍假和无工资假等。1920 年，实行公务员养老保险制度（CSRS）；1986 年，实行纳入全国养老社会保险范围的联邦雇员退休制度（FERS）。2019 年 5 月，美国众议院通过《退休金提高法案》，对企业年金和个人退休账户体系进行改革。

### 12.4.2　英国公务员工资、福利、保险制度

英国公务员工作较为轻松，实行严格的 8 小时工作制，工作朝九晚五，日常工作

强度不大，工资水平在全社会中属于中等水平，可观的退休金保障力度使公务员这个职业充满了吸引力。一般公务员的工资水平基本处于社会中等水平，英国公务员虽然算不上是高薪，但是福利优厚。很多部门允许在家办公，有的还实行弹性工作制。孩子与老人的看护，甚至孩子假期活动，都有相关的保障。社会保障方面最重要的福利是养老金，英国公务员既参加社会其他职工参加的国家基本养老保险制度，另外，英国政府还为公务员设立了不同类型的职业养老金保险制度。

英国公务员的福利制度有以下几个方面：一是退休金。公务员退休后可享受国家退休金和职业退休金两部分。二是住房福利。住房福利是为了给低收入家庭提供较为舒适的生活环境，由国家面向全社会提供的公房出租福利。三是医疗福利。英国实行全民免费医疗，一般疾病在社区全科诊所就医时只需缴纳较少的处方费，药费全免；如需住院治疗，住院期间费用全免（包括食宿费用），不限额度。四是工作时间。英国公务员实行每周 5 天 8 小时工作制。在法定工作时间加班的，享受加班工资。五是带薪休假。主要包括带薪年休假、产假、病假等。六是遗属福利。英国公务员如个人自愿缴纳一定比例的职业养老保险金，死后配偶及直系亲属可部分享受其生前应领取的退休金。

### 12.4.3　挪威公务员工资、福利、保险制度

挪威的公共部门包含范围很广，政府、医院、学校、幼儿园和养老院等都属于公共部门。挪威的公共部门严格上讲并没有公务员编制之说，无论在哪一级别的部门工作，也无论是公共部门还是私营部门，从劳动关系来讲都是雇员。一方面来说，公共部门工作的好处是工作比较安稳，另一方面来说，一般私营部门的工资会比公共部门的工资高。但是在保险方面二者并无区别，不管是公共部门还是私营部门的雇员都参加统一集中的全民保险计划，各项标准没有差异，只要按照规定参保，各个行业都适用同样的标准，以后也享受同样的待遇。需要说明的是，政府部门为了吸引优秀人才，在退休金方面较私营部门优待。挪威公务员除了缴纳社保金外，还可以参加“公共服务退休金计划”，退休时就能够领取额外的退休金。在挪威，职工薪酬水平是集体谈判的结果，工资福利集体协商在每年三、四月份进行。私营部门劳资双方达成协议后，接着才是公共部门，达成的协议一般是工资涨幅和私营部门相当。

### 12.4.4　韩国公务员工资、福利、保险制度

韩国公务员工资收入可观，社会地位较高，退休后的福利待遇也很不错，可以说是一劳永逸，因此被称为“铁饭碗”。由此也造成了公务员考试的难度非常高，考试科目也相当多，不同的部门也有着不同的考试要求，因此能够考上的人都是百里挑一的优秀人才。

韩国除去总统和总理等高级别的官员之外，将普通的公务员由高至低分为1至9级，刚入职的公务员一般分属9级。韩国的《公务员年金法》规定公务员收入包括基本工资、补贴和福利。韩国公务员除了较好的工资待遇外，还有良好的社会保障与退休制度。在退休之后，普通的公务员还可以按照退休前3年工资的76%领取退休金，而一般老百姓的退休金只有退休前3年工资的50%。

### 12.4.5 新加坡公务员工资、福利、保险制度

新加坡公务员收入较高，但是新加坡政府制定了细致的章程，对公务员的纪律和财务约束非常严格。对各种场合的宴请以及公车私用等都有详细严格的规定，同时要求公务员要定期申报个人财产状况，不申报或者瞒报少报等行为会受到法律的惩处。在公务员的工资福利方面，新加坡政府实行“裸薪”的方式，即所有的待遇都用货币衡量发放，不会出现其他隐性的收入。按照这个方式，即使是高级公务员，也无法获得分房、配车等额外的福利待遇。

新加坡公共部门的员工包括各政府部门以及其他提供公共服务的“法定机构”，薪水由工资和花红（一般相当于2至4个月的固定工资）组成。公务员的类别依据职责的不同，划分为四类：第一类是综合管理类，要求具有大学本科学士学位；第二类是执行服务类；第三类是技术服务类；第四类是低技术工种。类别的不同也意味着工资待遇水平的不同。

**【理论前沿】**


[1] 杨晓曦．公共服务动机视角下的公务员工资福利制度改革［J］．首都师范大学学报（社会科学版），2019（05）：129－139.

[2] 杨梅．我国公务员工资制度的探索与实践：制度特征、问题及改革思路［J］．中国行政管理，2019（08）：105－110.

[3] 江玉荣．改革开放以来公务员工资制度改革的回顾与展望［J］．中国人力资源开发，2018（10）：75－82＋109.

[4] 刘桂芝，杨淑君．公务员工资水平横向比较方法论析——基于标杆职位法视角［J］．延边大学学报（社会科学版），2017（05）：106－114＋143－144.

[5] 郭磊，徐明．中美公务员养老保险制度的变迁——再分配效果的检验［J］．人口与经济，2020（06）：96－111.


**【本章小结】**

本章共分为公务员工资制度、公务员福利制度、公务员保险制度、国外公务员工资福利保险制度四个小节。第一小节对公务员工资的含义进行了界定，介绍了公务员

工资制度经历的四次重大改革，指出了公务员工资制度的四项基本原则：按劳分配原则、正常增资原则、平衡比较原则、法律保障原则，并指出公务员工资由基本工资、津贴、补贴、奖金四部分构成。第二小节对工时制度、探亲制度、休假制度、福利补贴制度、优抚制度等构成公务员福利制度的内容进行了详细阐述，系统阐述了公务员福利和公务员工资的区别。第三小节对公务员保险制度的概念进行了界定，指出公务员保险制度由基本医疗保险、生育保险、养老保险、工伤保险、失业保险构成。第四小节对其他国家在公务员工资、福利、保险制度方面的经验进行了概述。

**【关键术语】**

公务员工资　正常增资　公务员福利　工时制度　探亲制度　休假制度
公务员保险　基本医疗保险　养老保险　失业保险

**【复习思考题】**

1. 我国公务员工资制度的原则有哪些？
2. 我国公务员工资制度的内容有哪些？
3. 我国公务员福利制度有哪些主要内容？
4. 简述公务员工资和福利的区别。
5. 我国公务员保险制度有哪些主要内容？
6. 我国公务员福利制度存在哪些问题？应该如何改进？

# 第 13 章　公务员辞职、辞退与退休制度

【本章知识架构】

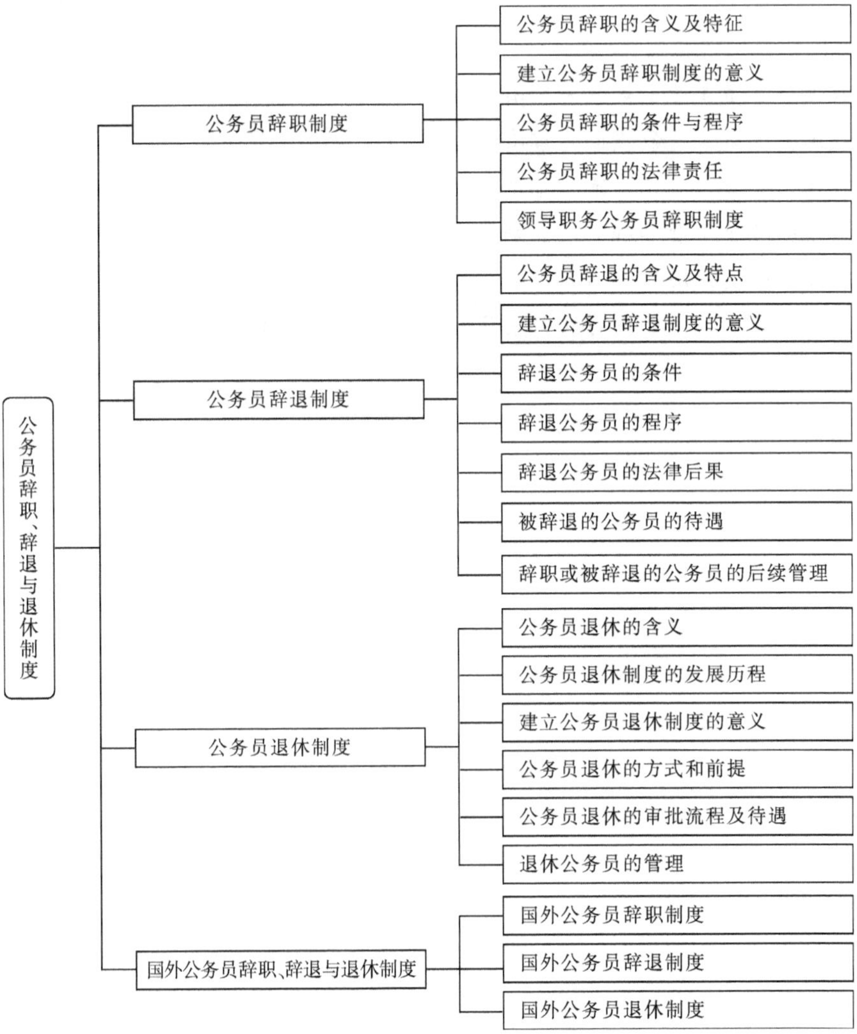

**【案例导入】**

2018 年 7 月 15 日，国家药品监督管理局通告，长春长生生物科技有限公司违法违规生产冻干人用狂犬病疫苗，行为性质恶劣，令人触目惊心。狂犬病的死亡率几乎为 100%，此次疫苗生产记录造假事件引发社会广泛关注。吉林长春长生公司问题疫苗案件发生后，党中央高度重视，国务院派出专门调查组对事件进行了全面调查，中央纪委国家监委开展了监管责任调查和审查调查工作，严肃问责，依法从严处理，对 6 名中管干部作出予以免职、责令辞职、要求引咎辞职等处理，对李晋修（吉林省政协原副主席，分管吉林省食品药品监管工作的原副省长）责令辞职，要求刘长龙（长春市原市长）、毕井泉（市场监管总局党组书记、副局长，2015 年 2 月—2018 年 3 月任原食品药品监管总局局长）引咎辞职。

**思考：这些干部是否符合辞职的条件？为什么？**

# 13.1　公务员辞职制度

## 13.1.1　公务员辞职的含义及特征

### 1. 公务员辞职的含义

公务员辞职是公务员根据本人意愿提出，并经过任免机关批准，辞去现任职务、职级，依法解除其与机关之间的人事关系；或者担任领导职务的公务员依照法律规定的条件和程序辞去所担任的领导职务的行为。前者称为辞去公职，其直接结果是丧失公务员身份，机关与公务员的任用关系消失；后者称为辞去领导职务，其直接结果是公务员丧失原来担任的领导职务，职务关系变更，但公务员身份仍然存续。为理解辞职的含义，我们将辞职分别与其他几个概念进行对比。

（1）辞职与辞退。两者的区别在于：第一，主体不同。辞职是公务员按照自身意愿提出的解除任用关系的行为，公务员作为主体，具有自主性；辞退则是以党政机关作为主体解除与公务员的任用关系，公务员只能单方面接受。第二，原因不同。辞职的原因一般是公务员因生活等各方面的自身原因无法继续担任现有职务而提出的，辞退则是党政机关通过考核对在考核中连续被考核为不合格的公务员进行辞退，其原因在于公务员无法胜任本职工作。第三，待遇不同。公务员在辞职后尽管没有辞职费，但能够享受其他的法定待遇。根据我国《公务员法》规定，公务员辞职后会受到一定的从业限制，领导及普通公务员在离职后分别在三年和两年内不能从事与其公务员期间职务相关的工作；而被辞退的公务员则可以领取相应的辞退费或按相关政策享受失业保险。

（2）辞职与自动离职。公务员辞职是公务员按照相应规定结合自身意愿，按正常流程与任职部门解除任用关系，是公务员本身所具有的权利，受到法律认可并给予适当的保护；自动离职则是公务员任职机关基于公务员擅自离职且超出规定的期限的违纪行为，按照相关法律规定给予该擅自离职的公务员相应的处理，并将其开除出公务员队伍。

（3）辞职与免职。免职属于公务员职务的变更，是一种法律行为，通常指公务员所在的任用机构免除公务员职务的行为。两者的区别在于：第一，主体不同。辞职是公务员按照自身意愿所提出的解除任用关系的行为，公务员自身作为主体，具有自主性；免职则是公务员的任免机关单方面免除公务员的职务，公务员必须选择接受。第二，原因不同。辞职的原因一般是公务员因生活等各方面的自身原因无法继续担任现有职务而提出的，而免职则是由于某些如离职超过期限、身体问题导致无法正常工作等法定事由，任用机构免除公务员职务。第三，结果不同。与公务员辞职比较，免职不会使被免职者丧失公务员身份，而公务员一旦辞职就会失去其公务员的身份。

**2. 公务员辞职的特点**

（1）法定权利。辞职是公务员的法定权利。我国《宪法》明确规定公民有劳动的基本权利。劳动权自然包括了择业权，辞职正是公务员根据本人愿望自主选择职业的具体体现，是公务员择业权利的一种实现形式。公民对于自身所要从事的职业具有自主选择权。在法律允许下，公民可以自主通过相应的程序申请成为公务员并担任相应的职务；同时担任公务员职务的公民也可以按照相关规定遵循自己的意愿辞去相应的职务。作为公务员的一项权利，辞职必须遵循公务员的个人意愿，任职单位不能以任何方式强制公务员辞职。

（2）法律程序。公务员辞职必须经过法定程序来执行，由本人提出申请，要走人事部门审核、任免机关审批等法定程序。

（3）限制条件。并不是所有的公务员都满足辞去公职的条件，只有满足法定条件才能够辞去公职。

（4）利益保障。公务员在辞去其所担任的职务后，仍然可以享受法定的相关辞职待遇。不仅能根据相关规定取得相应的人事关系证明，还可以在规定的范围内重新就职。除此之外，辞去公职的公务员还可以在担任其他公职时累加工龄。

### 13.1.2　建立公务员辞职制度的意义

辞职是公务员退出体制中主要的退出方式之一。要使公务员制度得以完善，且公务员队伍能有效地保持活力，针对公务员建立相应的辞职制度就显得尤为重要。公务员辞职系统的建立能够有效地优化公务员队伍，提高公务员的素质及业务能力，提高党政机关的行政效率。

第一，公务员辞职制度的建立，是我国在传统人事制度上做出的巨大改革。通过建立完善的公务员辞职制度，能够合理规避我国传统公务员队伍中所存在的依附现象，避免出现公务员“部门所有”“单位所有”的现象。而公务员辞职制度的建立，通过法律等条文对公务员享有的权利进行明确的规定，让公务员辞职的程序流程更加系统化，更加科学全面，确保了公务员的合理流动，巩固了我国人事制度改革所取得的成果。

第二，公务员辞职制度的建立，能够有效地保障公务员行使自身的辞职权。我国《宪法》规定，劳动作为每一个公民所具有的权利和义务必须得以保障，劳动权分为职业选择权和职业保持权。公务员的辞职权就是公务员实现择业自由的一种形式。在不违反法律规定的前提下，只要有合理正当的理由，公务员都可以按规定程序行使自身的辞职权，任何妨碍公务员行使辞职权的行为都是违法行为，应受到法律的惩戒，承担损害赔偿责任。

第三，公务员辞职制度的建立，能够有效地维持公务员系统的活力。向公务员系统输入新的成员，将公务员的录用体制和辞职体制两相结合，形成良性循环。公务员辞职制度的建立，给公务员提供了一个自由选择的机会，公务员可以根据自身的实际情况，扬长避短，选择更适合自身的职业。这不仅能调动公务员的工作积极性，还有利于人才的合理配置，使公务员各尽其才，各展所能，更好地服务于社会和人民。

第四，公务员辞职制度的建立，有利于提高公务员队伍的行政效率。公务员的兴趣、爱好与公务员处理公务的效率、公务执行之间存在着一定的因果联系。实行公务员辞职制度，不仅能够使公务员根据自身实际情况选择部门，还能够选择自己所喜欢的职业，这样就能够使公务员精神饱满地以全部身心投入工作之中，提高党政机关管理工作的效率。

### 13.1.3　公务员辞职的条件与程序

建立科学合理、程序正当的公务员辞职制度，并不是说所有的公务员都满足辞去公职的条件，只有满足法定条件才能够辞去公职。我国法律通过肯定性条件和限制性条件两方面对公务员辞职做出了要求。其中肯定性条件列举出了可以申请辞职的公务员应满足的条件，限制性条件则是列举出了公务员不能申请辞职的原因。因此，在满足肯定性条件的前提下，公务员要行使辞职权利同样也需要遵守限制性条件。

### 1. 公务员申请辞职的肯定性条件

公务员辞职必须是在符合法律法规的前提下，公务员按照自身意愿向任职机关提出申请，该过程必须是在公务员遵循自身意愿的情况下进行，并需获得任职机构的批准。公务员辞去公职的肯定性条件，是指公务员可以辞去公职的法定情形。主要分为两种情况：

（1）公务员想从事其他行业的工作。公务员因为个人原因对目前的职业没有兴趣，因而想要从事本人感兴趣的工作。

（2）公务员由于所接受的教育、所获得的知识与所从事的工作并不匹配或者自身性格无法适应行政工作，因此提出辞职。

以上情况，公务员均可提出辞职，解除与任职机构的任用关系。

### 2. 公务员辞职的限制条件

公务员辞职的限制条件，是对公务员辞职条件的补充限制，并不是满足肯定条件的公务员都可以提出辞职申请。我国《公务员法》明确规定，出现下列任何一种情况均不能辞去公职：（1）未满国家规定的最低服务年限的；（2）在涉及国家秘密等特殊职位任职或者离开上述职位未满国家规定的脱密期限的；（3）重要公务尚未处理完毕，且须由本人继续处理的；（4）正在接受审计、纪律审查、监察调查，或者涉嫌犯罪，司法程序尚未终结的；（5）法律、行政法规规定的其他不得辞去公职的情形。

公务员辞职的行为是一种法律行为，因此，公务员辞职权受到法律保护的同时，必须有相对应的法律程序对其进行约束。过分滥用公务员的辞职权会破坏机关的稳定性，影响机关的行政效率。为防止公务员滥用辞职权，维护机关运行的稳定性，我国《公务员法》第八十五条做出规定，公务员申请辞职必须走程序。

（1）提出书面申请。公务员要提出辞职申请，必须按规定填写相应的书面文件，向上级领导提出申请，再由上级领导对该公务员的辞职原因和具体情况进行核查，审查通过则为该公务员办理辞职手续。在审查期间，公务员不得擅自离职，否则任职单位将给予其相应的制裁处分。此外，集体辞职不仅得不到批准，还将受到法律的惩戒。书面申请辞职的形式不仅能使公务员更加慎重地去考虑相关事宜，还可以进行存档为后续事宜提供参考。

（2）提交机关审批。辞职行为不仅仅是一种法律行为，也是一种行政行为，会在公务员及任职单位间产生解除任用关系的法律效力。公务员任用单位须对公务员辞职行为进行严格的审查，并按照法律法规在公务员提交申请后 30 天内给出批示。符合法律规定则予以批准，反之则不批准。担任领导职务的公务员申请辞职则任免机关需在接到申请后的三个月内给出相关批示。在任用机关尚未给出批示之前，公务员不能擅自离开所处岗位。如果在规定期限内任免机关未做出相关批示，则可以自动视为已同意该公务员的辞职申请，该公务员可以自行找任免机关办理辞职手续，任免机关也应给予办理。

（3）进行公务交接。公务员辞职必须要在离职前办理好交接手续，并接受相关部门的审查，当一名公务员辞职后该职位需改由一名新的公务员来接替其职务。办理辞职手续的公务员需在审批期间对自己负责的工作进行交接，对自己负责工作的所需注意事项进行交代；应当将自己手头的文件或办公用品进行移交，同时要使继任者明确其所需担负的职责，明确业务执行的详细情况。要确保继任者能迅速了解并顺利开展工作，熟悉工作详情，保障机关工作的有序运行。

公务员履行完上述程序后，辞职的法律行为完成，公务员脱离党政机关，其身份自行消失，不再履行公务员的权利和义务，但辞职后仍要遵守一定的任职限制。

### 3. 公务员辞职的程序

公务员辞去公职，按照下列程序办理：（1）本人向任免机关提出书面申请，填写《公务员辞去公职申请表》。担任县处级副职以上领导职务或者二级调研员及相当层次以上职级的，应当一并报告个人有关事项。（2）组织人事部门审核，重点审核公务员是否具有不得辞去公职或者辞去公职后的从业限制情形，并征求其所在单位和纪检监察机关、保密等部门的意见。同时，提醒其严格遵守从业限制规定，告知违规从业须承担的法律责任。（3）任免机关审批，作出同意或者不同意辞去公职的批复。任免机关应当自接到公务员辞去公职申请之日起 30 日内予以审批，其中，对领导成员辞去公职的申请，应当自接到申请之日起 90 日内予以审批。同意辞去公职的，应当同时免去其所任领导职务、职级。其中，对需要进行经济责任审计的，应当事先按照有关规定进行审计。（4）任免机关将批复送公务员所在单位和申请辞去公职的公务员。（5）同意辞去公职的，办理公务交接手续。经批准辞去公职的公务员办理公务交接手续，应当自批准之日起 10 个工作日内完成。对拒不办理公务交接手续的，撤销同意辞去公职的决定，给予开除处分。（6）将同意辞去公职的批复和《公务员辞去公职申请表》等存入本人人事档案，同时将批复送同级公务员主管部门备案。

**注：**公务员申请辞去公职未予批准的，可以按照规定申请复核或者提出申诉。复核、申诉期间不停止该人事处理决定的执行。公务员在辞去公职审批期间不得擅自离职。对擅自离职的，给予开除处分。公务员与所在机关因专项培训等订立协议约定工作期限的，在未满约定工作期限内一般不得申请辞去公职。申请辞去公职的，应当向所在机关支付违约金或者履行相应义务。机关要求申请辞去公职公务员支付的违约金

数额不得超过约定工作期限尚未履行部分所应分摊的培训费用，最高数额不得超过机关提供的专项培训费用。

### 13.1.4 公务员辞职的法律责任

**1. 消除公务员的法律关系，丧失公务员身份**

由公务员书面提出辞职申请，经过任免机关批准，便可以消除公务员的法律关系，导致丧失公务员身份的法律事实。辞职的公务员不再享有公务员的权利，也无须履行公务员所必须履行的义务，这是辞去公务员职务的最基本的法律效果。公务员辞职后的身份按再就业后所在单位和岗位的情况确定，不再保留公务员的身份。在公务员辞职后一年内联系到的工作单位，如果该接收单位根据工作需要安排辞职公务员到干部岗位工作的，可按干部身份为其办理相关手续。

**2. 丧失公务员的一切待遇**

公务员辞去公职后，不再具有公务员身份，自批准之日的次月起停发工资，社会保险按照有关规定执行。公务员辞职后，公务机关要负责给获准辞职者办理好各种有关身份、职务等级、工资待遇、工作年限等证明及转递手续等辞职后的应有待遇，以作为辞职者重新就业时确定各种待遇的参考，方便辞职者再就业。

**3. 公务员辞职后的再次任职受到一定的限制**

公务员辞去公职的，原系领导成员、县处级以上领导职务的公务员在离职 3 年内，不得接受原任职务管辖地区和业务范围内的企业、中介机构或者其他营利性组织的聘用，不得从事与原任职务管辖业务直接相关的营利性活动；其他公务员在离职 2 年内，不得接受与原工作业务直接相关的企业、中介机构或者其他营利性组织的聘用，不得从事与原工作业务直接相关的营利性活动。原任职务，是指公务员辞去公职前 3 年内担任过的领导职务；原工作业务，是指公务员辞去公职前 3 年内从事过的工作业务。公务员辞去公职后，在从业限制期限内，应当于每年年底前向原所在机关报告从业情况。原所在机关应当同时对其从业情况进行了解和核实，对是否违反从业限制规定作出认定。

这是从法律上对公务员辞职与退休后的再次任职和活动所作的限制条款。因为公务员在职期间掌握一定的公权力，会对其隶属的单位具有一定的影响，即便是在公务员本人离开机关后，这种权力的惯性和影响力形成后，具有相对稳定性和渗透性的特点，仍会产生不可低估的负面效应。有的公务员在机关任职时，为企业在土地、项目审批、融资协调等方面牟利时公正无私不贪一丝利益，等到不在机关任职时反而坐享企业“反哺”。所以，对公务员在职期间的行为加以严格的约束，对公务员辞去公职后的再次任职和与原单位业务直接相关的营利性活动做出一定的限制，防止公务员以职权谋取私利和辞去公职后可能出现的不良行为，防止企业和其他营利性组织利用辞去公职者在职期间的影响进行不正当的经营活动，破坏公平竞争的环境。

#### 4. 公务员要报告辞职后从业去向

公务员申请辞去公职时应如实报告从业去向，签署承诺书，在从业限制期限内主动报告从业变动情况；公务员原所在单位在批准辞去公职前要与本人谈话，了解从业意向，提醒严格遵守从业限制规定。此外，脱离了公务员系统的辞职者，自认为当时的辞职决定考虑不周或不慎重，或者其志趣又转向了党政机关的工作，欲重返公务员系统，则必须重新参加公务员的录用考试，在考试考核合格的情况下，才能被录取为公务员。

### 13. 1. 5　领导职务公务员辞职制度

公务员职务分为领导职务和非领导职务。辞去领导职务是指担任领导职务的公务员，按照法定的程序和条件，辞去其所担任的职务。担任领导职务的公务员既享有普通公务员的权利，也可以按照《公务员法》第八十五条的规定辞去公职。《公务员法》第八十七条还做了特别规定。辞去领导职务与辞去公职不同的是，公务员辞去领导职务后保留公务员身份。但是如果担任领导职务的公务员要彻底辞去公务员身份，还要履行辞去公职程序。领导干部辞去领导职务的制度，是对我国公务员制度以及公务员辞职制度的进一步完善。

根据《公务员法》第八十七条规定：第一，担任领导职务的公务员，因工作变动依照法律规定需要辞去现任职务的，应当履行辞职手续；第二，担任领导职务的公务员，因个人或者其他原因，可以自愿提出辞去领导职务；第三，领导成员因工作严重失误、失职造成重大损失或者恶劣社会影响的，或者对重大事故负有领导责任的，应当引咎辞去领导职务；第四，领导成员因其他原因不再适合担任现任领导职务的，或者应当引咎辞职本人不提出辞职的，应当责令其辞去领导职务。综上所述，担任领导职务的公务员辞去领导职务可以分为：因公辞职、自愿辞职、引咎辞职和责令辞职四种形式。

#### 1. 因公辞职

因公辞职是指担任由人大、政协选举产生的领导职务的公务员因工作需要变动职务，依照法律或者政协章程的规定，向本级人民代表大会、人大常委会或者政协提出辞去现任的领导职务。异地或异职位调动的，首先要辞去现任的领导职务。《党政领导干部辞职暂行规定》第二章规定：领导干部担任由人大、政协选举产生的领导职务，任期未满因工作需要变动职务，依照法律或者政协章程应当辞去现任领导职务的，向本级人大、人大常委会或者政协提出辞去现任领导职务。领导成员因公辞职，应当在接到党委（党组）通知后七日内，向任免机关提出书面申请。因公辞职是公务员调动和交流应该执行的一种正常的法律程序，同时也是公务员对选举机关负责的行为。

### 2. 自愿辞职

自愿辞职指公务员因个人或者其他原因，自行提出辞去现任领导职务。自愿辞去领导职务是领导干部的权利。由于领导职务的特殊重要性，为了防止公务员辞去领导职务可能造成对国家和公众利益的损害，国家在辞职程序、辞职条件等方面做了必要的限制。

担任领导职务的公务员自愿辞去领导职务的，必须提出书面申请，报任免机关审批。任免机关接到辞职申请之日起三个月内要以书面形式答复申请者所在单位及本人。超过三个月不予答复的，视为同意辞职。

### 3. 引咎辞职

引咎辞职指具有领导身份的公务员在工作中因自身原因造成重大损失或恶劣影响，或者对重大事故负有重要领导责任，不宜再担任现职，由本人主动提出辞去现任领导职务。

（1）引咎辞职的适用人群和适用范围。《公务员法》第十三章第八十七条对引咎辞职的规定表明，引咎辞职通常适用担任领导职务的公务员。担任领导职务的公务员是指党政机关的领导人员，不包括机关内设机构担任领导职务的人员。

这里所指的适应范围是指领导成员的问题严重程度。引咎辞职是领导成员对自己所犯的错误主动承担的政治和法定责任，不过有一点必须明确指出，引咎辞职的领导成员的问题虽然造成一定的不良影响，但是严重程度绝对没有达到违法犯罪的地步。

如何确定“度”的界限是实践过程中碰到的最棘手的问题，往往陷入极端，要么规定太具体，缺乏可操作性，要么语义模糊，难以实现。根据以往的经验与试点情况总结来看，确定领导干部责任的“度”的界限有以下三种方式：第一是制定完善的指标规定，通过法规，迫使那些不胜任现岗位和失职、不能廉洁奉公的干部引咎辞职。第二是干部上岗时所说的诺言。如果自己所做出的承诺都无法实现，那表明他不能胜任这个领导工作，引咎辞职便是极其自然的。第三是人民的满意度。干部手中的权力也是人民赋予的，人民对干部的功过最为明白，也最有发言权。干部如果不能让群众满意，必然不能代表人民的利益，其必须交出人民赋予的权力，引咎辞职。

《党政领导干部辞职暂行规定》具体列举了党政领导干部应当引咎辞职的 9 种情形：①因工作失职，引发严重的群体性事件，或者对群体性、突发性事件处置失当，造成严重后果或者恶劣影响，负有主要领导责任的；②决策严重失误，造成重大经济损失或者恶劣影响，负有主要领导责任的；③在抗灾救灾、防治疫情等方面严重失职，造成重大损失或者恶劣影响，负有主要领导责任的；④在安全工作方面严重失职，连续或者多次发生重大责任事故，或者发生特别重大事故，负有主要领导责任、重要领导责任的；⑤在市场监管、环境保护、社会管理等方面监督严重失职，连续或者多次发生重大事故、重大案件，造成巨大损失或者恶劣影响，负有主要领导责任的；⑥执行《党政领导干部选拔任用工作条例》不力，造成用人严重失察、失误，影响恶劣，负有主要领导责任的；⑦疏于管理监督，致使班子成员或者下属连续或者多次出现严重违纪违法行为，造成恶劣影响，负有主要领导责任的；⑧对配偶、子女、身边工作人员严重违纪违法之情不管，造成恶劣影响的；⑨有其他应当引咎辞职情形的。这 9 种情形符合两个标准，一是出现重大损失或者造成恶劣影响，二是领导干部负有主要领导责任或个人责任。

（2）引咎辞职的特点。①引咎辞职只是辞去现任的领导职务。领导成员引咎辞职后，依然保留公务员身份。②引咎辞职制度是在领导成员的行为尚不够纪律处分和法律制裁的情况下退出领导岗位的方式，不带有强制性。③引咎辞职从一种政治责任，演变成为一种法律责任，这是我国法律责任体系中一种新的既带有政治性、又带有法律性的责任制度。④引咎辞职制度是在全国推行层次最高、范围最广、影响面最大的改革措施之一，为建立一支适应新时期任务的领导干部队伍提供了法制保障。

（3）实行引咎辞职制度的意义。①引咎辞职制度的实行有益于扩展“下”的路径。二十世纪八十年代以来，干部制度改革一直把“能下”当成重点，先后通过废除干部职务终身制，调整不尽职和失职的现职干部，实施领导干部实绩考核等方法，在干部“下”的方面取得了一些成绩。通过对各个单位领导建立和实施引咎辞职制度，这种制度将成为打破干部“能上不能下”困境的关键与方法，使过度依赖学历、资历和上级干部个人看法的状况得到改善，扩展“下”的路径，使能上能下的体系更加完善。②引咎辞职制度的实行有益于实现干部工作的透明化。由于制度的缺陷，公众对干部工作知之甚少，缺乏对干部工作的知情权、选择权、参与权、监督权，造成了干部只对上级负责却不对人民负责的局面。引咎辞职制度的实行将有利于确定各个单位领导因职务带来的“政治责任”，将这种“政治责任”明确化、固定化和制度化，使人民群众能够有效加强对干部工作的监督，进而加强责任政府建设。③引咎辞职制度的实行有益于加快干部工作的法制建设。首先，引咎辞职制度对限制干部权力的滥用有较大的影响，能够促使干部将法律赋予的权力真正用来造福人民。其次，引咎辞职制度还有着弥补现在的监管体系缺陷的功效。当重大事故发生以后，由于公职人员的疏忽和过失对公共社会造成的严重损失，社会的核心价值体系、公众的舆论倾向、人文价值观中的良心因素等都将对执政官员行政行为的动机和效果进行善恶、是非、曲直等方面的道德评判，从而敦促负有领导责任的行政主体主动辞职。引咎辞职制度通过增大担任领导职务的公务员任职的风险，弥补了法律中对失职公务员处理的不足，以宽泛的政治责任和道德责任，对担任领导职务的公务员行使权力产生更大的压力，激励其树立正确的权力观与政绩观，促进各级党政机关及担任领导职务的公务员从人治行政向法治行政观念的转变，自觉地在法律之下提出问题、思考问题和解决问题。④引咎辞职制度的实行有益于提高担任领导职务的公务员队伍的整体素质。引咎辞职制度就是一种辞退那些德行有亏、不能廉洁奉公、威望不足、能力不出众的干部的机制，对于担任领导职务的公务员有惩戒、激励的功能，从而建立良好的导向，使领导干部身上的紧迫感、危机感和使命感得到加强，鼓励干部学习并提升自身能力，努力工作，奋发向上，用权力诚心诚意为人民服务，增加广大领导公务员的道德责任感。

#### 4. 责令辞职

《公务员法》第十三章第八十七条规定：责令辞职是指担任领导职务的公务员应当引咎辞职或者因其他原因不再适合担任现任领导职务、本人不提出申请辞职，应责令其辞去领导职务。在工作中，领导干部有下列七种情况之一的，应当责令其辞去领导职务：（1）领导干部应当引咎辞职，本人却不提出申请辞职；（2）领导干部能力偏弱，不能在工作中尽职，常常不能按规定尽到自己领导职责；（3）通过竞争上位或公开选举的干部上岗后成绩一般，不能实现竞选承诺，群众对其强烈不满；（4）没有通过年度考核或届中考核，被评为不称职；（5）其自身有一定的违纪行为，尚未严重到需要法律严惩的地步，但是其行为应该受到党纪处分，已经不再适合担任现任领导职务；（6）因自身身体因素难以胜任此工作的；（7）自身不愿意退休或主动离职，但其已经到了退休年龄或领导干部任职的最大年限的。

根据《党政领导干部辞职暂行规定》第二十一条规定，责令辞职应当经过以下程序：（1）党委（党组）作出责令干部辞职的决定，并指派专人与干部本人谈话，将责令干部辞职的决定用书面形式通知干部本人；（2）被责令辞职的干部应当在接到责令辞职决定通知后十五日内向任免机关提出书面辞职申请；（3）按照有关规定办理辞职手续。另外，党政领导干部有下列情形之一的，不得辞去领导职务：一是有重要公务尚未处理完毕，而且须由本人继续处理的；二是由人大、政协选举、任命、决定任命的领导干部任职不满一年的；三是正在接受纪检机关（监察部门）、司法机关调查或者审计机关审计的；四是有其他特殊原因的。

# 13.2　公务员辞退制度

## 13.2.1　公务员辞退的含义及特点

### 1. 公务员辞退的含义

公务员辞退，是指党政机关依照法律法规规定，遵循法定程序，在法定的管理权限内做出解除与公务员的任用关系的行为。法律法规对监察官、法官、检察官等辞退另有规定的，按照有关规定办理。党政机关享有辞退公务员的权利，辞退公务员一般无需征求公务员本人意见，是党政机关的单方面行为，只要符合法律规定，党政机关就可以按照程序，解除其与公务员任用关系。辞退与开除不同：辞退与开除虽然都是让公务员离开公务员队伍，但其性质完全不一样。辞退不是行政处分，不具有惩戒性，只是一种行政处理，但开除不但是行政处分，而且是公务员处分中最严重的一种，具有较强的惩戒性。其次，被辞退的国家公务员，按国家有关规定享受失业保险或者按有关规定领取一定的辞退费，而被开除的公务员则没有这些待遇。辞退与撤职不同。辞退是党政机关依照法律法规解除其与公务员任用关系的行为，是党政机关的一种权力。而撤职是一种带有惩戒性的行政处分，撤销公务员的职务。

### 2. 公务员辞退的特点

（1）辞退公务员是党政机关的法定权力，党政机关根据法律法规通过法定程序让其脱离公务员队伍。与公务员管理机关拥有对公务员内部管理或处置的权力有所差异。

（2）辞退公务员是公务员所在机关的单方面行为，公务员的个人意志并不能左右它，无需征求公务员本人的意见，只要符合法律法规，公务员所在机关就可以依照法定程序，解除与公务员的劳动关系。

（3）辞退公务员必须基于法定事由。如果机关不依照法律的规定，违法对不符合要求的公务员进行辞退，便损害了公务员自身合法的权益。

（4）公务员的辞退一定要履行法律所规定的程序，这个程序既是使党政机关辞退公务员行为生效的要求之一，也是公务员保护自身权益的有效手段。法律规定的程序既是对党政机关权力的必要限制，也是对公务员权利的有效保护。如不符合法定程序，做出的辞退决定是无效的。

（5）被辞退的公务员享有法定待遇。被辞退的国家公务员按国家有关规定享受失业保险或者按有关规定领取一定的辞退费。

### 13.2.2 建立公务员辞退制度的意义

**1. 有利于加强国家公务机关对公务员的监督和约束，提高机关工作效率**

我国传统的人事体制存在着干部“能进不能出”的弊端，除了那些严重违法违纪的公务员被开除外，机关没有权力辞退因工作或者其他原因不适应机关工作的公务员，这严重影响了管理效率。允许国家公务机关依法辞退少数不能履行公务员义务及丧失公务员条件的人员，使不适合公务员职业的人员离开机关，从事社会的其他职业，可以形成优胜劣汰的良好机制，保证公务的有效执行。

**2. 有利于公务员队伍整体素质的提高与公务员队伍的活力的维持**

建立辞退制度，允许国家公务机关依法辞退少数不合格的公务员，可以有效防止“干好干坏一个样”现象的发生，对其他公务员也是一种鞭策，敦促他们勤奋进取。也唯有建立这种竞争机制，才能吐故纳新，以保证公务员队伍的高素质与活力。

**3. 有利于保障公务员的合法权益**

在保证国家公务机关依法行使辞退权的同时，还要着眼于保护公务员的合法权益不受侵犯，对机关的辞退权应予以必要的制约，这样也可以防止机关滥用职权。公务员辞退制度对机关辞退公务员的条件、程序、权限做了明确的规定，从法律上保证了辞退权的正当行使，也保障了公务员的合法权益。

### 13.2.3 辞退公务员的条件

确定公务员辞退条件是建立公务员辞退制度的关键。明确、严格、科学、合理地界定辞退条件是建立辞退制度的关键。根据《国家公务员辞职辞退暂行规定》的要求，有下列任一情形，党政机关可以辞退公务员：

**1. 肯定性条件**

（1）连续两年考核被确定为不称职的。我国《公务员法》将公务员考核结果划分为优秀、称职、基本称职、不称职四个等次，并将考核结果作为公务员晋升激励以及退出的重要依据。如果公务员连续两年未能很好地履行其义务做好本职工作，且在年度考核中被确定为不称职，这说明该公务员没能很好地履行义务，不能完成本职工作任务，已经不适宜继续在党政机关工作，则其任用机构可据此将其辞退，解除任用关系。

（2）不胜任现职工作，又不接受其他安排的。公务员能否胜任当前的职务，需要从多方面审查。主要考察公务员在业务能力、思想水平、身体状况等方面能否胜任当前的工作。对于不能胜任目前工作的公务员，组织可以为其安排其他合适的工作。如果公务员愿意接受这种安排的，不得辞退；如果拒不接受合理安排，为保证单位事业的顺利进行，组织可以将其辞退。

（3）因所在机关调整、撤销、合并或缩减编制员额需要调整工作，本人拒绝合理安排的。为了适应经济体制的改革，政治体制也必须进行改革，而制度改革是政治体制改革的一个重要方面，制度改革必然涉及调整、取消、合并或精简员额。同时，社会、经济、政治和文化的发展也要求国家对个别机构进行必要的调整。机构改革和公务员单位调整、机构编制日常管理撤销、合并或减少人员，国家应适当地做出合理的安排，公务员也要服从大局。但是，如果公务员过分要求，拒不服从合理的工作安排，有关部门有权将其辞退。

（4）不履行国家公务员义务，不遵守国家公务员纪律，经多次教育仍无转变，又不宜给予开除处分的。执行公务的公务员必须享有一定的权利，承担一定的义务，遵守有关纪律。对于不履行公务员义务，不遵守纪律，违纪的程度又不能给予开除处分，但批评和教育不改变的，有关部门有权将其辞退。

（5）旷工或无正当理由逾期不归连续超过 15 天，或者一年内累计超过 30 天的。旷工是指公务员无正当理由，不请假，不工作，不从事他们的工作；无正当理由逾假不归，是指不可抗力之外，如疾病、自然灾害、意外事故和其他不可预见的情况下，公务员超过探亲假、年假、休假、旅游假以及女性公务员的产假时间，不重返工作岗位。旷工或无正当理由逾期离开，会扰乱机关正常工作秩序，妨碍公务活动的有效实施。因此，无论是无故旷工，还是旷工连续超过 15 天以上，或一年内累计超过 30 天，均应予以辞退，并且承担一定后果。

### 2. 限制性条件

从保护公务员合法权益出发，尤其是从保护女性公务员、伤病及致残公务员的合法权益出发，对辞退公务员也有相应的限制性规定。根据《公务员法》第八十九条，限制性条件主要有以下几类：

（1）因公致残，被确认丧失或部分丧失工作能力的。公务员在工作中伤残，为工作付出巨大的牺牲和代价的，应该享受国家的特殊保障，可以依照规定领取抚恤金或者伤残补助金。经确认已丧失工作能力或者部分丧失的，有关部门不得将其辞退。

（2）患病或者负伤，在规定的医疗期内的。这里的医疗时间是指公务员的患病或非因公负伤需要休养但同时又不能辞退的期限。

（3）女性公务员在孕期、产假、哺乳期内的。对妇女给予特别保护是我国一贯的立法方针。根据《中华人民共和国妇女权益保障法》规定：任何单位不得因结婚、怀孕、产假、哺乳等情形，降低女职工的工资，辞退女职工，单方解除劳动（聘用）合同或者服务协议。但是，女职工要求终止劳动（聘用）合同或者服务协议的除外。

（4）法律、行政法规规定的其他不得辞退的情形。这是一个兜底性的条款，防止出现新情况或民法不全面的情况，为未来立法留出空间。需要注意的是，依照本规定，只有法律、行政法规可以增加不得辞退的情形，地方性法规不得规定。

### 13.2.4 辞退公务员的程序

辞退公务员是国家赋予党政机关的权力，其正当行使有利于机关的优化精干，保持机关的活力，但如果权力被滥用，必将造成对公务员合法权益的侵犯。因此，对辞退公务员的程序的规定必须满足两个条件：一是要确保党政机关能顺利地行使辞退权；二是要确保公务员的合法权益在这个过程中不会受到侵犯。基于这两个条件，辞退公务员必须经过以下程序：

（1）所在单位在核准事实的基础上，提出建议并填写《辞退公务员审批表》报任免机关。

（2）组织人事部门审核。

（3）任免机关集体讨论，审批并作出辞退决定。对拟辞退且按照规定需要进行经济责任审计的，应当事先对其进行审计。任免机关根据有关规定可以直接作出辞退决定。县级以下机关辞退公务员，由县级公务员主管部门审核并报县级党委审批后作出决定。任免机关在办理公务员辞退时，对正在接受审计、纪律审查、监察调查，或者涉嫌犯罪，司法程序尚未终结的，暂缓审批。

（4）作出辞退决定的，应当向被辞退公务员送达《辞退公务员通知书》，告知辞退依据和理由，同时将辞退决定送呈报单位。《辞退公务员通知书》应当在作出辞退决定后 10 个工作日内送达本人。

（5）办理公务交接手续。被辞退公务员办理公务交接手续，应当自《辞退公务员通知书》送达之日起 10 个工作日内完成。对拒不办理公务交接手续的，撤销辞退决定，给予开除处分。

（6）将《辞退公务员审批表》和辞退决定等存入本人人事档案，同时将辞退决定送同级公务员主管部门备案。被辞退公务员对辞退决定不服的，可以按照规定申请复核或者提出申诉。复核、申诉期间不停止辞退决定的执行。

### 13.2.5 辞退公务员的法律后果

#### 1. 辞退公务员作为一种单方面的法律行为，可以达到预期的法律后果

在职的公务员，由于建立了一定法律关系，故其享有一定的权利，同时承担一定

的义务。当公务员被辞退时，法律关系终止，从而丧失公务员身份，不再享有公务员应有的权利与义务。公务员自被辞退之日起，从次月初开始暂停发放工资，公务员身份的丧失和工资的暂停是公务员辞退的法律后果。

**2. 被辞退的公务员，依法享有一定的辞退待遇**

根据《公务员辞退规定》，被辞退公务员已参加失业保险的，根据国家有关规定享受失业保险待遇；未参加失业保险的，领取辞退费。

**3. 被辞退的公务员重新进入公务员体制的限制**

被辞退公务员可以从事多种其他行业，但不得在一定期限内返回公务员岗位。被辞退的公务员，如果想要重新进入公务员体制内，必须按照录用或者调动公务员的规定参加招聘考试或者办理调动手续。

### 13.2.6　被辞退的公务员的待遇

辞退费由接收人事档案的相关服务机构按月发放。原所在机关应当在人事档案转出后 15 个工作日内，将辞退费一次性拨付。相关服务机构发放确有困难的，由原所在机关按月发放。公务员被辞退前连续工作满 1 年以上的，自被辞退的次月起发放辞退费。辞退费发放标准为公务员被辞退时所任领导职务、职级对应的基本工资。辞退费发放期限根据被辞退公务员在机关的工作年限确定。工作年限不满 2 年的，按照 3 个月发放；满 2 年的，按照 4 个月发放；2 年以上的，每增加 1 年增发 1 个月，但最长不得超过 24 个月。

出现重新就业、应征服兵役、移居国（境）外、被判处刑罚、享受基本养老保险待遇、死亡情形之一的，辞退费停发。

### 13.2.7　辞职或被辞退的公务员的后续管理

（1）辞职或者被辞退的公务员，公务员的身份自然丧失，但干部身份还可以保留一年。

（2）公务员辞职或者被辞退后，其人事档案一般是转到人事档案工作机构、公共就业和人才服务机构或者本人户籍所在地社会保障服务机构。

（3）公务员辞职后到其他单位任职的限制。辞职后的公务员，两年内如果需要到与原国家行政机关有隶属关系的企业或营利性的事业单位工作的，须获得原任命机关批准。

（4）公务员辞职或被辞退，要通过公共服务移交手续，半个月内接受审计。

（5）办理公务的交接手续。每个公务员都有一定的公共事务，当公务员辞职或被辞退后，其原本的事务应交由其他公务员来做。为了保持公共事务的连续性，保证机关的正常运行，公务员在辞职或被辞退后，应办理公务交接手续。如交办自己主管或者经办的各项工作，交代各项工作完成的进度，移交自己保管或使用的各项文件资料和办公用具等。在没有办结公务交接手续前，不能一走了之。

（6）接受审计。对辞职或被辞退的公务员，在检查期间按照财政纪律的规定进行财务审计，确保遵守单位纪律和财政支出规定。

## 13.3　公务员退休制度

### 13.3.1　公务员退休的含义

公务员退休是指公务员因达到一定年龄和工龄，或因丧失工作能力，按照国家有关规定，办理离开工作岗位的手续，由国家给予生活保障，并享受相关待遇，安度晚年的人事管理制度。我国《宪法》第四十四条规定："国家依照法律规定实行企业事业组织的职工和国家机关工作人员的退休制度。退休人员的生活受到国家和社会的保障。"

公务员退休具有权利和义务的双重性。退休作为一种权利，是指国家公务员达到一定的年龄，或在工作期间因公、因病丧失劳动能力，基于过去对国家的贡献，有权利不再继续工作而领取国家提供的退休金以维持正常生活。退休作为一种义务，是指公务员达到一定的年龄，或已丧失劳动能力，有义务按照国家规定退出现任职务，将职位让给更加年富力强的人员，以保证党政机关的工作高质量、高效率地运行。

### 13.3.2　公务员退休制度的发展历程

在古代中国，"退休"被称为"致事"。《尚书·咸有一德》记载："伊尹既复政，厥辞告归。"后世都沿袭了这一制度，在唐代得到了长足的发展。发展到宋代，这一制度日益完善。我国的干部退休制度是中华人民共和国建立后逐步建立起来的。1950 年 3 月，因离退休干部问题日益突出，国务院发布《关于中央人民政府财政经济委员会离退休人员待遇的措施的通知》，但范围仅限于过去的养老机构、铁路、海关、电信等单位的员工。1955 年年底，国务院颁布了《关于国家机关工作人员退休处理程序》，该文件扩大了退休制度的范围，由国家机关事业单位扩展至国家干部普遍实行。1958 年 2 月，全国人大常委会通过并颁布了《国务院职工退休管理暂行条例》，对退休的条件、方式和待遇进行了调整。1978 年 6 月，国务院发布《关于安置病老干部的暂行办法》，对退休、待遇方面提出新要求，明确了退休和离休的区别。1993 年 8 月，国务院颁布了《国家公务员暂行条例》，规定了公务员退休的条件和程序。2005 年 4 月，全国人民代表大会常务委员会制定的《公务员法》再一次明确了公务员退休的条件和程序。2018 年 12 月修订的《公务员法》对公务员退休方式及退休程序进行了细化。

## 13.3.3　建立公务员退休制度的意义

（1）公务员退休制度的建立，是保持公务员队伍生机和活力的重要保证。新旧交替是事物发展的客观规律，合理的退休制度有助于促进公务员队伍年轻化，优化公共部门人力资源结构，保持公务员队伍生机和活力。

（2）公务员退休制度的建立，是实现公务员合法权益的重要保障。建立公务员制度，有利于减轻公务员的后顾之忧，实现公务员老有所养，保障公务员的合法权益。

（3）公务员退休制度的建立，有助于激发公务员的积极性和工作热情，并督促公务员履行退休义务，提高公共管理效能。

## 13.3.4　公务员退休的方式和前提

### 1. 公务员退休的方式

根据《公务员法》第九十二条规定，公务员达到国家规定的退休年龄或者完全丧失工作能力，应当退休。我国公务员有两种退休方式，分别是法定退休和提前退休。法定退休是公务员达到法定的退休年龄，或完全丧失工作能力，由任免机关命令其退休。提前退休是公务员具备法定条件，但不到应退休的年龄，本人自愿提出申请，经任免机关批准，可以提前退休。

### 2. 公务员退休的前提

依照《公务员法》相关规定，公务员法定退休的前提有两种，一种是达到国家法定退休年龄，另一种是公务员完全丧失工作能力。一旦达到这两个中任一前提，无论公务员的意愿如何，必须按照法律规定办理退休手续，并离开原有的工作岗位。

法定退休的前提。《公务员法》第九十二条规定了法定退休的前提。（1）达到国家法定退休年龄。根据有关规定，四级调研员以上及相当职级层次的女性公务员，年满 60 周岁退休。一级至四级调研员以及相当职级层次的女性公务员，如本人申请，可以在年满 55 周岁时自愿退休；未自愿退休的，在年满 60 周岁前，要根据相关规定申请提前退休。《公务员法》对男性公务员退休年龄尚未明确规定，继续沿用《国务院关于安置老弱病残干部的暂行办法》，男性公务员满 60 岁退休。（2）完全丧失工作能力。每一个职位都有其相应的工作职责，若公务员丧失其工作能力从而无法胜任其工作，只能通过退休的方式让其他公务员进行工作接替，才能确保其公务活动的正常运行。所以当公务员完全丧失工作能力时，无论其工作能力的丧失是因公还是非因公都理应退休，并且退休后将依据其丧失工作能力的原因来确定其退休待遇。根据《公务员法》第八十九条，被确认因公致残而丧失工作能力的，不得辞退。也就是说国家不能辞退因公致残而完全丧失工作能力的公务员，但可以办理退休手续，同时需要结合完全丧失工作能力的原因来定。

提前退休的前提。《公务员法》第九十三条对公务员提前退休的前提做出了明确的规定：（1）公务员工作年限满三十年的；（2）距国家法定退休年龄不足五年且工作年限满二十年的；（3）符合国家规定的可以提前退休的其他情形的。这是因为考虑到在高度危险、接触有毒有害物质等特殊职位任职的公务员，其工作环境影响了公务员的健康，因此可以适当放宽提前退休的要求。如对在交警、刑警、监狱管理等岗位上工作的公务员，在其他危险、环境恶劣适当的条件下工作的公务员，可以适当降低申请退休年龄。

## 13.3.5 公务员退休的审批流程及待遇

### 1. 公务员退休的审批流程

公务员任免机关根据国家规定核准公务员退休、推迟退休或暂缓退休的程序就是公务员退休审批流程。公务员退休审批是公务员管理的环节之一，包含的内容较多，它既带有任免权力的性质，又带有程序性质。公务员退休审批大多是由其任免机关进行，但不同的国家在审批工作的内容上规定有所不同。大部分国家只对推迟退休审批做出规定，按时退休则根据法律规定予以办理。

按照我国公务员退休的现行规定，我国公务员办理退休、推迟退休或暂缓退休的程序如下：一是本人提出退休申请，并填写《国家机关公务员退休费审批表》。若公务员因完全丧失工作能力而退休的，公务员本人提出退休申请后，需经医院证明其健康状况，并报请医务劳动鉴定部门鉴定。二是主管单位审核。审核的内容包括公务员提交的材料是否齐备，公务员是否符合法定的退休条件等。三是按照干部管理权限，报审批机关批准。四是办理退休手续。

### 2. 公务员退休的待遇

退休公务员晚年生活的一个重要保障条件是退休公务员的待遇。《公务员法》第九十四条规定：公务员退休后，享受国家规定的养老金和其他待遇，国家为其生活和健康提供必要的服务和帮助，鼓励发挥个人专长，参与社会发展。退休待遇是公务员退休制度的核心内容。合理确定公务员的退休待遇，使公务员退休后的基本生活得到保障，这关系到公务员退休后的基本生活，关系到整个公务员队伍的切身利益和正常发展，也关系到社会的安定和发展。公务员退休的待遇包括政治待遇、养老保险金待遇和其他待遇。

（1）政治待遇。政治待遇是指退休者的社会地位、政治地位和应该享有的各项政治权利。

（2）退休金待遇。退休金是国家规定发放给退休人员的生活费用。一般来说，在确定公务员退休金的计发标准时，其基本依据是其从事实际工作的年限。

（3）其他待遇。包括津贴待遇与福利待遇。除退休金外，公务员退休后还可享受政府提供的其他福利待遇，其中一部分是公务员退休后继续予以保留的在职时所享受的待遇，另一部分则是国家为退休人员专门设置的福利待遇。

#### 3. 公务员退休待遇规定应遵循的原则

为了满足公务员退休后的基本生活，保障公务员的切身利益，以及维护好社会的安定和发展，国家应当科学地设定公务员的退休待遇。通过《公务员法》可以了解到，退休待遇应当遵循下列原则：

第一，国家保障性原则。公务员工作性质特殊，因此，公务员退休后的待遇主要以国家保障为来源。第二，统一性原则。我国公务员退休制度的高度统一表现在只有国家有权力规定退休原则和基本制度的主要内容。第三，法律保障原则。公务员退休后，任何单位和机构都不得干预或更改其待遇，所有公务员退休获得的权利和待遇都受到国家法律的保障。

### 13.3.6 退休公务员的管理

退休公务员的管理，即对依法退休的公务员进行安顿，让其安享晚年，并“使其能够通过力所能及的事回馈社会”的一切工作。退休公务员管理的内容有：（1）制定有关公务员退休的政策。（2）退休手续的办理、养老保险的发送、分配居住地、安排精神文化活动、抚恤善后、医疗保险等具体工作。退休公务员安置问题，即对退休公务员生活、休息地点的安排。我国公务员退休后，一般会将其安置在原工作地。有下列原因的退休公务员可选择更换安置地：①与配偶分居两地，可选择到配偶居住地；②空巢老人，需要子女照顾，可以到子女所在地；③从内地到边远、贫困地区工作，以至于退休后身体无法继续维持当地生活，可以选择到该地区较为发达的中小城镇，也可以调离单位所在地，选择在子女或配偶居住的城镇。

退休公务员的管理方式分为分散式管理和集中的社会化管理。分散式管理，即以退休公务员原所在单位负责为主；集中的社会化管理，即以统一的社会保障机构负责为主。目前我国公务员的退休管理基本上是由政府和退休公务员所在单位共同负责，办理退休手续，按公务员管理权限进行；退休金由政府拨款，公务员所在单位代发。落实安置地点、解决政治生活待遇，都由公务员所在单位负责。在部分退休人员中，曾担任领导职务的，在管理和政策理论能力上较为突出的，或是拥有渊博的学识，并有一技之长，可以在某些领域担任专家的退休公务人员，在其晚年仍可发光发热，通过施展自己的才华，服务于社会。

**【延伸阅读】**

离休是公务员退休制度中比较特殊的一种方式。所谓离休，是指中华人民共和国成立以前（1949 年 9 月 30 日以前）参加中国共产党领导的革命战争、脱产享受供给制待遇的和从事地下革命工作的公职人员老干部，当这些公务员身体状况不足以继续承担工作需求或年龄达到一定程度无法继续工作时，国家政府根据相关规定从优进行安置。公务员离休是我国公务员干部退休的重要组成部分之一，它包括确立干部离休需符合的条件、离休之后所享受的待遇以及如何对离休干部进行安置管理等内容。

## 13.4 国外公务员辞职、辞退与退休制度

### 13.4.1 国外公务员辞职制度

在大部分资本主义国家，公务员与政府之间是劳资雇用的契约关系，公务员作为契约的一方，有权在任何时候提出辞职，但辞职必须以不损害政府利益为前提。因此，大多数国家允许公务员辞职，但都加以不同程度的限制。公务员的辞职权利和程序，依据各国国情不尽相同。

英国是实行公务员制度较早的国家。1870 年 6 月 4 日，英国政府颁布公开竞争考试制度的枢密院令，英国文官制度正式建立。其后逐步建立了公务员考试录用、晋升考核、调整工薪、职业培训、奖励惩处、辞职辞退、退休养老等制度。关于公务员的辞职制度，英国《公务员管理法》规定：部门和机构可以决定其职员辞职时应当给予部门和机构最短通知期。高级公务员辞职前，应以书面形式至少提前 30 天通知原单位。此外，《公务员保密条例》和保密职责继续对辞职公务员适用。英国的《公务员管理法》和《企业就业规则》也对离职公务员的就业进行了限制。根据这些法律规定，公务员离职后两年内，若欲就职于企业，必须接受审查。其中，较低级别的公务员由部门首长和相关机构进行审查；而高级别公务人员则需由专门独立的委员会进行审查，并最终交由首相批准。英国公务员辞职后可将其应得的部分养老金转移缴纳到新养老金方案中。

德国的公务员辞职具有比较明确的制度规定：（1）公务员可随时提出辞职要求，但要向上级提出书面辞职书，辞职书上交 2 周内，上级首长将研究决定并向公务员下达解职命令；公务员离职开始的时间可适当推迟 3 个月。（2）解职命令以书面形式下

达给公务员本人。（3）公务员被解职后，其公务员身份丧失，公务员不得索要任何报酬和物质待遇。（4）德国公务员辞职后，可重新谋取公共职位。同时，德国对公务员辞职后的工作选择和行为做出规范，依据《联邦公务员法》规定：退休的公务员在结束公职关系以后五年时间内，或者公务员在满 65 周岁退休后的三年内，担任了公职外的雇用工作或工商工作，而这种工作在他结束公职关系前的五年中与其公职工作保持着联系，如果雇用工作或工商工作会损害公职利益，必须禁止从事雇用工作或工商工作。此外还规定：公务员即使在结束公职之后，只有得到其原来或新近的最高主管当局的批准后，才能接受与其公职有关的酬谢或礼物。

关于公务员辞职后的行为，法国 20 世纪 90 年代之前曾有大批公务员在长期休假期间到营利机构兼职，引起了社会的广泛批评。于是 1991 年法国设立了一个专门委员会，审查公务员长期休假期间以及离职后的个人行为。公务员在长期休假期间及离职后五年内包括就业在内的个人活动，需向该委员会报告。此外根据法国法律规定，公务员在长期休假或离职后五年内，不得从事任何与其先前工作有监督、审查或交易关系的企业活动，以防止损害公务员职业正直性。法国对公务员辞职有明确规定：（1）严格限制公务员辞职，不允许公务员擅自辞职。（2）法国公务员如果想辞职，必须提交正式的辞职报告，经主管领导审批通过，审核其辞职事由。（3）未经审批擅自辞职者，将受到严厉的行政处分或撤职、取消退休金。（4）对于集体辞职者，不予批准，同时给予法律处分。

### 13.4.1　国外公务员辞退制度

美国《公务员法实施细则》对辞退做出了相关的规定，辞退条件涉及公务员的忠贞，若公务员对美国政府有不忠的嫌疑，那么则满足被辞退的条件。在 1953 年的时候，艾森豪威尔颁布《政府雇用安全要求》的行政令，以“安全”原则代替了“忠贞”标准。该行政令规定，任何公务员的任职，只要违背了国家的安全利益，就应该被辞退。对于临时工作人员，美国政府可以在任何时刻对其发出书面通知，只要发出了书面通知就可以直接辞退。《公务员法实施细则》规定：“因为有对政府不忠嫌疑而被辞退的公务员，在 3 年内不允许再参加公务员考试，更不得在公务员系统内担任职务。”1978 年，美国《文官制度改革法》规定政府雇员工作成绩不够好的要立即改进，雇员不能改进自己的工作让其达到规定的标准者，应该予以调整，直至解雇，也就是辞退。

法国《国家公务员总章程》第 50 条、第 51 条和第 52 条规定了可以辞退公务员的一些具体条件：（1）失去法国国籍或公民权的；（2）个人能力较差，完全不能胜任业务的；（3）停职的公务员再重新加入时，如果拒绝接受分配给他的工作岗位的。法国《公务员总法》第 45 条规定：停职的公务员复职时，如果不接受上级的安排、不接受分配给他的工作岗位，就可在征得对等行政委员会的意见后被辞退。关于辞退后的待遇，该法第 52 条、第 53 条、第 64 条规定："因自身能力所限，无法满足公务员的业务要求而被辞退的公务员，按照公共行政条例的相关规定，公务员可以获得一笔赔偿费；已终止职务或离职的公务员，不得从事公共行政条例中明确规定的私人活动；如果离职是因为被权力机关宣布剥夺其劳动资格，则不得对外使用以前的名誉头衔。"

在德国，公务员被辞退后，上级机构或首长将向公务员下达书面解职命令。公务员被解职后，其公务员身份丧失，公务员不得索要任何报酬和物质待遇。德国《联邦公务员法》规定辞退公务员需满足以下条件：

（1）拒绝执行宣誓誓词承诺的人员；

（2）已被任命为某一机构主管，但其在任职期间的言行与最高公务当局的规定不一致、不相符的人员；

（3）未经最高公务当局的批准擅自滞留国外的人员；

（4）已丧失德国公民资格的人员，或已经丧失德国公民条件的人员，或已经丧失德国国籍的欧共体成员国的人员；

（5）身为公务部门或机构的公务员，又兼任其他部门或机构首长的人员；

（6）已达终止公务员关系时间的人员。

### 13.4.3　国外公务员退休制度

在英国，公务员退休情况分为两种：正常退休和提前退休或终止雇佣合同。

（1）正常退休。法定退休年龄与其工作年限有关：如果公务员的工作年限不满 10 年，则法定退休年龄为 60 岁；如果公务员的工作年限为 10 年以上，则法定退休年龄为 65 岁。领取养老金的正常年龄由 60 岁提高到 65 岁，实行灵活退休计划。

（2）提前退休或提前终止雇佣合同。提前退休或提前终止雇佣合同包括五种：强制性提前退休或提前终止雇佣合同、弹性提前退休或提前终止雇佣合同、经批准的提前退休、养老金递减领取式退休和病退。

在德国，公务员退休分为三种，分别是：正常退休、提前退休、暂缓退休。正常退休的条件有：一是退休年龄达到 65 岁，但 2012 年起推迟到 67 岁，最多不超过 70 岁。二是因身体条件或健康原因，丧失工作能力，无力继续任职。提前退休的条件是：年满 60 岁，并患有德国《社会立法》中所规定的严重伤残疾病或者年满 63 岁。暂缓退休的条件有：一是至少能在 50% 的工作时间内，坚持正常工作并完成工作任务。二是对公务员有限胜任工作能力的情况，可以酌情缩短其工作时间，或征求公务员本人同意将其降级，调至工作要求较低的机构任职。

在日本，公务员退休分为四种：

（1）正常退休。日本公务员的法定退休年龄是 60 岁。根据《人事院规则》，部分公务员的退休年龄依法延长。

（2）推迟退休。推迟退休的情况有：一是由于本职需要高度的专门知识、熟练技能、丰富经验，不容易获得合适的继任者；二是因工作环境以及其他工作条件的特殊性，由于该公务员退职后缺员难以补充，业务执行可能产生重大障碍时；三是在业务性质方面，由于该公务员退职，以及接任者的公务交接，可能对业务继续执行产生重大障碍时。

（3）退休者再任用。根据公务员本人的能力和经验，鼓励返聘已经退休的公务员。返聘的时间原则上不超过 1 年，但也可适当延长，最长不超过 3 年。

（4）提前退休。一些公务员尤其是高级公务员在 55 岁左右选择提前退休后再就业。提前退休后再就业一般是去民间企业再就职或者去特殊法人企业再就职。退休后的公务员有从业限制。

在法国，根据《关于修改文职人员及军人退休金的法令》、《文职人员及军人退休金法》、2010 年《退休法》等法律条例对公务员的退休制度做出调整。

（1）上调法定退休年龄。法国利用 6 年时间逐步上调法定退休年龄至 62 岁。派出型公务员（如消防员和警察）其退休年龄调整为 52 岁或 57 岁。

（2）上调养老保险金缴纳年限与费率。养老保险金缴纳年限从 2012 年的 41 年略微上调到 2020 年的 41.5 年；工资由 7.85% 增至 10.55%。从 2020 年起至 2035 年，逐步将领取全额养老金的缴费年限延长至 43 年，逐步提高基本养老保险的缴费率。

（3）上调领取全额退休金的法定年龄。领取全额退休金法定年龄由 65 岁延长至 2023 年的 67 岁。

在美国，公务员退休条件是：美国的公务员根据工作年限和职业区分规定了不同的退休年龄。一是服务 30 年以上，年满 55 岁的；二是服务 20 年以上，年满 60 岁的；三是服务 5 年以上，年满 62 岁的；四是司法人员（警察）、航空管理人员和消防员服务 20 年以上，年满 50 岁的。凡身体伤残，完全丧失工作能力的公务员，工龄 5 年以上，不受年龄限制，可以随时退休。同时鼓励公务员退休后发挥余热，联邦政府雇员退休后，可以到州政府、大学、私人公司重新就业，退休金照发，可在新职位退休后再领一份退休金。

**【理论前沿】**

[1] 房鹏举．我国公务员男女异龄退休制度的思考［J］．东南大学学报（哲学社会科学版），2017（A1）：18－20.

[2] 杨芳，谭杰方．公务员辞职行为的逻辑分析与应对之策［J］．领导科学，2019（16）：72－74.

## 【本章小结】

本章主要介绍了公务员辞职、辞退与退休的含义、原则、程序、历史沿革、意义、待遇及后续管理等重要问题。还介绍了国外公务员的辞职、辞退与退休的相关制度。辞职、辞退与退休制度为公务员流动提供了完善的机制，通过辞职、辞退、退休等制度来维持公务员队伍的活力，能够有效地提高政府及相关机构的工作效率。

## 【关键术语】

取消录用　开除　辞职　辞退　退休　离休　解聘

## 【复习思考题】

1. 公务员辞职的含义是什么？
2. 公务员辞职需遵循什么原则？
3. 建立公务员辞退制度的意义是什么？
4. 你认为公务员辞职的原因有哪些？
5. 公务员退休制度还有哪些方面需要完善？

# 第 14 章　公务员申诉与控告制度

【本章知识架构】

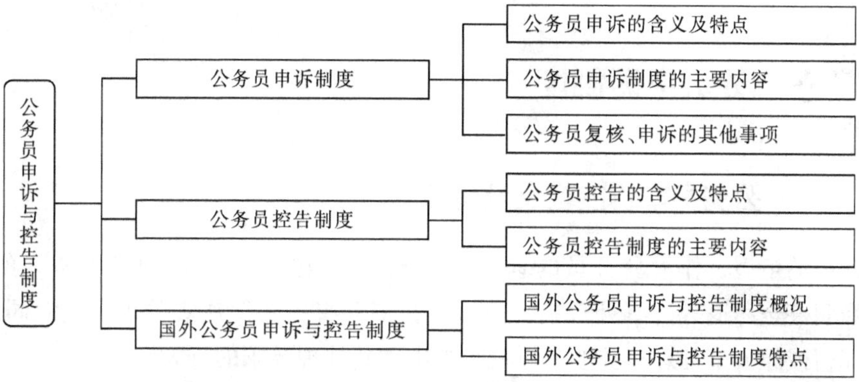


【案例导入】

某省外事办一工作人员李某 2 月份因公出国，后无任何理由逾期不归。在年底时（12 月 1 日）李某回国，来到其所在单位被告知外事办已经将其开除，李某认为机关对其作出的处分不合理，决定向有关部门提出申诉。

思考：

1. 外事办对李某的处分是否符合有关的程序规定？为什么？

2. 李某应该向哪个部门或机关提出申诉？

3. 公务员提出申诉的时间限制是多长？本案中李某具体应当在何时以前提出申诉？

我国《宪法》和《公务员法》赋予公务员的申诉控告权利，不仅是公务员维护自身权益的重要手段，也是对公务员及其所在机关进行监督的有力武器。公务员申诉控告制度对各类党政机关及其领导人员的人事处理行为进行监督，加强和保障人事处理的合理性、合法性和适当性，规避人事处理中的不公平、不合理现象。公务员申诉与控告制度为公务员维权提供了一个公正的实体程序，使得公务员权利被非法侵害时，能按照法定程序维权。

公务员作为国家公权力的执行者和公共利益的维护者，其自身的合法权益也可能在工作生活中遭到侵害，申诉控告作为公务员的基本权利之一，正是公务员维护自身正当权益的有效工具。当公务员的合法权益受到不当或非法的侵害时，作为申诉控告主体的公务员有权向其主管机关或其他法定受理机关提出申诉和控告，有权要求变更或撤销原处理决定，赔偿损失，以及惩处责任人。同时，公务员申诉控告的受理机关，必须在规定的时限内根据制度要求对公务员提出的申诉控告做出处理，依法保护好公务员的正当权益。公务员申诉控告，必须以事实为依据，实事求是，公平公正，否则将受到法律制裁。

## 14.1 公务员申诉制度

### 14.1.1 公务员申诉的含义及特点

公务员的申诉，作为公务员的基本权利之一，是指公务员在对涉及本人的处分、免职、降职甚至辞退等人事处理决定不服时，依照有关法律法规的规定，向同级公务员主管部门或原人事处理机关的上级机关提出重新处理要求的行为。

公务员申诉具有以下特点：

（1）申诉的主体特定，提出申诉的人员必须为《公务员法》中确定的公务员。

（2）申诉的原因特定，公务员申诉的事由是公务员对其所在机关所作出的涉及本人的人事处理决定不服。

（3）申诉的对象特定，也就是公务员申诉的受理机关是确定的，一般指在行政上与申诉人存在隶属和管理关系的各级党政机关和公务员管理机关。

### 14.1.2 公务员申诉制度的主要内容

#### 1. 公务员申诉的情形

公务员因对人事处理决定存在不同意见而提出申诉的情形包括如下八个方面，分别是：一是公务员被所属单位及其上级单位处分；二是公务员被所在单位予以辞退，或者新晋公务员被招录机关或用人单位取消录用；三是公务员被降低职务、职级；四是公务员在各类定期考核中被认定为不称职等次；五是公务员被免除职务、职级；六是公务员依据相关规定和正当理由向所在单位申请辞职、提前退休而未被批准；七是公务员所在单位不按照规定确定或者扣减本人工资、福利、保险等待遇；八是在相关法律、法规中已有规定的可以申诉的其他情形。

**2. 受理申诉的机关**

（1）公务员对人事处理决定不服时，可以首先向原处理机关提出复核申请，原处理机关受理申诉，实际上是作出人事处理决定的机关根据公务员提出的申请对本机关已经作出的处理进行重新核查，因此称之为复核。

（2）同级公务员主管部门，即同级的组织人事部门，包括各级党委组织部门和各级人力资源与社会保障部门。

（3）原处理机关的上一级机关，指与原处理机关之间存在领导关系的高一级机关，例如，省政府是省直各厅局和各地级市政府的上一级机关。

（4）行政监察机关，公务员对检察机关所做出的人事处理决定不服时可向监察机关提出申诉。

特别需要注意的是，公务员在对省级以下的机关作出的复核、申诉处理决定仍有不同意见的，可以继续向上一级机关提出申诉请求，此时，上级机关亦成为申诉受理机关。

**3. 申诉程序**

（1）提出复核申请：公务员在接到人事处理决定后，对其内容不服时，应在 30 日内向原处理机关提出复核申请并提交书面的复核申请书；但公务员本人亦可以不提交复核申请，直接向上级机关申诉，此时不受复核程序和要求的限制。

（2）接受复核申请：原处理机关在收到公务员提交的复核申请书后，应在 30 个工作日内作出维持、撤销或者变更原人事处理的复核决定，并以书面形式告知申请复核者。

（3）若公务员对复核结果依旧不服，可以在收到复核决定之日起 30 日内，按规定向作出申诉处理决定的机关的上一级机关提出申诉。

受理公务员申诉的机关应当自受理之日起 60 日内作出处理决定；案情复杂的，可以适当延长，但是延长时间不得超过 30 日。受理申诉的机关，应当对公正委员会提交的申诉审理报告进行审核，并视不同情况做出下列决定：一是原处理决定正确的，维持原处理决定。二是原处理决定所列事实不存在的，撤销原处理决定或者建议原处理机关撤销原处理决定。三是原处理决定所列事实不清楚，证据不足，或者违反规定程序的，建议原处理机关重新审理。四是原处理决定适用法律、法规、政策不当或者处理明显不当的，直接变更原处理决定或者建议原处理机关予以变更。

### 14.1.3 公务员复核、申诉的其他事项

#### 1. 提出复核、申诉应满足的条件

公务员提出复核申请或申诉，应当同时具备下列七个条件：一是复核申请、申诉的提出者必须为公务员本人或近亲属；二是复核申请、申诉的内容是公务员对涉及其自身的人事处理决定的异议；三是人事处理决定符合法规规定的复核、申诉受案范围；四是在规定的复核、申诉期内；五是复核应当向原处理机关提出，申诉应当向原处理机关的上一级机关或同级公务员主管部门和监察部门提出；六是申请复核、申诉应当提交正式书面申请，并签字或盖章；七是公务员提交的复核、申诉材料必须完整、翔实，申诉还应当将原人事处理材料一并附上。

在应满足的条件中表现出以下两个限制性特点：一是公务员不能委托律师代为提出复核、申诉要求，律师也不能介入公务员的复核与申诉活动；二是公务员不能联名或集体提出复核或申诉要求。

#### 2. 复核、申诉申请书的撰写

公务员提出复核、申诉要求时，其所提交的书面申请书应写明但不限于下列内容：提出复核、申诉人的姓名、单位、职务及其他事项等基本情况；被申诉机关的名称；申诉的事项、理由及要求；提出复核、申诉的日期等基本信息。

#### 3. 公务员复核、申诉案件的审理与决定

（1）公务员复核案件，由原处理机关指定非原承办的工作人员对复核案件进行审理，并在30日内做出复核决定。

（2）公务员复核处理决定有维持或撤销原处理决定两种；公务员申诉处理决定则有维持、撤销、变更原处理决定和重新审理四种。

#### 4. 公务员在复核、申诉中享有的权利

（1）复核、申诉受理机关工作人员符合法定回避情形时，公务员有权要求该工作人员进行回避。

（2）公务员有权利依据原人事处理决定和自身正当诉求，在复核、申诉二者之间进行选择。

（3）公务员在认为复核、申诉所提出诉求获得解决或其他情形导致可终止复核、申诉请求时，可以向受理机关提出撤诉。

（4）公务员本人不便提出复核、申诉时，有权利依法委托其近亲属代为提出相关

请求。

（5）公务员享有接收受理机关出具的复核、申诉处理决定书的权利。

5. **申诉处理决定类属**

申诉受理机关做出申诉处理决定的期限为 60 日。申诉受理机关在对原人事处理决定所涉及事实、程序和法律法规进行认真核实的基础上，视具体情况做出如下四类处理决定：

（1）原处理决定事实清楚，程序正当，适用法律法规正确的，维持原处理决定。

（2）原处理决定所列事实不存在的，对有管辖权的可以撤销原处理决定，没有管辖权的，建议原处理机关撤销原处理决定。

（3）原处理决定所列事实不清楚，证据不足，或者违反规定程序的，建议原处理机关重新审理。

（4）原处理决定适用法律、法规、政策不当或者处理明显不当的，直接变更处理决定或者建议原处理机关予以变更。

## 14.2　公务员控告制度

### 14.2.1　公务员控告的含义及特点

公务员控告，是指公务员对国家党政机关及其领导人员侵犯其合法权益的行为向上级党政机关或者行政监察机关提出指控。公务员的合法权利主要包括公务权利和个人权利两大类，是由法律赋予并受法律保护的。第一，公务权利与公务员参与的公务活动相关，包括其在执行公务时的保障权和身份保障权，身份保障权即公务员在没有涉及法定事由和非法程序情况下，拥有不受人事处分的权利。第二，个人权利包括政治生活权、经济保障权、素质发展权三种。

公务员控告具有以下特点：

（1）控告主体特定，是在人事处理过程中合法权益受到侵害的公务员。

（2）控告对象特定，是侵害了公务员合法权益的各级各类机关及其领导人员。

（3）控告目的特定，以维护被侵权者合法权益为目的，主要是通过惩办违法违纪的机关及其领导人员，以维持公务员所在机关正常的管理秩序。

### 14.2.2　公务员控告制度的主要内容

1. **公务员提起控告的情形**

公务员的合法权益都是由法律确立并受法律保护的，和其他公民的权益一样，是不可随意侵犯的。当公务员的合法权益遭到其所在机关及其领导人的践踏和剥夺时，公务员有权控告；国家也应依法在查明事实的基础上恢复和补偿其权益，并依法惩处违法侵权者。

公务员具有公务员和公民双重身份，并非每时每刻都在代表国家执行公务，他们还以个人的名义从事职务以外的合法活动，这便决定了公务员的控告具有双重性。而这里的控告主要是指公务员对侵犯其公务员身份及其相关权益而进行的控告，其处理依照《公务员法》办理。另外，如有其他侵害公务员作为公民的权益的行为，公务员则可根据情况，分别依照法律法规向相应受理机关提出申诉控告。

对公务员控告制度适用情形的理解，应重点把握以下三个方面：一是只有当公务员的自身合法权益受到侵害时才能提起控告。即公务员提起控告的直接目的，是为了保护自身合法权益，而不是保护他人的权益。二是控告的内容必须与公务员的身份有关。公务员具有国家公职人员和公民的双重身份，享受双重权利。当其公民权利受到侵害时，行使公民控告权，当其公务员权利受到侵害时，才能行使公务员的控告权。三是被控告者必须是确定的机关和领导人员。如果被控告者不明确，则无法追究其责任，因而不能提起控告。

**2. 受理公务员控告的机关**

根据《公务员法》的规定，受理公务员控告的机关主要有：一是侵权机关的上级机关。这一类机关与侵犯公务员合法权益的机关存在领导与被领导关系，有权直接惩处或建议有关部门惩处违法违纪人员。二是监察机关。国家监察体制改革之后，根据国家各级监察机关的职责范围，当公务员的合法权益受到不法侵害时，可以向监察机关提出控告，监察机关具有直接惩处和建议有关部门惩处违法违纪人员的权力。

**3. 公务员提出控告的程序**

（1）提出控告。当公务员认为自己的合法权益受到不法或不当侵害时，可向上级机关或有关的专门机关提出对实施侵害的机关或人员的控告。

（2）上级机关或有关的专门机关处理。如公务员向监察机关提出控告之后，监察机关应当按照规定，进行立案、调查，及时处理。

**4. 控告受理机关的处理**

（1）上级机关或者监察机关接到公务员的控告书后，要按照国家有关规定对控告人提供的情况进行初步审查、判断。对需要立案的，应当及时立案。

（2）上级机关或者监察机关对国家公务员提出的控告决定立案的，应当按照国家有关调查处理政纪案件的规定和程序进行调查、处理。

（3）受理控告的机关对国家公务员提出的控告立案审理后，应当区分不同情况做出处理决定，并将处理决定以书面形式送达控告人、被控告机关、被控告人和被控告人所在的机关。

（4）有关机关和人员在接到处理决定后，应当在规定的期限内执行，并将执行情况通报给做出处理决定的机关。

**【延伸阅读❶】**

1. 公务员申诉与控告的主体、原因、目的相同。总体而言，申诉与控告制度在制度设计和目标上具有高度的相似性。其一，公务员申诉与控告的主体相同，都是认为自身合法权益受到侵害的公务员；其二，公务员提出申诉与控告的原因相同，都是认为党政机关及其领导人员的行为侵犯了自身的合法权益；其三，公务员申诉与控告的目的相同，都是为了维护公务员合法权益，维持整个公务员系统运作管理程序的规范合法；其四，公务员申诉与控告的本质相同，都是公务员维护其合法权益的法律救济手段。除上述相同点之外，申诉与控告制度在执行过程中，各相关主体分别承担的义务和责任基本相同。

2. 公务员行使申诉、控告权时应承担的义务和责任相同。（1）申诉人和控告人必须忠于事实，不得捏造、歪曲事实，更不得诬告他人。（2）公务员在提出申诉或控告时，要遵守法定的申诉、控告程序。

3. 被申诉、控告机关及其领导人员的义务和责任相同。（1）经济赔偿责任。机关在做出人事决定时出现错误，或者机关和相关负责人违反法律法规造成公务员合法权益受到侵害时，造成经济损失的，要依法作出补偿，承担赔偿责任。（2）精神损失赔偿责任。因不当处理造成公务员名誉受到侵害的机关和相关领导人员，有责任在一定的范围内消除或最大限度减少人事处理对公务员的名誉造成的伤害和不良影响，尽快恢复公务员的名誉。（3）除承担经济和精神损失赔偿责任外，人事处理机关应对其在处理过程中的过错及其对被处理人造成的影响承担相应的行政责任和法律责任，情节严重构成犯罪时应当承担刑事责任。在错误的人事处理案件中，对该案件负有过错责任的机关单位直接责任人及其主管领导人，根据对受害人造成伤害的程度以及情节严重性，承担行政责任，由机关依法给予必要的处分。若对公务员造成的经济、精神上的伤害严重，构成犯罪的，机关应依法追究相关责任人的刑事责任；若机关直接责任人或领导人员以职权之便恶意报复陷害公务员或以权谋私、滥用职权的，都应依法受到相应的处分。

4. 申诉与控告受理机关及其工作人员的义务和责任相同。（1）受理机关必须查明事实，认真听取申诉、控告双方的意见，深入了解案件的实际情况；（2）受理机关及工作人员要认真理解和把握法律的原则和内容，正确适用法律；（3）受理机关及其工作人员应当以法定程序办理案件，保证办理程序的公平公正，严格遵照回避制度和调查取证制度办理申诉、控告案件，并在规定时间内作出处理决定。

**【延伸阅读❷】**

公务员申诉与控告具有如下不同：

1. 起因不同。引起申诉的原因，是公务员对已发生效力的处理决定不服，要求重新审查处理结果。而公务员控告的起因，是其所在机关及其领导人员实施了违法乱纪的行为，导致其合法权益受损。这里所说的违法既包括一般的违法行为，也包括犯罪行为；乱纪包括违反党纪和政纪的行为。

2. 前提条件不同。公务员的申诉必须以机关的人事处理决定的存在为前提条件，而公务员的控告则无需以机关的人事处理决定的存在为前提条件。公务员只要认为所在机关及其领导人的行为违法乱纪，且涉及自己的合法权益，即可向有关机关提出控告，要求处理所在机关及其领导人员的违法乱纪行为。

3. 诉求不同。申诉的诉求是使原人事处理机关改变或撤销对自己的处理决定，以便恢复自己的合法权益，并使已经受到的损失得到补偿；而控告的诉求不仅是使自己的合法权益得到恢复和补偿，而且还要求有关机关追究实施不法侵害的机关或人员的法律责任。这实际上带有对实施违法乱纪行为的机关及其领导人进行监督的诉求。

4. 受理机关不同。受理公务员申诉的机关是原处理机关、同级公务员主管部门或者作出该人事处理的机关的上一级机关；受理公务员控告的机关是上一级机关或者监察机关。

5. 功能不同。申诉的重点是保护公务员个人的合法权益，及时纠正机关的不当处理；而控告的重点则是公务员对机关及其领导人的监督，以保证其执行政策和法律的准确性、严肃性。

## 14.3 国外公务员申诉与控告制度

### 14.3.1 国外公务员申诉与控告制度概况

#### 1. 英国公务员的申诉与控告制度

英国是世界上最早实行文官制度的国家之一。19 世纪 30 年代，英国政府对文官制度进行了重大改革，并于 1853 年制定了一整套行使至今的制度。经过 100 多年的实践检验和校正，英国公务员的申诉与控告制度已相对完善，尤其是 2012 年 6 月，英国政府实施了新一轮公务员改革计划，旨在打造一支更加灵敏、快速、注重结果和具有管理、信息技术使用、项目管理以及商业经营等多种能力的公务员队伍，为有效执行英国政府改革理念提供行动的基础。

英国公务员的申诉与控告制度具有如下特点：其一是设有专门的公务员申诉委员会，负责受理公务员申诉事项；其二是各部大臣对申诉的处理意见是绝对和最终的处理结果；其三是通过惠特利委员会来协调处理政府和公务员在待遇、工作环境等问题上的纠纷；其四是纠纷协商无果时，将案件转交劳资仲裁法院裁决。

**2. 美国公务员的申诉与控告制度**

在 200 多年发展历程中，美国公务员制度几经变革，不断完善，逐步形成了以“功绩制”为核心的现代公务员制度。其公务员的申诉与控告制度有以下两个特点：其一是公务员在对损害自身权益的处分进行申诉时，主要是依靠工会与政府进行谈判，或向功绩制保护委员会申诉，对谈判或申诉的结果不服时可向联邦法院上诉；其二是公务员在对涉嫌歧视的案件进行申诉时，申诉在功绩制保护委员会、平等任用机会委员会、特别委员会之间来回决定，最后可依照法律向法院提出诉讼，这一程序非常烦琐，前后需花费 4 个月左右的时间。

**3. 法国公务员的申诉与控告制度**

法国公务员队伍的管理奉行精英主义，具有严密的等级结构，体现民主精神，其公务员制度对公务员的地位、权利、义务等有非常明确的界定，其申诉与控告制度有如下特点：

其一是对考核结果的申诉，公务员对半公开制考核结果有异议时，可以向行政对等委员会提出修正；对行政对等委员会认定的结果仍有不同意见的，可以向行政法院提出上诉；

其二是对晋升职务的申诉，公务员在两次晋升机会均被部长否定时，可以向行政法院提出上诉；但同时行政法院有权取消不具备条件的晋升；

其三是对纪律处分的申诉，公务员的行政纪律处分由各行政部门决定，对行政处分结果有异议时，可上诉到最高公职委员会或行政法院。

### 14.3.2　国外公务员申诉与控告制度特点

从制度建设的发展情况和趋势来看，国外公务员申诉与控告制度具有法制化的显著特征。如美国出台的《公务员制度改革法》、德国出台的《联邦公务员法》、法国出台的《公务员总章程》和日本出台的《国家公务员法》等都有类似的规定，即公务员在自身利益受到侵害时有申诉的权利，并由国家提供申诉途径和法律保护等方面的保障与补救措施。

从制度的目的来看，其目的在于保护公务员的合法权益。如在美国的申诉与控告制度中，国家对不利处分的申诉和歧视案件的申诉作出了很明确的规定。

从制度涉及的内容和范围来看，国外公务员申诉与控告基本涵括了公务员管理的各个环节，其范围比较广。比如法国包括对考核结果、晋升职务以及纪律处分的申诉等，英国包含了对薪金和工作条件等方面的申诉，美国则还包括了对歧视案件的申诉。

从救济渠道来看，国外公务员救济方式一般分为内部救济和外部救济。比如，在美国如果公务员对单位功绩保护委员会作出的决定不服，可以按照相关程序，向联邦法院提起上诉，以维护自身的正当权利。

**【理论前沿】**

[1] 王春业．内部行政诉讼制度的构建——以解决公务员与机关之间内部纠纷为目的 [J]．江汉论坛，2018（10）：116－122.

[2] 冯岚．类型化路径下我国公务员人事行政权利司法救济的有限引入 [J]．学术研究，2017（12）：97－102＋178.

**【本章小结】**

本章主要就公务员申诉与控告制度的含义及特点、主要内容等作了全面阐述，并介绍了国外公务员申诉与控告制度。

公务员申诉与控告制度作为公务员管理制度的重要环节，有利于保护公务员的合法权益免于非法侵害，充分调动公务员的积极性。总的来看，中外建立公务员申诉与控告制度，赋予公务员申诉、控告权都是基于保护公务员个人的合法权益免受来自外界和内部的非法侵害，在公务员申诉与控告的意义、性质、内容和受理机构等方面存在着较多相似之处。

**【关键术语】**

公务员申诉制度　公务员控告制度　复核　救济　人事处理决定

**【复习思考题】**

1. 在实践中如何区分申诉与控告的适用情景？
2. 申诉与控告制度对激发公务员干事创业热情的作用表现在哪些方面？
3. 公务员在申诉与控告过程中可能会存在哪些问题以及如何化解？
4. 公务员申诉与控告的意义有哪些？

# 后　记

《国家公务员制度教程》由湘潭大学从事国家公务员制度教学与科研工作多年的梁丽芝教授和喻修远博士担任主编，基于《中华人民共和国公务员法》（2018 年修订版），综合教学、科研和实践成果编写而成。致力于使读者全面系统地了解公务员制度的框架体系，理解公务员系统“进”“管”“出”环节的具体制度和运行机制。

本书的出版得到了湖南省普通高校“十三五”专业综合改革试点项目的资助。感谢李文君等湘潭大学公共管理学院学生所做的资料查询、文稿校对和沟通联系等工作。

由于编者的水平有限，书中难免有疏漏和不妥之处，恳请广大读者批评指正，我们真诚希望与大家相互交流，共同进步。